덩케르크

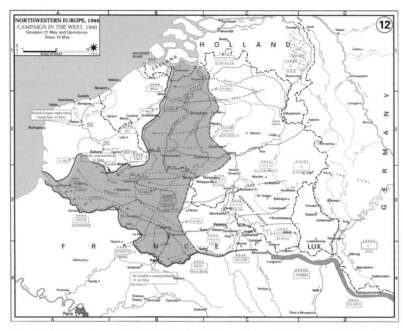

영국해협을 향해 진격 중인 독일군(1940년 5월 16~21일 전황), 회색 음영은 독일군이 점령한 지역.

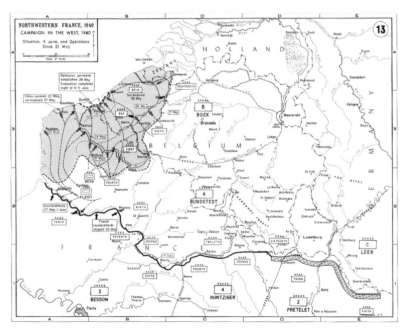

1940년 6월 4일 전황. 회색 음영은 독일군이 덩케르크 주변으로 연합군을 몰아넣고 진격하는 모습.

덩케르크

세계사 최대 규모의 철수 작전

에드워드 키블 채터턴 지음
정탄 옮김 | 권성욱 감수

THE EPIC OF DUNKIRK
EDWARD KEBLE CHATTERTON

교유서가

THE
EPIC OF
DUNKIRK

차 례

일러두기

- 이 책은 Edward Keble Chatterton, The Epic of Dunkirk(1940)를 번역한 것이다.
- '덩케르크'는 프랑스 북부의 항구도시로, 외래어표기법상 프랑스어로는 됭케르크 (Dunkerque), 영어로는 던커크(Dunkirk)가 맞으나, 국내에서 통용되는 '덩케르크' 로 표기했다.
- 본문의 이미지는 대부분 Wikimedia Commmons와 영국 임페리얼 전쟁박물관에 서 가져온 것이며, 그 외에는 이미지 하단에 출처를 밝혔다.
- 역자 주는 책 말미에 미주로 처리했고, 추가 설명을 요하는 부분은 감수자가 작성 하여 대괄호 주로 표시, 각 장의 말미에 후주로 처리했다.
- 부록은 감수자가 작성한 것이다. 단, 처칠 수상의 연설문 일부는 역자가 우리말로 옮겼다.

"저는 오늘 비극적인 사실을 말하려 합니다. 유럽은 히틀러에게 굴복당했습니다. 이제 다음 차례는 영국입니다. 하지만 저는 국민들에게 해줄 것이 없습니다. 오히려 국민들에게 요구하고 싶은 것이 있습니다. 그것은 바로 영국민의 피와 땀과 그리고 눈물입니다. 앞으로 기나긴 투쟁과 시련의 세월이 우리를 기다릴 것입니다. 우리의 확고한 정책은 보장되지 않는 기만적인 강화조약이 아닌 전쟁입니다. 수많은 목숨을 잃을 수도 있는 전쟁을 하는 목적은 승리입니다. 파시즘에 굴복당하지 않는 자유민의 승리입니다. 어떤 대가를 치르고서라도 반드시 승리해야 우리는 생존할 수 있습니

다. 나는 확신합니다. 우리의 단결된 힘이 기필코 승리를 쟁취할
수 있을 것이라고.”

운명적인 다이나모 작전(Operation Dynamo, 덩케르크 철수 작
전)을 앞두고 의회에서 처칠이 한 연설이다. 전례 없는 위기에 처
한 상황 속에서 비장함과 절박감, 어떠한 희망도 보이지 않지만 여
전히 포기하지 않는 위대한 정치가로서의 강한 의지가 80년 가까
이 지난 지금도 읽는 이의 심금을 울린다. 그의 진정 어린 호소에
영국 국민이라면 누가 움직이지 않았을 것이며 누가 국가의 위기
에 무관심할 수 있었을까.

그 시절 영국이 처한 상황은 500여 년 전 스페인 무적함대가
영국 침공을 위협한 이래 그야말로 공전의 위기였다. 오랫동안 ‘해
가 지지 않는 나라’라고 불리며 여전히 전 세계의 1/4을 지배하고
있다는 사실도 아무런 의미가 없었다. 5월 26일부터 시작된 덩케
르크 철수 작전이 제2차세계대전을 통틀어 그야말로 극적인 장면
이 된 것은 단순한 전시 프로파간다의 결과물이 아니라 그만큼 연
합군에게 위기의 순간이었기 때문이다. 현대 전쟁사상 이에 비견
될 만한 작전은 아마 1950년 12월 15일 미 제10군단의 홍남 철수
작전 정도가 아닐까 싶다.

1940년 5월 10일 새벽, 122개 사단 약 200만 명에 달하는 독일

군이 중포의 지원을 받는 전차 2500여 대를 앞세우고 네덜란드와 벨기에, 룩셈부르크 등 저지대 국가의 국경선을 일제히 돌파하였다. 하늘에서는 수백 대의 공군기가 맹렬한 소리와 함께 폭탄의 비를 쉴새없이 떨어뜨렸고 독일이 자랑하는 정예 공수부대가 쏟아져 내려왔다. 제2차세계대전의 막이 본격적으로 열린 것이다. 그로부터 겨우 5일 후인 15일 아침 7시, 처칠은 프랑스 수상 레노에게서 급한 전화를 받았다. 그는 비통한 목소리로 말했다. "우리는 완전히 졌습니다!" 제1차세계대전 당시 해군 장관이었으며 산전수전 다 겪은 처칠에게도 충격이었다. 처칠은 급히 파리로 날아가서 전략회의에 참석하였다. 그는 프랑스군 총사령관 가믈랭Maurice Gamelin 원수에게 영어와 프랑스어로 반복해 물었다. "프랑스군은 언제 어디서 반격할 계획입니까?" 하지만 가믈랭은 힘없이 반격은 불가능하다고 대답했다. "우리에게 남은 전략 예비대는 하나도 없습니다. 무기도 부족합니다."

1주일 전만 해도 "히틀러가 막강한 우리 진지를 향해 선제공격하는 친절을 베풀어준다면 나는 그에게 1억 프랑을 주겠다"고 호기롭게 말했던 그는, 막상 전쟁이 시작되고 5월 13일 룬트슈테트 원수가 지휘하는 A집단군 산하의 클라이스트 제1기갑집단이 아르덴 산림을 돌파하여 파죽지세로 밀고 들어오는 예상 밖의 사태에 부딪히자 완전히 패닉 상태에 빠져버렸다. 독일군의 돌파구는 약 100킬로미터에 달했다.

연합군의 주력이 저지대 국가와 북부 프랑스에 집중된 상황에서, 빨리 강력한 예비대를 투입해 독일군을 원래 있던 자리로 밀어내거나 신속하게 새로운 방어선을 구축하지 않는다면 연합군 전체가 포위 섬멸될 것은 불 보듯 뻔했다. 하지만 후방에 충분한 예비 전력을 준비하지 않은 채 무작정 병력을 한쪽에 몰아넣었던 가믈랭으로서는 독일군의 진격을 막을 아무런 방책도 찾을 수 없었다. 급한 대로 총사령부의 예비 부대로 아껴두었던 3개 기갑사단을 출동시켰으나 무계획적으로 축차 투입했기에 이렇다 할 전과조차 내지 못한 채 각개격파당했다. 그 졸렬한 지휘는 좀 과장한다면 한국전쟁 초반 미아리 고개에서 채병덕이 보여준 모습과도 크게 다르지 않을 것이다.

이런 상황에서 레노가 처칠에게 할 수 있는 말은 그저 영국이 더 많은 전력을 프랑스로 보내어 싸워달라는 요구뿐이었다. 또한 그는 무능하고 수동적인 가믈랭을 보다 적극적이고 용맹하다고 평가받던 베이강Maxime Weygand 대장으로 교체하였다. 레노가 더이상 가믈랭을 믿을 수 없다고 불신한 탓이지만, 당장 일분일초가 급박하게 돌아가는 상황에서 즉흥적으로 총사령관을 교체한 것은 결과적으로 혼란만 더욱 가중시켰을 뿐이었다.

베이강은 제1차세계대전에서 명장 포슈의 참모를 맡고 적백내전에서는 신생 폴란드군을 지휘하여 소련군의 침공을 격퇴하는 등 1910~20년대에 뛰어난 명성을 떨쳤다. 하지만 이미 시대에 뒤떨어진 인물이었고 나이는 가믈랭보다도 다섯 살이나 더 많았기에 롬멜이나 구데리안, 만슈타인, 호트와 같이 젊고 혈기 왕성하면서 최신 무기를 적극적으로 활용하여 전쟁을 주도적으로 이끌어가는 독일의 신예 지휘관들에겐 상대가 되지 못했다.

5월 21일 저녁 독일군 제2기갑사단과 제21기갑사단이 북부 프랑스를 횡단하여 솜강 하구에 있는 아베비아를 점령하고 대서양 연안에 도착함으로써 영국 원정군 30만 명을 포함하여 프랑스군, 벨기에군의 주력은 완전히 포위당했다. 포위망에 갇힌 병력은 100만 명에 달했다. 이들이 빠져나갈 수 있는 방도는 오직 덩케르크 항구를 통해 걸어서라도 해협을 건너는 것뿐이었다. 5월 24일에는 구데리안의 선봉 부대가 덩케르크에서 불과 20킬로미터 떨어진 지점까지 진출하였다. 독일군의 기갑부대가 연합군을 쓸어버리는 것은 시간문제였다. 독일군의 침공이 시작된 지 고작 10여 일이 지난 뒤의 상황이었다. 완전히 패닉에 빠진 채 전의를 상실한 프랑스의 항복이 초읽기에 들어간 터였고, 연합군의 한 축을 담당하고 있던 벨기에 국왕 레오폴드 3세는 국민과 장병들을 구할 요량으로 결국 5월 28일 항복에 동의하였다. 이런 상황에서 어떻게 이들을 구할 수 있을까? 영국 본토에서 새로운 증원 부대를 대거 투입하여 덩케르크의 교두보를 강화하거나, 스탈린그라드에서 소련군이 그러했던 것처럼 프랑스군이 독일군의 측면에서 대규모 반격 작전을 실시하여 적군을 쫓아내는 수밖에 없었지만 이미 어느 쪽도 불가능했다.

이런 와중에 처칠은 과감한 결단을 내렸다. 독소 전쟁 초반 스탈린이 그러했던 것처럼 절망적인 현지 사수를 고집하거나 레노처럼 독일과의 협상에 나서는 대신, 모든 수단을 다하여 연합군을 포위망에서 탈출시키기로. 이것이 다이나모 작전이었다. 수십만 명에 달하는 연합군을 구조하기 위하여 영국 해군이 가진 모든 종류의 배가 투입되었다. 또한 처칠은 국민들에게 국가가 처한 상황이 얼마나 급박한지 솔직하게 고백하고 온 국민이 혼연일체가 되어 나서주기를 적극적으로 호소하였다. 그의 호소는 국민의 마음을 움직였고 영국 전역에서 수많은 자원자가 쇄도하였다. 당시 영국과 프랑스 해군이 동원한 선박은 도합 900여 척에 달했으며 그중에는 군함 외에도 요트, 어선, 낡은 바지선 등 온갖 종류의 선박이 포함되어 있었다. 물론 이런 민간 선박은 흔히 알려진 것과 달리 실질적인 역할은 그리 크지 않았다. 대부분의 연합군 병사들을 구해낸 것은 구축함과 호위함이었다.

하지만 군사적인 가치보다도 더 큰 의미가 있었다. 그동안 전쟁에 무관심했던 영국 국민들을 처음으로 단결시키고 왜 히틀러와 싸워야 하는지 당위성을 확실히 인식하게 했다는 사실이다. 이른바 '덩케르크의 기적', '9일의 기적'이라 불리는 덩케르크 철수 작전의 진짜 의미는 바로 여기에 있다. 또한 영국이 곧 백기를 들 것이라 기대했던 히틀러의 예상을 완전히 뒤엎고 영국 국민들이 끝까지 항전하기로 국론을 일치시킬 수 있었던 것도 이 때문이다. 제2차세계대전 내내 영국 국민들은 역사상 전례 없는 희생과 고통을 당해야 했지만, 제1차세계대전 당시 내부에서부터 와해되었던 독일이나 제정 러시아와 달리 별다른 불만 없이 전쟁이 끝나는 순간까지 감내했다. 덩케르크 철수 작전은 그저 패잔병들을 철수시키는 데서 끝난 게 아니라 영국인들에게 "아직 지지 않았으며 전쟁에 이길 수 있다"는 승리의 희망을 심어주었던 것이다.

반면 프랑스 국민들은 마지막까지도 왜 싸워야 하는지를 이해하지 못했으며 제대로 싸워보지도 못한 채 패망하였다. 그 대가로 국토의 3분의 2를 잃었으며 거액의 배상금을 내야 했다. 또한 150만 명이 넘는 노동자가 독일에 강제 징용당했고 끝없는 수탈과 기아에 허덕였다. 패전의 고통은 전쟁의 고통보다 몇 배나 컸던 것이다. 만약 덩케르크 철수 작전이 없었거나 실패로 돌아갔다면 영국역시 프랑스와 다르지 않았을 것이다.

영국 국민들에게는 또 한 가지 기적이 있었다. 연합군의 전멸이 초읽기에 들어가고 영국 해군이 모든 선박을 총동원하여 해상철수에 나서고 있던 5월 26일. 구데리안이 이끄는 독일군 기갑부대가 덩케르크를 20킬로미터 남겨놓은 상태에서 히틀러의 역사적인 명령이 떨어진 것이다.

"진격을 중지하고 현 전선을 유지하라!"

당시 룬트슈테트 원수가 지휘하는 독일 A집단군 주력은 북상하여 칼레, 덩케르크 등 북부 프랑스 대서양 연안의 여러 항구를 목표로 파죽지세로 전진하면서 포위망을 점차 좁혀나가고 있었다. 또한 동쪽에서는 보크 원수가 지휘하는 B집단군 역시 서진하여 포위망을 더욱 강화하였다. 영국 원정군 사령관 고트 장군은 프랑스군의 총체적인 와해, 사기의 붕괴, 파죽지세로 밀고 오는 독일군을 저지할 방법이 없다는 등 5월 19일 처칠에게 해상 철수를 건의하고 있었으며, 영국 해군은 그보다 5일 전인 5월 14일부터 이미 유사시를 대비해 철수에 필요한 각종 선박 징발과 철수 작전을 준비하고 있었다. 그만큼 상황이 급박했음에도 히틀러는 왜 이 시점에서 멈추라는 명령을 내렸던 것인가. 이는 흔히 제2차세계대전의 10대 미스터리 중 하나로 꼽히기도 한다. 그만큼 상식 밖의 명령이었기 때문이었다.

여기에 대해 히틀러가 영국과 싸울 생각이 없었기에 일부러 명예롭게 항복할 기회를 주려고 했다는 등, 공군만으로도 충분히 궤멸시킬 수 있다는 괴링의 허풍 탓이라는 등 별별 주장이 있지만 대부분 추론일 뿐 근거는 없다. 또한 독일군의 병참 문제와 피로가 극에 달해 있었기에 히틀러의 명령이 없었다 해도 과연 연합군을 돌파하고 덩케르크에 도착할 수 있었을지 의문을 제기하는 사람도 있다. 하지만 당시 상황을 볼 때, 이미 패닉 상태에 빠져 있던 연합군이 국지적인 저항을 할 수는 있었겠지만 완전히 고립된 상태에서 독일군을 막아낸다는 것은 현실적으로 불가능한 일이었다. 또한 이들이 몰려 있는 곳은 폭 35킬로미터에 종심이 불과 10킬로미터에 불과했다. 독일군은 포병으로 두들겨도 되었고, 일단 전차부대를 앞세워 최일선만 돌파하여 해안선을 향해 밀어붙인다면 연합군은 그대로 끝장일 터였다.

하지만 여기서 분명히 짚고 넘어가야 할 점은 '히틀러의 독단적 아집의 결과'라는 식으로 도식적인 결론을 내려서는 안 된다는 것이다. 남들이 죄다 반대하는데 히틀러 혼자 독불장군처럼 억지를 부렸던 것이 아니다. '우리 공군이 알아서 쓸어버리겠다'는 괴링의 허세 한마디에 히틀러가 즉흥적으로 결정했다는 주장 역시 사실이 아니다. 히틀러는 군사적 아마추어임에도 나름대로 주변의 조언과 현장 상황을 쉴새없이 듣고 고민하고 판단하였다. 이런 모습은 명색이 수십 년의 군사 경력과 명성을 가지고도 아집과 독선을 버리지 못하고 자신의 지식과 경험을 지나치게 과신하여 '잠망경 없는 잠수함'이라고 불렸던 가믈랭과는 오히려 대조적이라 하겠다.

히틀러를 비롯한 독일군 수뇌부가 오판했던 이유는 프랑스에 여전히 충분한 전략 예비대가 남아 있다고 과대평가한 점, 또한 독일군이 단기간에 너무 깊숙이 진격한 것에 대한 전술적 부담과 병참에 대한 우려 때문이었다. 특히 A집단군 사령관 룬트슈테트는 '플랑드르 작전은 프랑스 공략의 일부일 뿐 덩케르크에서 적군을 섬멸하는 것과 전쟁에서 승리하는 것은 별개이다. 다음 작전에 대비하기 위해서는 병력을 보존해야 한다'고 주장하였다. 적어도 이 시점에서 독일군 수뇌부는 덩케르크에서 연합군을 섬멸하는 것이 얼마나 전략적으로 중요한 일인지 제대로 이해하지 못했던 것이다.

독일군은 롬멜, 구데리안, 만슈타인 등 기갑부대와 공군의 입체전략에 의한 기동전이 장차전의 핵심이라고 주장하는 소장파와 할더, 룬트슈테트 등 여전히 1차대전식 사고에서 크게 벗어나지 못하는 보수파로 나뉜 채 격렬하게 대립하고 있었다. 쌍방의 주장은 어느 한쪽이 무조건 옳다기보다는 각자 현실을 고려한 나름의 논리와 근거가 있었음에도, 독일 군부 내의 권위적이고 폐쇄적인 분위기 속에서 대화와 타협으로 최선의 방법을 찾기보다도 파벌 대립과 서로에 대한 질시에 매달렸다. 게다가 독일군에는 뛰어난 장군들이 많이 있었지만 정작 수뇌부에 각 군의 갈등을 중간에서 적절하게 소통하고 조율할 리더가 없었다. 소련의 주코프, 미국의 조지 마셜 같은 전략가가 독일에는 없었던 것이다.

또한 캉브레에서 연합군의 과감한 반격은 성공 여부를 떠나서 이들이 아직 죽지 않았으며 여전히 만만찮다는 사실을 각인시켰다. 물론 연합군 입장에서는 그야말로 최후의 힘을 짜낸 것이었지만 히틀러와 OKW(국방군 최고사령부)로서는 상대방의 사정을 정확히 알 수 있을 리 없었다. 게다가 덩케르크에 40만 명이 넘는 연합군이 포위되어 있긴 했지만 이들 외에도 프랑스 중부에는 여전히 100만 명 이상의 연합군이 남아 있었다. 전쟁의 승패는 아직 알수 없었던 것이다. 그렇다보니 덩케르크의 존재는 이미 히틀러의 관심사에서 어느 정도 멀어졌으며, 병력을 신속하게 남쪽으로 돌려서 최후의 일격을 먹여야 한다고 판단하였다. 또한 그동안 휴식 없는 진격으로 병참 문제와 군의 피로도 극에 달하고 있었다.

이런 상황에서 공군 총사령관 괴링이 '이 문제는 우리가 알아서 하겠다'고 자청하자 히틀러가 독일 공군에게 덩케르크의 뒤처리를 맡겼다고 할 수 있겠지만, 정말 독일 공군의 제한된 전력만으로 영국해협을 확실하게 차단할 수 있을지 히틀러와 육해공군 수뇌부가 신중하고 치밀하게 검토했던 것은 아니다. 더욱이 5월 28일에는 벨기에군이 연합군과의 사전 협의 없이 일방적으로 항복을 선언함으로써 연합군의 측면이 무방비 상태가 되는 등 최악의 위기에 직면했으나, OKW는 이 기회를 제대로 이용하지 못했다.

다이나모 작전이 발동되어 영국군이 총력을 다해 철수 작전을 전개하고 독일 공군이 이를 막기에는 역부족임이 뻔히 증명되었음에도, 히틀러는 사실상 수수방관하였다. 영국군의 철수를 막을 수 있느냐 없느냐를 떠나서 막을 의지 자체가 결여되어 있었다. 그가 비로소 덩케르크로의 진격을 재개하라고 명령한 것은 5일 후인 5월 31일이었다. 사실 이때까지도 기회는 있었다. 연합군은 아직 병력의 절반도 빠져 나가지 못한 상태였기 때문이었다.

그러나 히틀러는 뒤늦게 덩케르크 점령을 명령하면서도 적을 돌파하는 데 가장 중요한 기갑부대는 후방으로 빼버리고 그 임무를 보병부대에게 맡겼다. 하지만 그 정도로는 연합군의 철수를 결정적으로 저지하기에 역부족이었다. 결국 독일군은 연합군의 주력이 다 빠져나간 6월 4일에야 덩케르크를 점령하였고 약 4만 명의 프랑스군 후위부대만 포로로 잡을 수 있었다. 반면 다이나모 작전에서 철수한 병력은 약 33만 8000명에 달했다.

물론 영국 공군의 강력한 저항, 영국 해군의 우세함, 독일의 해·공군으로는 영국해협을 완전히 차단할 수 없다는 점에서 과연 히틀러가 정지 명령을 내리지 않았다고 해서 연합군을 포위 섬멸할 수 있었을지 쉽게 말할 수는 없다. 그러나 적어도 실제 역사보다는 훨씬 강력한 타격을 줄 수 있었으리라는 사실 또한 어느 누구도 부정할 수 없을 것이다. 고작 10킬로미터에 불과한 종심을 돌파하고 독일군 전차부대가 해안가로 돌진해 왔다면 조직적인 철수 작전은 어림도 없었을 것이며, 잘해봐야 그 절반의 절반도 구하지 못했을 가능성이 높다. 처칠조차 의회에서 "5만 명만 구해도 대성공"이라며 "우리는 가장 충격적인 사실을 국민들에게 알려야 할지도 모른다"고 말했을 정도였다.

결과적으로 덩케르크 철수를 방관한 것은 히틀러 최대의 실책으로 꼽힌다. 처칠은 영국의 거의 모든 가용 전력을 프랑스로 보냈고 본토에 남은 것은 막 훈련과 편성을 시작한 신병들로 구성된 2개 훈련 사단이 전부였다. 평소 소수의 모병제에 의존했던 영국에게는 소련이나 일본처럼 잘 훈련된 대규모 예비군도 없었다. 게다가 새로운 군대를 무장시킬 예비 무기와 장비 또한 거의 남아 있지 않았다.

비록 그런 상황에서 목숨만 건진 채 돌아왔다고 해도, 30만 명에 달하는 병력은 일단 그 존재만으로도 히틀러가 영국해협을 건너기를 쉽사리 결심하지 못하게 만들었다. 정보부 국장 카나리스 제독은 바다사자 작전을 시도하려면 적어도 20~30개 사단이 필요하다고 보고하였다. 바꾸어 말해서 만약 영국이 덩케르크에서 병력 대부분을 상실했다면 어떻게 되었을까. 아무리 영국 해군이 건재하다고 해도 영국의 해안선 전체를 막는 것은 불가능하다는 점에서, 독일군이 공군의 강력한 지원 아래 공수부대를 투입하여 영국 남단에 있는 몇 개의 주요 항구시설을 확보하고 1~2개 사단을 상륙시키는 데 성공했다면?

상륙작전의 가장 큰 어려움은 초반의 교두보 마련이다. 아무리 영국 해군이 뒤늦게 해상 병참선을 차단한다 해도 일단 지상군이 교두보만 마련하고 나면 그 자체로 강력한 방어 요새가 되기 때문에 이들을 도로 바다에 처넣기가 매우 어렵다. 게다가 병력과 물자에서 월등히 우세한 독일군은 영국 해군의 강력한 방해에도 불구하고 상당한 손실을 각오하고 소모전을 벌이며 교두보를 확대해나갈 수 있었다.

물론 실현되지 않은 일이기에 함부로 단정할 수는 없지만, 바다사자 작전의 성공 여부를 떠나서 영국으로서는 실제 역사보다 훨씬 심각한 상황에 직면했을 것은 분명하다. 무엇보다도 독일군이 내륙으로 진격을 시도하고 영국군에 이를 저지할 병력이 모자랐다면 막을 도리가 없었을 것이다. 하지만 히틀러는 기회를 놓쳤고, 그가 소련 침공에 정신을 파는 사이 미국은 영국을 발판으로 유럽을 침공하였다. 결국 그의 천년 제국은 겨우 5년 만에 끝장나고 말았다.

물론 히틀러는 최종 결정권자였기에 그의 실수에는 변명의 여지가 없다. 그러나 할더나 만슈타인의 회고록에 나오는 "독일군은 완벽했지만 히틀러가 모든 것을 망쳐버렸다"는 식의 주장은 당시 독일군이 가지고 있던 근본적인 모순과 부조리함을 숨기는 것에 불과하다. 대국적인 판단력이 결여된 채 즉흥적·전술적으로만 판단했던 독일군 최고 사령부의 무능함, 정보의 부재 속에서 객관적이고 냉철한 판단 대신 선입견과 막연한 불안감에 휘둘리기 십상이었던 히틀러와 참모들, 진짜 문제는 그들 모두에게 있었다. 이런 실책은 덩케르크에 관해서뿐만 아니라 제2차세계대전 내내 독일이 가지고 있던 구조적인 한계이기도 하다.

덩케르크 철수 작전이 제2차세계대전에서 가지는 비중에 비하여 그동안 국내에서는 소홀히 여겨져온 면이 있다. 제2차세계대전사의 바이블이라 불리는 존 키건 교수의 『2차세계대전사The Second

World War』를 비롯하여 시중의 관련 서적을 보면 덩케르크 철수 작전에 고작 몇 페이지를 할애하여 연합군이 어떻게 철수할 수 있었는지 간략하게 언급할 뿐이다. 따라서 충분한 배경지식이 없는 독자로서는 프랑스 전역과 영국 본토 항공전 사이의 짧은 단막극 정도로 여겨질 수 있다. 제2차세계대전의 향방을 좌우했던 덩케르크 철수 작전의 진정한 의미가 가려지는 셈이다.

그런 점에서 에드워드 키블 채터턴의『덩케르크』는 독자들에게 상당히 신선하게 다가오리라 생각된다. 이 책은 그저 지나간 전쟁 이야기가 아니다. 마치 영화 〈타이타닉〉이나 〈포세이돈〉, 〈판도라〉처럼 당시의 긴박했던 상황을 사실적으로 묘사하면서 그 속을 헤쳐나오는 수많은 사람들의 이야기를 다루고 있다. 일면식도 없는 사람들을 구하기 위하여 직접 배를 몰고 바다로 나선 이들, 한번 떠나면 귀환을 장담할 수 없는 긴장된 상황, 어떠한 위험과 역경에도 굴하지 않았던 놀라운 투지, 생사의 갈림길에서도 남을 위하여 목숨을 바쳤던 용기. 이 책은 한 편의 휴먼드라마다. 저자는 철수 작전에 직접 참여하지는 않았지만 다른 영국인들과 함께 그 시절을 경험한, 현장에서 눈으로 보고 귀로 들으며 몸으로 느낀 사람이다. 그런 점에서 책과 사료로 접근하는 후대 학자들의 얘기와는 또다른 느낌을 줄 것이다.

영화 〈인셉션〉과 〈인터스텔라〉, 〈다크나이트〉의 감독 크리스토퍼 놀란의 신작 영화 〈덩케르크〉가 곧 개봉 예정이라고 한다. 액션 위주의 여느 할리우드 영화와는 다른 놀란 감독 특유의 거대한 스케일과 드라마가 벌써부터 기대된다. 이 책이 영화를 이해하는 데 많은 도움이 되리라 생각한다.

울산에서 권성욱

(『중일전쟁』 저자, '밀리터리 군사무기 카페' 스태프)

서문

이 책은 역사상 가장 놀라운 사건 중 하나를 다루었다. 첫번째 목표는 이 철수 작전이 불가피해졌던 당시의 상황을 서술하는 것이다. 이어 두번째 목표는 이 작전에 투입된 다양한 선박들이 어떻게 됐는지를 보여주는 데 있다. 진실은 일방적이지 않아서 때로 중첩과 반복이 생겨날 수밖에 없다.

이를테면 똑같은 사건일지라도 구축함, 여객선, 예인선 중 어디에서 보는가에 따라 완전히 달라진다. 이 책의 의도는 이 감동적인 이야기를 다양한 시점에서 독자들에게 보여주려는 것이다.

필자는 언론 기사와 직접 철수 작전에 관여했던 지휘관들과의 인터뷰를 바탕으로 당시의 상황을 면밀히 좇아서 사실적으로 묘사하였다. 그래서 이 이야기의 진실은 의심의 여지 없이 명백하고, 시간이 흘러도 훼손되지 않을 것이다.

덩케르크 철수 작전은 상선과 그 종사원들이 국가에 공헌한 가장 위대한 사례다. 바로 이런 이유 때문에 필자는 그 지점을 특별히 강조하게 되었다. 집필에 도움을 준 선주들과 런던 항만관리공사, 영국 정보부 등에 감사한다.

제1장

모든 것의
시작

1940년 5월 10일 03시 30분, 독일 항공기가 헤이그의 병영을 기습 폭격함으로써 현대 유럽 문명사에서 가장 거대하고도 긴박한 드라마의 막이 올랐다.[1] 불과 두 시간 전에 800명의 네덜란드 병사들이 야간 훈련을 마치고 돌아와 휴식을 취하고 있었다. 따라서 그들 대부분은 잠자는 동안 독일의 폭격을 받고 목숨을 잃었다.

동시에 나치는 네덜란드의 비행장을 파괴했고, 이어서 대규모 수송기 편대가 메서슈미트 BF-109 전투기[1]들의 호위를 받으며 헤이그 인근에 공수부대를 낙하시켰다.[2] 한편 하늘에서는 하인켈 비행기들이 항복을 권하는 전단을 뿌렸다. "저항해도 소용없다. 너

네덜란드에 투입되는 독일군 공수부대(1940년 5월 10일)

희는 이미 포위됐다." 무자비한 침입자들은 이렇게 말했다.

저지대 국가[2]를 침공하기 바로 전날, 독일은 네덜란드의 중립
성과 자유를 존중하겠다고 공식적으로 선언한 바 있었다. 그런 뻔
뻔함은 인정사정없는 잔혹함만큼이나 독일의 전형적인 작태였다.
완벽하게 조직되어 파죽지세로 돌진하는 기계화부대, 스파이와 반
역자 들의 악마적인 협력에 이르기까지 독일군이 그들의 의지를
수행하는 데에는 별다른 어려움이 없었다.

네덜란드 측에서는 공격이 임박했음을 3일 전부터 알고 있었
으나, 이 기습의 충격은 전 세계를 강타했다. 그러나 둔감하고 태
평한 네덜란드인들은 그들 자신의 한복판에서 얼마나 큰 배신이

일어나고 있었는지 과연 알았던 것일까? 오랜 세월 이웃으로 행세하면서 네덜란드인들의 호의를 샀던 사람들이 하루아침에 무기를 겨누고 선량한 시민들을 죽였다는 것을?

네덜란드뿐 아니라 룩셈부르크와 벨기에도 침공을 당했다. 이세 나라는 영국과 프랑스에 도움을 청했고, 곧바로 도움의 손길이 뻗쳐 왔다. 그러나 전황은 상상을 초월할 만큼 빠르게 악화되었다. 독일의 침공 당일 이미 빌헬미나 여왕 정부의 두 각료를 태운 네덜란드의 수상비행기 한 대가 간신히 독일군의 감시를 피해 북해를 날아와서 브라이턴 해변의 해수욕객 사이에 착륙했다. 이틀 후 나치는 로테르담의 주요 거점들을 점령해나갔고, 점령지마다 거센 불길이 하늘로 솟구쳤다. 사전 계획에 따라서 점점 더 많은 독일군 공수부대가 지속적으로 헤이그 인근에 투입되었고, 그와 동시에 엑스라샤펠[3]을 떠난 독일군의 기계화부대가 마스트리히트와 벨기에 국경을 넘어, 전쟁 발발 불과 한 달 전에 개통한 알베르 운하[3]로 진격해 오고 있었다.

이 세 나라에 대한 침공이 있기 직전인 5월 9일 목요일 〈뮌히너 노이에스테 나흐리히텐Muenchener Neuseste Nachrichten〉지에 실린 기사는 정직한 사람들의 사고방식으로는 앞으로도 도저히 믿을 수 없는 내용으로 남을 것이다. 독일은 네덜란드나 벨기에를 공격할 의사가 없다고 정면으로 부인하는 그 기사의 내용은 다음과 같았다.

독일이 벨기에와 네덜란드 침공을 계획하고 있다는 주장은 영국 정보부가 중립적인 채널들을 통해 퍼뜨린 새빨간 거짓말 중 하나다. 영국의 이런 거짓말은 너무도 저열하여 독일 사람뿐만 아니라 다른 어느 나라의 국민들도 믿지 않을 것이다.

그러나 거짓말을 하고 파렴치하게 변명을 꾸며낸 쪽은 독일이었다. 네덜란드와 벨기에 정부에 전달된 독일의 비망록에는 영국과 프랑스가 독일 북서부의 루르를 침공하기 위한 사전 단계로서 저지대 국가들을 즉시 침공할 계획이라고 비난하는 내용이 담겨 있다. 네덜란드 외무장관 클레펀스는 독일의 책임 전가에 분격했고, 벨기에 외무장관 스파크는 독일의 범죄를 강력히 규탄했다. 스파크는 나치가 "벨기에 정부에 그 어떤 최후통첩도 항의에 관한 문서도 보내지 않았으며, 벨기에와 독일 간의 상호 불가침 조약이 파기됐다는 것은 오로지 독일의 침공 때문에 알게 된 사실이었다"고 상기시켰다.

빌헬미나 여왕을 생포하려던 나치 공군의 무모한 시도는 아슬아슬하게 실패했다. 독일 수송기 편대가 강하병들을 태우고 여왕의 여름 별장이 있는 라위헨훅에서 가까운 네덜란드 남부 팔켄뷔르흐 공항에 착륙했다. 한편 또다른 납치범들이 헤이그에서 남쪽으로 수 킬로미터 떨어진 델프트에 착륙했다. 헤이그를 네덜란드의 나머지 영토로부터 고립시키고 여왕과 정부를 볼모로 삼겠다는 독일의 전략은 다행히도 실패했다. 여왕은 군함을 타고 영국으로 탈출했고, 룩셈부르크의 여대공 샤를로트는 간신히 프랑스 북부에 도착했다. 그러나 여명과 함께 독일 공군의 폭격기들이 암스테르담의 스히폴 비행장에 가까워지는 동안, 안트베르펜을 비롯한 벨기에의 모든 비행장에는 이미 폭탄이 쏟아지고 있었다.

그렇다면 벨기에 국왕 레오폴드 3세는 어떻게 됐을까?

그는 토요일 아침 벨기에 라디오로 대국민 메시지를 방송하던 당시엔 분명히 진실했다.

우리는 중립의 의무를 충실히 이행해왔습니다. 프랑스와 영국이 우리를 지원하여 이미 양국의 첫 지원부대가 우리를 위하여 오고 있습니다. 이 싸움은 힘겹겠지만, 그 누구도 최종 결과는 의심할 수 없을 겁니다.

하지만 그로부터 2주 후에 레오폴드 국왕이 조건부 항복을 결정하고 자신이 그토록 간절히 도움을 요청했던 동맹국들을 비열하게 저버리게 되리라는 것은 그 누구도 예상하지 못했다. 지원 요청은 5월 10일에 이루어졌다. 다음날 영국 근위여단은 겨울과 봄을 보냈던 프랑스 북부의 릴에서 출발했다. 드디어 동면 후의 기동전이었다![4] 로저 키즈 제독이 해군 무관의 자격으로 벨기에 국왕과 접촉하기 위하여 이동하는 동안, 영국 군대는 브뤼셀 동쪽과 루뱅으로 진격했고 그 직후에 치열한 교전이 벌어졌다.

그렇게 시작도 끝도 갑작스러웠던 참혹한 비극의 서막이 올랐다. 그리고 고통스러웠던 불과 몇 주 만에 유럽의 지도는 완전히 바뀌고 말았다. 이 세 갈래의 침공은 처음부터 교황으로부터 비난을 받았다. 교황은 레오폴드 국왕과 빌헬미나 여왕 그리고 여대공 샤를로트에게 각각 '완전한 자유와 독립의 재확립', '정의와 자유의 재확립', '자유와 독립'을 강조하면서 연민의 메시지를 보냈다.

자유, 정의 그리고 독립. 이것이 바로 연합군 병사들이 독일의 전쟁 기계들에 대항하여 싸우게 만든 이유였다. 5월 13일 월요일, 벨기에 북동쪽에서 격렬한 대규모 전차전이 벌어졌다.[5] 사실상 네덜란드에서 벨기에 영토를 거쳐 프랑스 국경에 이르는 전선 전체에서 벌어진 전면전이었다. 그러나 이 거대한 작전의 중심은 아르덴의 숲 비탈을 통과하는 뫼즈강-롱위-몽메디 방어선 쪽으로 집중되었다. 떡갈나무와 밤나무가 빽빽하고 불모의 황무지와 비옥한 하곡河谷이 공존하는 아르덴 숲은 독일군이 본래 추구했던 목표인 쐐기 전술 기동의 무대가 되었다. 첫번째 쐐기는 네덜란드와 벨기에 사이에, 두번째 쐐기는 프랑스 방어선에, 그리고 세번째 쐐기는 영-프 연합군의 중심에 박혔다.

연합군의 방어 거점을 목표로, 놀라울 정도의 기동력과 맹렬한 집중 공격이 전개되었다. 리에주 요새가 독일군의 공격으로 함락되는 동안, 무르데이크Moerdyk 교량은 적의 교묘한 책략에 넘어갔다. 홀란스 디프Hollandsch Diep의 물이 불어난 수로에 도착하면 철로가 하늘을 배경으로 뻗어 있고, 무르데이크 항구는 그보다 약간 서쪽에 자리잡고 있다. 그러나 홀란스 디프에서 본 무르데이크 항구의 남쪽은 내수면을 따라 교역하는 네덜란드 모터보트와 범선이 사용해왔다. 독일군은 이 외딴곳에 적당한 선박 한 척을 은닉해놓는 걸 잊지 않았는데, 이 선박에는 군인들이 숨어 있다가 적당한 시점에 튀어나올 준비를 하고 있었다. 네덜란드인들이 사태를 미처 깨닫기 전에 무르데이크 교량은 포위되었고, 네덜란드 남북을 잇는 노선뿐 아니라 벨기에와 연결되는 노선 전부를 독일군에게 빼앗기고 말았다.

이 쐐기는 5월 14일 가장 절망적인 사태를 초래했다. 무르데이크와 헤이그의 중간 지역은 사실상 독일군의 통제하에 놓였고, 네덜란드 북동부 역시 자위더르 해안까지 내려간 독일군에게 점령되었다. 로테르담이 폭격으로 초토화되자 네덜란드 총사령관은 23시를 기해 전군에 "민간인의 생명을 구하고 더이상의 유혈사태를 피하기 위하여" 사격 중지 명령을 내렸다. 미들뷔르흐와 플리싱언 그리고 몇 개의 작은 섬을 포함하는 제일란트의 남서부 지역만이 한동안 독일군에 저항했을 뿐이다.

그 결과 단 5일 만에 네덜란드는 나치의 점령하에 들어갔다. 이것이 전부가 아니었다.

벨기에 북동부를 관통하여 320여 킬로미터의 전선을 따라 치열하게 전개되던 교전이 5월 15일에는 파괴적인 허리케인과 맞먹는 수준으로 격화되었다. 영국 근위여단은 브뤼셀과 루뱅의 동쪽에서 격전을 치르고 있었다. 제공권을 장악한 독일군 폭격기들이 영국군을 향해 급강하 폭격을 가했고 후방의 도로를 파괴했다. 한편 걸어가거나 자전거를 타고서 길게 늘어선 피란민의 행렬이 도로를 막아 폭격의 혼돈을 가중시켰다.

루뱅의 경우 1914년에 파괴됐다가 재건축된 유명한 도서관이 독일군에 의해 다시금 파괴되는 운명을 맞았고, 주택과 철도역 또한 폭격당했다. 영국군이 5월 16일과 17일에 걸쳐 어쩔 수 없이 철수하면서 루뱅은 또다시 적군의 수중에 들어갔다. 영국군은 브뤼셀의 서쪽으로 퇴각했다. 그리고 오케험Okegem의 당드르Dendre강 너머에서 잠시 멈추었다가 5월 21일 루베Roubaix 인근의 스헬더강으로 퇴각을 재개했다.

스헬더강은 방어 역할을 거의 하지 못했는데, 프랑스와 벨기에가 농업용수를 공급할 목적으로 여러 지점에서 수문을 열어놓아 2.7미터의 수심이 불과 45센티미터로 낮아졌기 때문이다. 그 결과 투르쿠앵까지 좀더 퇴각할 수밖에 없었다. 벨기에까지의 짧은 여정 후에 영국 근위여단은 그들이 2주 전에 떠났던 릴의 북쪽으로 되돌아온 셈이 되었다.

상황은 실로 심각하게 꼬인 셈이었고, 이런 상황을 해군성과

프랑스군 포로들과 스당 인근 뫼즈강을 도하하는 독일군(1940년 5월 14일)

해운부 양쪽이 어떻게 인식했는지는 나중에 언급할 것이다. 그 나
중을 위하여 5월 14일과 19일, 이 날짜들을 기억해두기로 하자. 루
뱅, 말린, 브뤼셀이 독일군의 점령하에 들어갔고, 독일군 전차와 전
투기의 맹렬한 공세는 전혀 수그러들지 않았다. 그것은 청명한 하
늘 아래 펼쳐진 풍경이었다. 그리고 독일군의 전략은 점점 더 분명
하게 드러났다.

　어부, 국회의원, 언론인, 엄마와 아이들 등 온갖 부류의 네덜란
드 피란민들이 트롤선과 요트로 영국을 향해 북해를 건너는 동안
(폭탄을 피해 살아남은 일부는 지뢰밭 사이에서 죽음을 맞긴 했으나),
프랑스는 이른바 결사항전을 벌이고 있었다. 5월 14일 화요일, 인

간의 생명에는 무관심한 독일군은 어떤 대가를 치르더라도 프랑스
군의 방어선을 뚫겠다는 결연한 기세로 스당을 향해 진격했다.[6]

치열한 교전 끝에 연합군은 네덜란드 남서부 제일란트에서 철
수했다. 그 과정에서 네덜란드의 거대한 운하 및 철도 시스템의 최
남단 관문이던 플리싱언의 항만시설을 파괴했고 석유 탱크에 불을
질렀으며 수많은 네덜란드 군함이 진수되었던 해군 조선소를 무력화
했다. 그러나 정작 나치의 압도적인 공세가 집중된 곳은 스당 지역
이었고, 새롭고도 가공할 만한 기갑 전술이 아르덴 숲을 휘저었다.

당시에 벌어진 일들을 빠짐없이 전달하기 위해서는 지면에 배
열되는 활자 그 이상의 뭔가가 필요할 것이다. 강렬한 영상미, 플
래시백 효과와 스치는 장면을 지닌 현대적 영화만이 그에 필적하
는 내러티브를 제공할 수 있을 것이다. 한편 네덜란드에서 격정의
드라마가 끝나가는 동안 프랑스에서도 또다른 드라마가 절정으로
치닫고 있었다.

네덜란드에서의 드라마를 떠올려보자. 네덜란드 항구 외해에
부설된 독일군 자기감응기뢰, 네덜란드 해군함과 상선들의 탈출,
영국 해군의 대항기뢰(바다에 부설된 기뢰가 폭발하지 못하도록 억제
하거나 제거하는 작업), 북해 건너 네덜란드 서부 항구도시 이마위
던Ymuiden으로 급파된 영국 고속어뢰정 편대 등을 생생하게 상상해
볼 수 있다. 영국 잉글랜드 동부 로스토프트에서 불과 150여 킬로미
터 거리에 있는 이마위던은 금방이라도 무슨 일이 벌어질 것 같은

분위기였다. 엄청난 가능성들이 저절로 수면에 떠오르고 있었다.

두 방파제 사이의 외항으로 들어서면 북해 운하로 연결되는 수문 세 개가 나온다. 그 수문을 통하여 정기선을 비롯한 온갖 선박들이 20킬로미터 거리에 있는 암스테르담 항구에 도착하는 것이다. 반면에 암스테르담 항구에서 북해를 빠져나가 자위더르로 가기 위해서는 오렌지 수문을 통과해야 하는데, 이 경우엔 흘수선 1.5미터 이하의 선박만 가능하다.

이 지점부터 영국의 고속어뢰정 편대는 포위 직전의 자위더르에서 영국 해군의 화력을 증명하기 위하여 순조롭게 항로를 질주했다. 그들이 그때 독일을 떠나와 이동 중이던 나치의 고속어뢰정들과 마주쳤더라면 아마도 대단히 흥미로운 해전이 벌어졌을 것이다.

암스테르담이 곧 무너지리라는 건 분명했다. 석유 탱크들은 이미 불타는 중이었으므로, 운하를 따라 신속하게 퇴각할 필요가 있었다. 이마위던의 수문들이 한번 더 열리고 얼마 지나지 않아서, 한 영국 해군 장교가 폐색선(항구의 입구에 적의 침입이나 파도를 막기 위해 고의로 침몰시키는 배)을 사용하는 간단하고도 효과적인 방법으로 이 수문들을 대담하게 봉쇄하는 데 성공했다. 트롤선 한 척, 화물을 가득 실은 증기선 한 척과 노련한 항해술을 갖추었고 조금만 운이 따라준다면 훌륭한 장애물을 만들어낼 수 있기 때문이다. 또한 1만 2000톤급 정기선 한 척이면 세번째 수문을 봉쇄하는 데 충분했다. 그 결과 암스테르담 항구는 흘수선이 깊은 선박들에겐 무용지물이 되었다.

후크반홀란트Hook of Holland를 지나 로테르담으로 이어지는 좁은 수로에서 영국 구축함들이 폭격기를 피해 가는 모습 또한 생생히 그려볼 수 있다. 언제나 그렇듯이 위험 앞에서도 묵묵히 맡은 임무를 수행하는 용감한 해병대. 나치의 감시를 벗어나려는 피란민들. 영국으로 귀항하는 전율의 항해.

그러나 이 책의 주제는 덩케르크 철수이기에 당장의 관심사는 역사상 가장 위대한 철수 작전이 어떻게 실행 가능했는지, 또는 어떻게 필연적일 수 있었는지 말하는 데 있다. 따라서 동인도 취역을 목적으로 로테르담에서 진수한 지 얼마 안 되었던 네덜란드 잠수함 두 척 O-23과 O-24가 "필사적이고 용감한 무공"(영국 해군성의 표현에 따르자면)으로 나치가 부설해놓은 자기감응기뢰를 피한 사연 등의 이야기로 시간을 지체할 수도 없겠다.

네덜란드 구축함 '반갈렌'이 대담한 기상으로 바다의 가장 뛰어난 전통을 지켜낸 과정을 아주 간단히 언급하는 정도로도 충분할 것이다. 잊어선 안 될 사실은 네덜란드가 유럽에서는 작은 나라에 불과하지만 세계 3위의 식민지 강국이라는 것이다. 그 결과 네덜란드의 동인도 함대는 언제나 네덜란드 해군에서 가장 강력한 전력을 형성해왔다.

'트롬프'(구경 15센티미터의 함포 6문과 대공포 8문을 탑재한 3400톤급)와 '드라위터르'(구경 15센티미터의 함포 7문과 대공포 10

문을 탑재한 6500톤급)는 둘 다 32노트의 속력을 낼 수 있는 뛰어
난 순양함으로 인정받고 있었다. 네덜란드 해군 함정의 일부는 분
명 역사적인 덩케르크 철수 작전에서 일정한 공헌을 해냈는데, 그
중에서 일부는 실종되었고 일부는 치열한 교전 끝에 침몰했다.

'반갈렌'은 결정적인 타격을 입기 직전에 그 혼돈의 현장에서
살아남았다. 독일군을 실은 수송기들이 스헤베닝언 해변에 착륙했
을 때 매우 효과적으로 작전을 수행한 군함이 바로 이 구축함이었
다. 독일군이 그 백사장을 특별히 선택한 이유는 왕궁과 정부청사
가 있는 헤이그와 가까웠기 때문이다. 해상에서 반갈렌(속력 36노
트, 1300톤)은 구경 12센티미터의 함포 4문으로 독일군 수송기들
을 격추한 후 기뢰가 깔려 있던 뫼즈강을 우회하여 로테르담으로
향했다. 발하벤 비행장을 점령 중이던 독일군을 포격하기 위함이
었다. 나치는 급강하 폭격기로 응수했다. 폭격기들은 반갈렌을 30
차례 공격했으나 지속적인 대공포 사격을 막지는 못했다. 31번째
공격에서야 이 나치 폭격기는 반갈렌에 직격탄을 먹이는 데 성공
했다. 그 결과 구축함에서 승조원들이 해변으로 상륙하여 전투를
계속하기는 했으나, 결국 선체는 침몰했다.

네덜란드 해군의 더 많은 군함이 교전의 상흔을 입긴 했으나 4
일간의 고군분투 끝에 무사히 영국에 도착한 것은 축하할 일이었
다. 그러나 영국의 도크 시설로 넘겨진 네덜란드 군함들이 영국 해
군의 일부로서 정비와 수리를 받은 반면, 영국의 다른 선박들은 실

제 작전에 투입되기까지 별다른 주목을 받지 못하기도 했다.

순양함 '트롬프'와 '드라위터르'는 율리아나 공주와 두 자녀를 캐나다까지 데려가고 캐나다 군대를 영국으로 호송하는 임무를 맡았다. 전체적인 맥락에서 봤을 때 나치의 네덜란드 침공은 연합군에겐 좋은 기회이기도 했다. 네덜란드 해군의 포함과 구축함 들이 영국의 항구와 연안의 해안 방어, 기뢰의 부설과 소해, 유보트 추적 등의 임무를 맡았을 뿐 아니라 네덜란드 해군 항공대는 연합군 진영에 비행기와 조종사를 제공했다.

네덜란드가 연합군에 지원한 상선들도 매우 유용했다. 연간 300만 톤 규모의 네덜란드 해운은 프랑스의 그것에 버금가는 수준이었다. 네덜란드는 제1차세계대전 당시의 손실을 감안하더라도 180척의 원양어선과 250척의 연안무역선을 보유하고 있었다. 영국 해운부가 영국 수출품 운송과 원자재 및 식료품 수입을 위하여 네덜란드와 맺은 용선 계약의 규모는 대략 100만 톤에 달했다. 더구나 이 수치는 독일군의 유보트와 공중 폭격 및 포격에 대비해 호위선단을 꾸린 경우만 계산한 것이다.

그 결과, 히틀러는 지상군을 동원하여 여러 도시와 영토를 함락했으나 네덜란드 상선이 무역 항로를 따라 항해하는 것을 방해하지도 못했고 태평양과 인도양에서 통상적으로 활동하는 상선을 공격할 수도 없었다. 그런 목적을 이루기 위해서는 뛰어난 해군력이 필요했지만 히틀러에겐 그것이 없었다.

[1] 프랑스를 6주 만에 유린한 독일의 전격전(電擊戰, blitzkrieg): 전쟁이 시작되었을 때만 해도 프랑스는 자신만만했다. 양측의 전력 차이는 지상군에서는 연합군(영, 프, 네, 벨) 151개 사단에 독일군이 135개 사단이었고, 포병에서는 연합군 1만 4000문에 독일군은 7378문, 전차에서는 연합군 4204대에 독일군 2439대, 보유항공기는 연합군 4469대에 독일군은 3578대에 불과했다. 해군력에서는 감히 비교가 되지 않았다. 보불 전쟁 이래 프랑스가 독일에게 이 정도의 우위를 차지한 적은 없었다.

질적으로 보더라도 베르사유 체제 이래 근 20년 동안 군사력을 제한당했던 독일군은 히틀러 집권 이후 재무장 선언에도 불구하고 잘 훈련된 장교와 하사관이 매우 부족했다. 135개 사단 중에서 1930년대 말에 새로 편성된 10개의 기갑사단과 차량화사단을 제외하고 대부분은 기동성과 장비가 결여된 2선급의 보병사단이었다. 이 사단들은 아무 내실 없이 총통의 명령으로 그저 사단 숫자를 늘리기 위해 급조되었다. 병사들 역시 소집된 지 얼마 되지 않아 제대로 훈련도 받지 못한 신병들이 태반이었다. 탄약과 보급품도 부족하여 연합군의 방어선을 신속하게 돌파하지 못할 경우 도리어 독일군이 수세에 몰릴 판이었다. 즉, 프랑스 전역이 시작될 때까지도 독일의 전쟁 태세는 승리를 장담하기는커녕 오히려 형편없었다.

그러나 여기서 주목해야 할 점은 "독일군이 생각만큼 강하지 못했다"가 아니라 "그럼에도 어떻게 이겼는가"라고 해야 할 것이다. 프랑스군의 총사령관 가믈랭 원수는 독일군의 침공을 일주일 남겨놓고 "히틀러가 막강한 우리 진지를 향해 선제공격하는 친절을 베풀어준다면 나는 그에게 1억 프랑을 주겠다!"라고 의기양양하게 말했다. 하지만 1940년 5월 10일 막상 독일의 공격이 시작된 지 겨우 5일 만에 그는 두 손을 든 채 전의를 완전히 상실했다. 그동안 프랑스군 수뇌부가 "절대 불가능하다"라고 장담했던 아르덴 숲을 구데리안이 이끄는 독일 기갑부대가 단숨에 돌파했던 것이다.

독일군의 선봉은 시시각각 돌파구를 확대하면서 파죽지세로 밀고 들어오고 있었지만 가믈랭은 속수무책이었다. 종심방어를 고려하지 않은 채 구태의연하게 1차대전식 방어 전략에 따라서 국경을 따라 주력 부대를 지나치게 전진배치했고 후방에 충분한 예비 전력을 두지 않았기 때문이다. 또한 "유능한 장군은 일선에 나서지 않는다"는 케케묵은 관행에 따라서 가믈랭의 사령부는 최일선에서 수백 킬로미터나 떨어진 후방에 있었고 지휘 통신 장비도 충분하지 않아 상황을 제대로 파악할 수 없었다. 만약 그가 보다 능동적인 지휘관이었다면 독일군의 선봉부대와 후방부대가 서로 떨어지면서 생긴 간격

을 놓치지 않고 반격하여 전세를 뒤집었을 것이다. 독일군의 우세함은 실제로는 아슬
아슬하기 짝이 없었지만 그것을 알아차릴 지휘관이 연합군에게는 없었다.

하늘에서는 최신예 BF-109 전투기를 앞세운 독일 공군이 제공권을 완전히 장악한 채
Ju-87 슈투카 폭격기들이 프랑스군의 진지와 차량, 군대의 행렬에 쉴새없이 폭탄 세례
를 퍼부었고 지상에서는 기동성이 우수한 신형 3호, 4호 전차를 앞세워서 프랑스군의
진지를 무자비하게 유린하는 모습은 당시로서는 그야말로 상상을 초월하는 것이었다.
연합군은 자신들이 전혀 예상하지 못한 곳에서 독일군이 나타나자 혼비백산하여 도주
하거나 무기를 버리고 투항했다. 독일과 이탈리아의 종군 기자들은 "전격전"이라고 불
렀으며 나치 독일의 선전 매체들은 독일군의 전광석화와 같은 모습을 대대적으로 선전
했다. 이것은 그저 언론 특유의 과장된 수사나 전쟁 프로파간다가 아니라 1차대전식
전투방식에 익숙했던 그 시절 사람들의 발상으로는 가히 충격이었기 때문이다.

『전격전의 전설』의 칼 프리저나 『전격전: 프랑스 패망과 거짓 신화의 시작』의 로버트 알
란 다우티 등 후대의 많은 군사학자는 "전격전이란 상상의 산물일 뿐, 실제로는 없었
다"고 주장한다. 또한 독일군은 막강하기는커녕 오히려 준비되지 않았고 매우 취약했
다는 사실을 강조한다. 그러나 여기서 오해해서는 안 될 점은, 전장에서 직접 경험했던
이들에게는 결코 허상이 아니라 현실이었다는 점이다.

전차는 한낱 보병이 돌격하는 것을 돕기 위한 보조무기가 아니라 오히려 선봉의 주역
을 맡았고 보병과 포병이 전차를 보조했다. 대규모 전차부대가 보병과 포병, 항공부대
의 지원을 받아 적진을 돌파하고 전과를 신속하게 확대했다. 그 과정에서 연합군은 새
로운 방어선의 구축은커녕 지휘계통마저 와해되었다. 북부 프랑스에서 포위된 연합군
의 손실은 100만 명이 넘었는데, 바바롯사 작전 당시 키예프에서 포위되어 60만 명이
항복한 소련군의 손실을 훨씬 능가하는 참패였다. 이런 결과 앞에서 독일의 기갑부대
가 대부분 화력과 장갑이 빈약한 경전차였고 독일군의 대부분이 우마에 의존하는 구
식 보병이었다는 사실은 중요하지 않다. 전쟁은 오로지 결과로만 얘기할 뿐이며 군사
력은 어차피 상대적인 것이기 때문이다. 연합군은 독일군 이상으로 준비되지 않았고
취약했다. 또한 영국군과 프랑스군은 서로 충분한 협조 체계가 구성되지 못하여 혼란
을 더욱 가중시켰다. 반면, 독일군은 단일화된 지휘 체계로 일사분란하게 움직였다.

전격전이 우리에게 시사하는 것은 전쟁이란 단순히 "눈에 보이는" 우세가 전부가 아니
며 그것을 얼마나 활용할 수 있는가 하는 시스템과 지휘관의 리더십이 더 중요하다는

사실이라 하겠다.

[2] 네덜란드를 침공한 독일군은 퀴흘러Georg von Küchler가 지휘하는 제18군이었다. 제 18군 예하에는 9개 사단이 있었으나 그중 기갑사단은 1개(제9기갑사단)밖에 없었고, 1 개 사단은 전근대적인 기병사단이었다(독일군의 유일한 기병사단이기도 했다). 나머지 7개 사단은 보병사단으로 그중 4개만 정규 사단이었고 3개는 예비 사단으로 인원과 장비가 불충분하였다. 반면 네덜란드는 8개 보병사단과 1개 경사단Light Division, 2개의 독립여단이 있었다. 네덜란드군의 무기가 낙후되고 인원과 장비 또한 정수의 절반에 불과하기는 했으나, 독일군은 프랑스의 지원을 받는 네덜란드군을 단시간에 제압할 만큼 우위에 있지 못했다. 독일 승리의 진짜 주역은 2개의 공수사단(제7공정사단, 제22공중보병사단)과 막강한 공군력, 그리고 제9기갑사단에 있었다. 적진 한가운데 낙하한 공수부대원들은 많은 희생을 치렀으나 네덜란드군을 대혼란에 빠뜨렸고, 주요 지점을 장악하여 전차부대를 앞세운 독일군 주력이 진출할 때까지 안전하게 확보하였다.

[3] **알베르 운하**: 벨기에 동부의 공업도시 리에주와 무역항인 안트베르펜을 연결하는 길이 130킬로미터의 운하로 벨기에 국왕 알베르 1세의 이름을 땄다. 원래 목적은 독일군의 침입에 대비한 군사적인 용도였다. 운하 남단에는 벨기에 최대의 요새인 에방에마엘이 건설되었다.

[4] 1939년 9월 1일 독일이 폴란드를 침공하자 영국과 프랑스 역시 독일에 선전포고를 하고 동원령을 선포하였다. 연합군은 당장이라도 라인강을 건너 독일 국경을 돌파할 것처럼 행동하였으나 실제로는 그 자리에 주저앉은 채 방어 태세를 강화했을 뿐이었다. 독일군과의 정면대결이 두려웠기 때문이다. 이런 전쟁 아닌 전쟁에 각국 정치인과 언론인 들은 '가짜 전쟁Phoney War' 또는 '앉은뱅이 전쟁der Sitzkrieg'이라고 조롱하기도 했다.

[5] 벨기에를 침공한 독일군은 라이헤나우Walther von Reichenau의 제6군이었다. 독일군은 5월 11일 벨기에 방어선의 중핵인 에방에마엘 요새를 겨우 80여 명의 공정부대원으로 간단하게 점령하였다. 또한 12일부터 14일까지 벨기에 중부 평원 지대의 아뉴Hannut

에서 독일군 제3, 제4기갑사단과 프랑스군 전투여단(2개 기갑연대), 제2, 제3경기계화 사단의 대규모 전차전이 벌어졌다. 양측이 각각 600여 대의 전차를 투입하였고 독일은 전차 50대, 프랑스는 120여 대를 상실한 채 해안가로 점점 밀려났다. 이 전투는 제2차세계대전 초반 최대 규모의 전차전이자 북아프리카 엘알라메인 전투 이전까지 가장 큰 전차전이기도 하였다. 하지만 벨기에에서의 전투는 연합군의 이목을 끌기 위한 함정이었다. 연합군이 벨기에와 북부 프랑스로 병력을 집중시키는 사이 독일군의 주력은 뫼즈강을 건너 아르덴을 돌파하였고, 이로써 독일은 전쟁의 승패에 쐐기를 박았다. 벨기에에서 포위된 연합군은 급히 남쪽으로 내려와 덩케르크의 철수 대열에 동참하게 된다.

[6] 스당으로 진격한 부대는 클라이스트 기갑집단Panzergruppe Kleist의 선봉을 맡고 있던 구데리안의 제19기갑군단이었다. 구데리안 군단은 5월 14일 새벽 전부 뫼즈강을 도하하는 데 성공하였다. 도하하는 데 적어도 10일은 걸릴 것이라던 연합군의 예상을 완전히 뒤엎은 셈이다. 스당의 수비를 맡고 있던 프랑스군 제55사단은 독일군이 뫼즈강을 도하했다는 소식을 듣자마자 전의를 상실하고 전부 도주해버렸다. 덕분에 독일군은 프랑스군의 방어선에 거대한 구멍을 내는 데 성공하였다.

제2장

×

덩케르크를
향하여

너무 많은 프랑스군이 투입되었고 그 방어력을 지나치게 믿었던 마지노선은 스위스 국경의 바젤부터 룩셈부르크 국경의 롱위까지 펼쳐진 요새 방어선으로, 롱위에서 다시 북해까지는 상대적으로 취약한 방어선이 이어졌다.[1]

네덜란드, 벨기에, 룩셈부르크가 침공당한 후 프랑스 지상군의 좌익은 스당과 북해 사이의 요새 방어선으로부터 스당을 우회하여 벨기에로 진격했다. 처음부터 이 프랑스군을 함정에 빠뜨려 독일군의 손쉬운 제물로 제공하는 것이 레오폴드가 꾀한 음모 중 일부였는지에 대해서 지금 토론할 필요는 없다.[2] 다만 프랑스의 폴 레

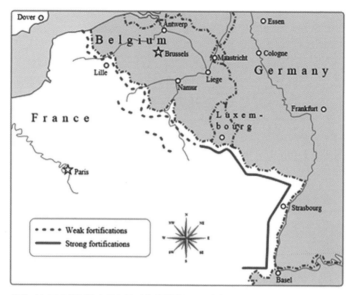

마지노선. 주 요새선은 스위스 국경에서 룩셈부르크까지 독일-프랑스 국경을 완전히 둘러 싸고 있었으며 핵심 지역은 알자스-로렌 지구였다. 북쪽으로는 벨기에 국경, 남쪽으로는 이탈리아 국경도 일부 요새화되어 있었으나 막상 룩셈부르크와 벨기에 사이의 아르덴 방면 은 무방비 상태였다. 독일군은 이곳을 돌파하였다.

노 수상이 나중에 그 점을 강조하기는 했다. 독일이 예상치 못한 맹공을 시작한 당시 프랑스의 수상과 국방장관은 나무르와 스당 사이의 뫼즈강 방어선에 배치된 프랑스 수비대가 전력이 매우 빈 약하다는 사실을 발견했다. 그 방어선의 전력이 그토록 약했던 이 유는 무엇일까?

그 대답은 뫼즈가 난공불락이고 적이 통과하기 불가능하다고 간주되었기에 프랑스군에서 가장 취약한, 제대로 훈련받지 않았고 자질이 부족한 장교들이 이끄는 2선급 사단으로도 충분하다고 판단했기 때문이라고 할 것이다. 과연 독일군은 난공의 아르덴을 뚫고 공격할 의도를 아예 품지 않았던 것일까?

사실 그 지역에 배치된 가믈랭 장군 예하 부대는 수적으로 너무 적었던 반면 방어 범위는 지나치게 넓었다. 가믈랭의 최정예 부대는 마지노선의 측면에서 벨기에로 진격하고 있었다. 뫼즈강의 방어 태세가 취약할수록, 적군의 입장에서는 상대적으로 침투가 쉬웠을 것이다. 게다가 프랑스군이 주요 교량들의 파괴를 게을리하는 등 믿기 어려운 실책을 범하는 불운까지 더해졌다.

바로 이 때문에 독일군 전투기에 이어 기갑사단이 훈련이 부족한 병사와 자질이 부족한 장교로 구성된 프랑스 부대를 손쉽게 패주시키고 코라프 장군의 군대를 혼란에 빠뜨렸다. 뿐만 아니라 독일군은 멈추지 않고 항전해야 할 연합군 방어선에 치명적인 구멍을 만들어놓았다. 기습작전, 나치의 대규모 기계화부대와 항공기가 유기적으로 협공하는 새로운 전술, 공수부대의 침투(벨기에에서 가장 견고한 리에주 요새까지 함락시킨)에 따른 프랑스군의 후방 교란, 가짜 뉴스의 교묘한 유포, 전화를 통한 비공식적 명령 하달로 야기된 주먹구구식의 철군에 이르기까지 온갖 이유로 촉발된 대재앙에서 프랑스는 도저히 회복할 수 없었다. 5월 14일은 역사상 가장 중요한 날 중 하나다. 프랑스의 근대적 발전이 정점에 달한 동시에 가파른 추락의 시발점이 되었기 때문이다.

아르덴 숲을 통과하는 독일군 기갑부대(1940년 5월 11일). 아르덴은 폭 80킬로미터, 종심 120킬로미터, 평균 고도 400~500미터의 험준한 지형과 울창한 삼림이 펼쳐진 천연의 요새였다. 따라서 프랑스군 수뇌부는 물론 독일군 참모총장이었던 할더조차도 독일군이 이곳을 통과하는데는 적어도 9~10일은 걸릴 것이며 그 사이 연합군이 충분히 방어 태세를 갖출 수 있으리라 생각했다. 그러나 구데리안은 겨우 60시간만에 주파하여 허를 찔렀다.

　　한 방향으로만 뻗은 미끄러운 길에서 나날이 속도를 더해가는 추락 과정을 지켜보는 건 안타까운 일이다. 네덜란드에서도 프랑스에서도, 적군이 미리 요지에 심어놓거나 벨기에 피란민 사이에 침투시킨 비밀요원과 반역자 들의 파렴치한 이적 행위가 지역 행정 당국의 업무를 마비시켰음을 깨닫는 건 분한 일이다.

　　가믈랭 총사령관은 즉각 해임되었고, 기대를 한몸에 받으며 후임이 된 사람은 73세의 베이강이었다. 영국에서는 처칠이 체임벌린의 후임 수상이 되면서 새로운 자신감이 싹텄고 프랑스에서도 팔십대 고령의 페탱 원수가 폴 레노 내각의 부수상에 취임하는 등 고무적인 변화가 있었음에도, 임박한 위기에서 벗어날 타개책은 전혀 마련되지 않았다.

방어선의 치명적인 균열을 메우는 대책도 전혀 나오지 않았다. 어느새 북쪽 아라스와 남쪽 아미앵 사이로 확장되었고 여전히 계속 벌어지고 있던 균열을 좁히려는 현명한 전략도, 솔직한 충고도 없었다. 마치 문을 활짝 열어놓고서 누구도 막을 수 없는 거대한 급류를 순순히 받아들이는 꼴이었다. 5월 23일, 독일군이 최강의 전력으로 마지막 쐐기를 박기 위해 진격해 오던 당시 연합군은 다음과 같은 상황에 처해 있었다.

북쪽에서는 영국, 프랑스, 벨기에의 강력한 군대가 플리싱언에서 스헬더와 발랑시엔을 경유하여 아라스에 이르는, 견고하고 연속적이며 조직적인 방어선을 형성하고 있었다. 남쪽에서는 프랑스 방어선이 영국해협부터 솜Somme, 엔Aisne, 레텔Rethel, 몽메디를 따라 펼쳐지다가 스위스 국경 방향에서 마지노선과 연결되었다.

독일군이 당면한 목표는 북쪽 전선의 연합군을 포위하고 괴멸시키는 것이었다. 따라서 독일군 전투기들은 영국군이 보급품과 군수품을 조달받던 거점 항구 덩케르크를 이미 5월 22일부터 폭격하기 시작했다. 그리고 5월 23일 나치는 불로뉴 외곽에 주둔하던 연합군과 교전을 벌였다. 다음날 연합군 수비 병력은 덩케르크 항구에서 퇴각해야 했다. 또한 독일군 경보병 부대가 연합군의 후방에서 신속하고도 맹렬하게 진격하면서 칼레 외곽까지 밀어붙였다. 한마디로 독일군은 거점 항구들을 고립시킴으로써 그 무엇으로도 북쪽 연합군의 완벽한 전멸을 막을 수 없다며 의기양양해 있었다. 영국, 프랑스, 벨기에의 병사들은 죽거나 포로로 잡힐 운명에 처했다.

영국군이 투르쿠앵으로부터 퇴각 명령을 받은 것은 5월 27일이었으나, 프랑스군과 피란민이 도로를 가득 메운 바람에 영국 원정군의 주력이 퓌른Furnes 인근에 도착한 것은 5월 29일이었다. 퓌른에서는 수비대가 영국 원정군이 덩케르크로 철수하는 것을 막으려고 압박해 오는 독일군에 맞서 이 도시의 운하 남쪽을 지키고 있었다. 교전은 치열했고 많은 사상자는 불가피하였다. 손에 땀을 쥐게 하는 시간이 흐른 뒤 수비대는 퓌른을 포기하고 6월 1일 이른 시간에 벨기에 북부의 바닷가 마을 드판[3]으로 퇴각했다.

퓌른에서의 72시간 동안, 휘터커 준장이 지휘하는 수비대는 상대적으로 훨씬 우세한 적군을 격퇴하면서 그 방어 거점을 사수했다. 그렇게 시간을 벌어준 덕분에 수많은 영국군은 덩케르크를 지나 배에 올랐고 고국으로 돌아갈 수 있었다. 그러나 처음부터 드판에 너무 큰 희망을 걸었다는 점은 언급해둘 필요가 있겠다. 그리고 이어지는 지면에서 다루겠지만, 바지선과 모터보트 같은 운송수단을 그곳으로 보내는 것이 불가능했다는 사실에 주목하기 바란다.

어둠 속에서 드판에 도착한 군대는 선박을 발견하지 못했다.

새벽이 돼서야 해변으로부터 1.5킬로미터 정도 떨어진 해상에 선박들이 보이기 시작하자, 손전등으로 모스 신호를 보냈다. 곧 선박들이 독일군의 맹폭을 피해 가며 병사들을 태우러 다가왔다. 그러나 나머지 병사들은 해안을 따라 덩케르크까지 행군해야 했고, 그곳에서 6월 1일 오전 늦게 배에 오르기 시작했다.

독일군은 이미 5월 27일부터 다음과 같이 선전하고 있었다.

'플랑드르 대전'이 정점에 달했다. 연합군은 포위되어 꼼짝도 하지 못한다. 발랑시엔 북부의 프랑스 방어선에 심각한 균열이 생겼고 발랑시엔 서쪽으로는 독일군이 스헬더 운하를 건너 두에를 함락했다. 무엇보다 중요한 것은 독일 공군이 제이브뤼허Zeebrugge, 오스탕드Ostend 그리고 덩케르크까지 이어지는 통신선로를 폭격하기 시작했다는 것이다. 포위된 영국군과 프랑스군이 지옥으로부터 구조될 방법이 전무하다. 그나마 최선의 방법은 조건부로 항복한 벨기에를 따르는 것이다.

영국과 프랑스가 얼마 전부터 레오폴드 국왕을 막연히 의심하기 시작했다는 사실은 유감스럽지만 틀림없었다. 그러나 양국은 5월 27일 월요일 20시까지도 레오폴드와 긴밀한 연락을 취하고 있었다. 그날 밤, 독일군은 아무런 저항 없이 벨기에 방어선을 통과하도록 묵인되었다. 다음날 영국 원정군과 프랑스군은 좌측뿐 아니라 후방에서도 공격을 받는 상황에 처했다. 사태가 매우 심각해져서, 5월 29일 처칠 수상은 지체 없이 벨기에의 "항복이 영국과 프랑스 군의 심각한 위험을 상당히 가중시켰다"고 하원에 알렸다. '다음주 초'에 더 자세한 설명을 하기로 약속한 처칠은 "그동안 하원은 곧 있을 괴롭고도 힘든 소식에 대비해야 한다"고 덧붙였다. 그날 밤 영국 국민은 정보장관 더프 쿠퍼로부터 더 구체적인 경고를 들었다. 그는 라디오 방송을 통하여 "우리 군대는 현재 위치에서 퇴각해야 할 것이다"라고 암시했다.

실제로 퇴각은 이미 시작된 터였으나, 주목할 점은 5월 14일경부터 쉬지 않고 행군을 하고 교전을 치렀던 영국 원정군이 변변한 휴식도 취하지 못했지만 결코 기강이나 사기를 잃지 않았다는 것이다. 2주 동안 독일군 전차부대의 포격에 시달렸다는 것, 통신망이 끊임없이 공습을 받았고 도로가 수많은 피란민으로 막혔다는 것은 병사들에게 중요하지 않았다. 훌륭한 장교들이 이끌고 있는 영국 원정군은 지쳤지만 여전히 높은 사기를 유지했다.

여기서 레오폴드 국왕의 배신에 대해 자세히 파고들려는 것은 아니다. 5월 25일 토요일에 국왕이 브뤼허 남서쪽으로 20킬로미터가량 떨어진 토르하우트 인근 그의 성에서 네 명의 각료에게 조건부 항복을 제안하자 격렬한 논쟁이 벌어졌다고 말하는 것으로 충분하다. 각료들은 국왕의 제안을 거절하고 나가버렸다. 해군 제독로저 키즈 경은 벨기에 궁전을 떠나 5월 27일 월요일 밤에는 런던으로 돌아와 있었다.

보기 드물게 쾌청한 날씨로 시작된 그해 여름, 세상은 광기에 빠져든 것 같았다. 아이들이 영국 휴양지의 바닷가를 따라 뛰어노는 동안 프랑스 해안으로부터 들려오는 포성이 어찌나 요란하던지 켄트 주민들은 며칠 동안 잠을 거의 못 이룰 정도였다. 문들이 확 열리고 벽걸이 액자가 떨어지는가 하면 몇몇 아이들은 무너진 교실 담장에 깔려 다쳤고 한 아이는 다리가 부러졌다. 게다가 5월 26일에 영국 육군성이 불안해하는 병사들의 친인척에게 당장은 예전처럼 정기적인 연락을 취할 수 없다고 알린 것도 불길한 징조였다.

뭔가 엄청난 일이 벌어지고 있었고 그것을 알려주는 단서도 많았으나, 언론은 현명한 절제력으로 국가의 동요를 부채질하지 않았다. 영국 국왕은 5월 26일 일요일에 국가 기도의 날을 열자고 특별히 요청했고, 수많은 인파가 교회에 모여 전례 없는 국난에서 벗어날 수 있기를 기원했다. 그날 밤 프랑스의 레노 총리는 영국 수상과의 협의를 위하여 런던에 도착했다. 무슨 일이 벌어지고 있었던 것일까?

레오폴드 국왕이 연합군에게 비협조적인 태도를 보이면서도 도움을 요청했고, 연합군이 그의 요청을 받아들였다는 것은 외교가에 이미 알려진 사실이었다. 하지만 더없이 절박한 순간에 30만 명의 벨기에인들이 항복하고 무기를 내려놓은 것은 비통한 충격이었다. 레오폴드 국왕의 부화뇌동하면서 신경과민에 감정적이고 불

벨기에 국왕 레오폴드 3세(1901~1983, 재위 : 1934~1951) 그의 항복은 벨기에 입장에서는 일정 부분 불가피했으나 연합군과의 사전 협의가 없었기에 혼란을 가중시켰으며 병사들의 사기를 더욱 땅에 떨어뜨렸다. 또한 벨기에 정부의 각료들은 항복을 거부하고 영국으로 망명하였다.

안정한 행동은, 일면 이해할 순 있어도 용서하기는 어렵다.

그동안 독일군이 만들어놓은 방어선의 균열은 여전히 뚫려 있었다. 독일군은 기계화부대와 차량화 보병을 바폼Bapaume과 아미앵 사이의 좁은 기동로로 진격시키고 일부는 불로뉴와 칼레로 향하게 했다.

한편 영국군과 프랑스군은 남서쪽에서 핵심 보급항 덩케르크를 수비하고 있었다. 곧 밝혀지겠지만 독일군은 불로뉴에서 칼레를 거쳐 상가트Sangatte로 들어왔다. 독일군은 또한 5월 29일부터 오스탕드를 점령하고 니우포르트에서 모터보트를 가동할 수 있었다. 그러나 그날 밤 연합군의 후위부대가 해안 방향으로 치열한 전투를 벌이는 동안 수문이 열림으로써 덩케르크 남서쪽과 니우포르트 주변의 저지대 평원들이 물에 잠겼다. 이것은 레오폴드 국왕이 반대한 작전이었다. 덩케르크의 프랑스군은 용맹한 아브리알 해군중장의 지휘 아래 독일군에 대항하여 완강하게 버팀으로써 다른 병사들이 구조선에 오르는 데 기여하였다. 우리는 이 자기희생적인 임무에 큰 고마움을 전한다.

지금까지가 덩케르크의 거대한 철수 작전이 불가피해진 상황들이다. 철수 과정에서의 그 웅장한 장관은 시간이 지난 지금 생각해도 여전히 감동적이다. 역사상 가장 긴박했던 2주, 그것은 거대한 드라마였고 인간의 목숨을 건 도박이었다. 그때의 패주는 승리로, 요컨대 도저히 극복할 수 없는 난관이 승리로 바뀌었다. 그 불가능을 가능케 한 것은 군민이 하나가 되어 나섰던 영국의 극한 노력이었다.

우선 정부가 어떤 조치를 취했는지, 또 항복하지 않으면 군대가 전멸당할 절체절명의 위기에서 선박과 인간이 어떻게 기적적으로 탈출했는가를 살펴보자.

[1] 마지노선 Maginot Line**은 왜 프랑스를 지키지 못했는가?** : 나폴레옹 전쟁 이래 프랑스군은 오랫동안 공격제일주의를 선호했다. 하지만 1차대전에서 잘 방비되고 야포와 기관총의 엄호를 받는 적의 참호를 향하여 무모한 돌격을 반복하다가 무려 136만 명이 죽고 426만 명이 부상을 입었다. 프랑스군의 총 사상자는 560만 명에 달했다. 860만 명 정도였던 전체 참전 군인의 3분의 2가 죽거나 다친 셈이었고 대부분 한창 나이의 남성들이었다는 점에서 프랑스 사회에 큰 타격을 가했다. 참혹한 결과에 큰 충격을 받은 프랑스 지도부는 미래의 전쟁에서 공격은 더이상 의미가 없으며 방어가 최선이라고 굳게 믿었다.

1차대전에 참전하여 부상을 입었던 육군장관 앙드레 마지노André Maginot는 독일의 공격에 대비하여 동부 국경에 대규모 요새선을 구축할 것을 제안했다. 그의 제안은 지난 전쟁의 트라우마에서 벗어나지 못하던 프랑스 국민의 열렬한 지지를 받았고 국무장관 폴 팽르베Paul Painlevé가 공사 착수를 지시했다. 그리고 1927년부터 1936년까지 약 10년에 걸쳐서 구축했다. 처음 제안한 앙드레 마지노의 이름을 따서 마지노선이라고 불렀고, 룩셈부르크부터 스위스 국경에 이르는 총 연장 750킬로미터의 "현대판 만리장성"이었다. 그러나 만리장성처럼 하나로 길게 이어진 진지는 아니었다.

강철과 콘크리트로 된 140개의 주 요새가 5~15킬로미터마다 나열되어 있고 그 사이마다 350개의 포대, 78개의 대피소가 배치되어 있었다. 각 포대에는 75밀리미터 야포와 135밀리미터 요새포, 81밀리미터 박격포, 다수의 중기관총이 배치되어 있었다. 요새 내부는 마치 지하 도시와 다름없어 냉난방시설, 탄약고, 식량창고, 발전소, 오락시설, 심지어 각각의 요새를 연결하는 지하철도까지 있었다. 요새의 전면에는 철조망과 대전차 장애물, 경계 초소가 촘촘하게 배치되어 있어서 적의 어떠한 공격도 막아낼 수 있었다. 당시의 축성과 건축 기술의 정수를 총동원한 것으로 총 건설비는 160억 프랑에 달했다. 이것은 프랑스 연간 국방 예산(1939년 기준)의 5배가 넘는 액수였다.

당시 기술로는 정면에서 마지노선을 돌파한다는 것은 불가능하다고 여겨졌다. 이런 난공불락의 요새가 어째서 막상 실전에서는 제 역할을 하지 못했을까? 독일의 군사학자로 『전격전의 전설』의 저자인 칼 하인츠 프리저는 마지노선이 프랑스군에게 유리한 기회를 제공했으며 나름대로 가치 있는 시설이었다고 변호하지만, 실제로는 비용 대비 효과로 보았을 때 오히려 프랑스에게 불필요한 것이며 철저한 실패작이었다. 왜냐하면 '난공불락'이라는 명성과는 달리 마지노선은 허점투성이였기 때문이다. 공식적으로

1936년에 완공되었다고 주장했지만 독일군이 침공하는 시점까지도 많은 부분이 건설 중이거나 아예 시작하지 못한 곳도 태반이었고 병력과 장비도 제대로 배치하지 못했다. 요새 건설에는 비용을 줄인다는 명목으로 병사들이 대거 동원되어야 했고 전투 훈련 대신 축성에 투입되었다. 미국 정도라면 몰라도 프랑스의 빈약한 국력으로는 자신들이 꿈꾸었던 난공불락의 성채를 건설하는 것은 애초에 불가능했던 것이다. 또한 마지노선 건설에 대부분의 국방 예산을 투입함으로써 정작 군에 대한 투자와 전력 향상은 등한시되었다. 벨기에 국경의 400킬로미터는 마지노선에서 제외되었는데, 거기에는 프랑스와 벨기에가 동맹관계라는 사실, 프랑스가 벨기에 국경까지 마지노선을 연장할 경우 벨기에 입장에서는 프랑스가 전쟁에 자신이 없는 것처럼 비칠 수 있다는 정치적인 이유가 작용했다. 하지만 그보다는 독일군의 공격을 의도적으로 저지대 국가로 유도함으로써 자국의 영토를 전쟁터로 만들지 않겠다는 뻔한 속셈이었다.

프랑스군 수뇌부는 독일과의 전쟁에 대비하여 전쟁계획 'Plan D'를 수립했다. 독일군이 미치지 않고서야 마지노선을 감히 공격하지는 않을 것이라는 전제 아래에서 마지노선을 방어 전략의 축으로 쓰기보다는 독일군을 1차대전 당시처럼 벨기에로 우회토록 유도하여 거기서 결전을 한다는 계획이었다. 그럼에도 실제로는 전체 117개 사단 중 약 3분의 1에 달하는 36개 사단이 마지노선에 배치되었고 독일군은 고작 19개 사단(그것도 대부분 전투력이 빈약한 2선급 부대)에 불과한 C집단군으로 견제했다. 즉, 원래의 방침과는 달리 세부 계획에서 주객이 전도되면서 소수의 프랑스군이 마지노선을 이용해 다수의 독일군을 견제하는 것이 아니라 역으로 소수의 독일군이 다수의 프랑스군을 마지노선에 묶어두는 어이없는 결과를 자초한 것이다.

특히 벨기에-룩셈부르크-프랑스 국경의 고원지대인 아르덴 숲에 대해서는 사실상 무방비나 다름없었다. 프랑스군 수뇌부는 아르덴의 울창한 삼림 지대에서 대규모 기계화 부대를 기동하는 것은 거의 불가능하며, 설령 침투한다고 해도 상당한 시간이 걸릴 것이기에 그사이에 충분히 뫼즈강에 방어선을 구축할 수 있다고 믿고 있었다. 그러나 영국의 군사학자 리델하트는 1930년대에 이미 아르덴에서 대규모 전차 부대의 기동이 가능하다고 주장했다. 현지의 프랑스군 지휘관들 역시 실제 훈련을 통하여 이 점에 동의하고 조속하게 방어선의 보강이 필요하다고 주장했다. 그럼에도 이들의 주장은 묵살되었다. 프랑스군 수뇌부는 오히려 "이런 사실이 외부에 알려질 경우 병사들 사기가 떨어지고 적에게만 유리할 뿐"이라는 이유로 입을 다물게 했다. 또한 프랑스군의 전략 전체

를 근본적으로 뒤엎어야 할 만큼 중대한 사안인데다 자신들이 판단 착오를 저질렀다
는 사실을 인정하기 싫었던 것이다.

연합군은 끝까지 구태의연한 계획을 고수하다가 결국 독일군에게 허점이 찔리면서 일
거에 붕괴되고 말았다. 독일군의 주력부대인 B집단군이 아르덴을 돌파하여 연합군을
두 쪽 내고 파리를 향해 진군하고 있을 때에도 프랑스군의 태반은 마지노선에 묶인 채
아무것도 하지 못했다. 이들은 기동성이 결여되어 고정 방어 이외에 할 수 있는 것이
없었기 때문이다. 공세적 교리와 방어적 교리는 서로 장단점이 있기에 균형을 이루어야
함에도 프랑스는 과거의 경험에만 매달려 "방어가 최고"라는 고정관념에 빠져버렸다.
연합군의 전체 전력은 독일군보다 우세했음에도 패배한 것은 독일이 1940년식 전쟁을
하는데 이들은 1918년식 전쟁을 했기 때문이다. 청일전쟁 당시 리홍장의 실수를 50년
뒤의 프랑스가 그대로 재현한 꼴이었다. 결국 프랑스가 패망한 가장 큰 이유는 단순히
마지노선 때문이 아니라 고루한 사고와 안이한 태도, 적의 전의를 얕본 데 있었다.

[2] 레오폴드 3세는 히틀러와 손을 잡고 연합군을 함정에 빠뜨리려고 했던 것이 아니
라 전멸 위기에 처한 벨기에군 병사들을 구하려던 것이었다. 그는 벨기에 포로들이 석
방될 수 있도록 히틀러를 방문하기도 했고, 전쟁 말기에는 히틀러의 지시로 체포되어
독일로 끌려가는 등 고초를 겪기도 하였다. 저자는 전쟁 당시의 영국인 입장에서 레오
폴드 국왕에게 주관적인 분노를 터뜨리고 있다고 하겠다.

[3] 드판De Panne: 벨기에와 프랑스 국경에 있는 작은 해안 마을. 제1차세계대전 중에
는 독일군에 벨기에 국토의 대부분을 빼앗긴 국왕 알베르 1세가 드판에 임시 사령부를
두고 군대를 계속 지휘하여 결국 전쟁에서 승리하였다.

×

제3장

칼레와 불로뉴

조치를 취해야 했다. 거점 항구들을 방어할 수 없다면 대신 적군이 사용할 수 없게 만들어야 했다.

영국 해군은 놀랍도록 힘차게 움직였다. 5월 10일 06시 30분 수많은 해군 장교와 수병, 공병대가 도버에 도착했다. 그들이 그곳에 온 이유는 무엇이었을까? 그들 중 누구도 해군 중장 버트럼 H. 램지의 명령에 따라 파괴 임무를 띠고 바다를 건너갈 때까지 그 이유를 알지 못했다. 이 임무는 플리싱언, 로테르담, 안트베르펜과 그밖의 다른 항구를 포함하고 있었다. 그 뒤를 이어서 곧 해병대와 근위대 등이 파병되었다.

폐허가 된 칼레. 1940년 5월 22일부터 시작된 칼레 포위전은 나흘에 걸쳐서 치열한 전투가 벌어진 끝에 결국 25일 수비대가 백기를 들면서 끝이 났다.

여전히 나치는 빠르게 해안을 향하여 진격했고, 영국군은 칼레와 불로뉴를 방어하기 위해 급히 영국해협을 건넜다. 영국군은 칼레와 불로뉴에서 훨씬 우세한 독일군을 상대로 믿을 수 없는 영웅적 면모를 보여주었는데, 우리는 덩케르크의 모래언덕에 이르기 전에 먼저 그들의 전투 장면을 되짚어봐야 하겠다. 세월이 흐르면서 이미 흐려진 기념비 위에 새롭고도 더욱 놀라운 이야기가 적히려 하고 있었기 때문이다.

칼레는 600여 년 전에 용맹한 영국 병사들에게 함락되었다. 그리고 1940년 5월에 헌신적으로 이곳을 방어하던 영국 전사들은 피를 흘리며 죽어감으로써 중세 시대 그들의 조상을 기렸을지 모른다. 활과 화살은 경기관총과 총검으로 바뀌었으나 조상의 정신은 결코 바뀌지 않았다. 덩케르크 철수 작전의 성공 여부는 칼레에서의 항전에 달려 있었다. 칼레 해안의 수 킬로미터 위쪽에서 포위당할 위기에 직면한 영국 원정군이 철수에 성공하기 위해서는 프랑스로 들어오는 이 관문에서 어떤 성과를 내는가가 관건이었다.

클로드 니컬슨 여단장은 통찰력과 용기에 버금가는 지력과 추진력까지 지닌, 참모대학교를 졸업한 가장 뛰어난 장교 중 한 명이었다. "끝까지 사수하라"는 그의 명령과 함께 왕립소총부대, 소총여단, 왕립전차연대, 퀸 빅토리아 소총대대로 구성된 3000명의 군대가 5월 21일 목요일에 영국에서 출발하였다. 그러나 시작부터 불운이 군대를 괴롭혔다.

하역인부의 부족을 비롯해 온갖 어려움 때문에 소총여단은 수송 차량, 장비, 탄약의 4분의 3을 배에서 내리지 못했다. 덩케르크와 불로뉴의 도로들을 수비하면서 도시의 동쪽과 서쪽으로 병력을 보냈으나 사상자 수는 빠르게 급증했다. 그동안 독일군 전차와 기계화 보병부대는 서서히 영국 원정군과 프랑스군을 도심으로 밀어붙였다.

5월 22일 수요일, 나치는 칼레를 급습하여 내수內水로 연결되는 갑문들을 손상시키는 등 특수 작전을 펼쳤다. J. 프라이어 선장은 예인선 '포모스트 87'호와 함께 어려운 임무에 투입되었다. 예인선은 즉시 출발하여 피란민으로 가득찬 증기선 '카토비체'호를 예항하고 수문을 지나 칼레항의 정박장으로 이동했다. 임무를 마치고 나자 이번에는 증기선 '시티오브크라이스트처치'호를 부두로 예인하라는 명령이 떨어졌다. '포모스트 87'호는 빗발치는 폭격과 앞서 가던 프랑스 트롤선들로 인해 폭발한 세 개의 자기감응기뢰에도 불구하고 그 임무까지 무사히 완수했다.

다음날 진기한 일이 벌어졌다. 프라이어 선장은 '시티오브크라이스트처치'호를 해상으로 예인하라는 지시를 받았다. 그런데 지시를 이행하는 도중에 그 증기선을 원래의 위치에 그대로 두라는 새로운 명령이 떨어졌다. '제5열'[1]이 바쁘게 움직인 게 분명했고, 곧바로 두 명이 체포되었다. 다행히 예인선은 밧줄을 놓지 않고 애초의 명령대로 증기선을 해상으로 예항했다. 금요일이 되어 독일군의 공세가 치열해지자 예인선은 또다른 임무에 나섰다. 이 예인선 '포모스트 87'호는 나중에 다시 등장할 것이다.

같은 목요일에 프랭크 스트리크 소유의 증기선 '코히스탄'호는 '벤로어스'호와 함께 도버에서 출항하여 칼레로 향했다. 칼레가 폭격당하는 중이라 근처까지 포탄이 떨어지는 상황에서도 '코히스탄'호는 5월 24일 04시경에 화물을 내리는 데 성공했다. 08시경 '코히스탄'호는 '벤로어스'호가 떠나는 광경을 지켜보았다. 칼레 도심에서의 포격은 가공할 적의를 실은 채 퍼붓고 있었지만, 그로부터 3시간 후 부상자 25명을 포함하여 많은 병사들이 드디어 '코히스탄'호에 승선했다.

클로드 니컬슨 여단장. 5월 26일 독일군에게 포로로 잡혀 1943년 수용소에서 사망했다.
자살로 추정된다.(출처: https://ww2gravestone.com)

독일군의 공세가 맹렬해지는 와중에도, '코히스탄'호는 쏟아지
는 포탄을 헤치고 소중한 화물(영국군 병사들과 장비)을 도버항에
하역하는 데 성공했다. 로버트슨 선장의 뛰어난 항해술 덕분이었
다. 그 아슬아슬한 순간에 그는 감동 없이는 읽지 못할 글을 적었
다. 한 용감한 사람이 다른 용감한 사람들에게 주는 찬사였다.

칼레를 떠날 때 소총여단 병사들이 항구에 도열하여 우리에게 손
을 흔들며 격려했다. 그들은 거기 남아서 죽게 될 것을 알고 있었
다. 그들의 용기와 용맹은 참으로 위대했다. (중략) 나는 이렇게만
말할 수 있다. 영국은 그 소총여단과 같은 용사들을 가졌기에 결코

패배하지 않을 것이라고.

니컬슨 여단이 중요한 4일 동안 독일군의 막강한 화력에 맞서
시간을 벌어줌으로써 영국 원정군을 구할 수 있었다는 것은 분명
하지만, 그럼에도 애초에 칼레에 도착했을 때 대부분의 장비를 포
기할 수밖에 없었던 것은 엄청난 핸디캡이었다.

왕립소총부대와 소총여단은 상륙 후 칼레에서 덩케르크 방면
의 모래톱 집결지로 이동하여 차량과 장비를 기다렸다. 첫번째 증
기선이 화물을 내리기 시작했으나 프랑스 하역인부들은 크레인 작
업을 거부했다. 왕실 공병대원들이 사력을 다해 작업에 나섰지만,
다음날 새벽까지 일을 끝내지 못했다.

소총여단의 무기를 실은 차량 운반선이 화물을 내리는 동안 부
상병들이 부두 지대에 도착하기 시작했다. 그런데 이 증기선은 부
상병들이 승선한 후 미처 차량을 내려놓지 못한 채 영국으로 회항
해버렸다. 누가 회항 명령을 내렸는지는 여전히 미스터리다. 고도
로 조직화된 나치 스파이 또는 반역자 들의 활약상을 보여주는 또
다른 사례였을까?

하지만 다른 수송선은 극적이고도 유용한 역할을 담당했다.

5월 23일 목요일, 차량을 적재한 증기선 '벤로어스'호는 구축함
의 호위를 받으며 도버를 떠나 불로뉴로 향했다. 프랑스 해안에 가
까워지자 독일군의 포격이 쏟아졌다. 그 때문에 '벤로어스'호는 후

진하여 구축함 뒤로 이동했다. '벤로어스'호는 구축함을 뒤따라 칼레 항의 비좁은 입구로 진입했다. 그 입구를 통과하여 두 개의 부두를 지나면 조수 간만에 따라서 유속이 3노트 때로는 4노트까지도 빨라진다. 그러나 그날은 해병대원의 불안감을 더하는 또다른 요소가 있었다.

"안으로 진입하라." 구축함장이 명령했다. "하지만 아주 뜨거운 환영회가 기다리고 있을 것 같다."

'벤로어스'호가 조류를 감안하면서 방파제 사이를 지나고 있을 때, 가장 긴박한 순간에 해변으로부터 신호가 전달되었다. 선장이 이렇게 말했다. "항구로부터 '접근하지 말라'는 신호를 받았다. 말로는 쉬운 일이겠지. 조류가 강한데다 이 '벤로어스'처럼 덩치 큰 선박이 움직이기엔 공간이 좁잖아."

한동안 지체한 끝에 '벤로어스'호는 부두로 진입했고, 유사시를 대비해 선수를 입구 쪽으로 향하고 접안했다. 선장의 판단에 따르면 "칼레는 오래 버티기 힘들 것 같았다".

하지만 '벤로어스'호에 적재한 그 많은 화물은 어떡해야 할까? 나치가 아주 가까이 있었기 때문에 화물을 최대한 빨리 하역해야 했다. "우리가 충분한 물자만 확보한다면 적군을 저지할 수 있습니다." 부두에서 애트웨이 소령이 말했다. 왕실 공병대원들은 프랑스인 하역인부가 없는 상황에서 3일간 쉬지 않고 고군분투한 끝에 녹초가 되어버렸고, 이제는 '벤로어스'호의 선원들이 그 작업과 씨

름하기 시작했다.

처음에는 반복되는 포격으로, 나중에는 독일군이 전차 여러 대와 함께 칼레로 견인해 온 곡사포의 사격 덕분에 상당히 지체되긴 했으나 선원들은 최선을 다했다. 22시경 화물 일부가 하역되었을 때 상황이 몹시 악화되어 '벤로어스'호는 출항을 서둘렀다. 내륙에서 기차를 타고 도착한 부상병 수십 명이 승선했다. 그나마 프랑스인 기관사를 권총으로 위협한 끝에 간신히 그곳까지 기차를 움직일 수 있었던 것이다.

상황은 급속도로 나빠졌다. 증기선 주변에 무수한 폭탄과 포탄이 쏟아지면서 부두에 정박하고 있는 것이 극히 위험해졌다. 하지만 장교들이 탄약을 달라고 사정하는 바람에 '벤로어스'호 선원들은 다음날 이른 새벽까지 밤을 꼬박 새워가며 하역 작업에 매진했다.

02시경, 더 지체하다가는 격침당할 것이 분명해졌다. '벤로어스'호 방향으로 떨어지는 묵직한 포성은 독일군 곡사포가 그 증기선을 정조준하는 것을 알려주고 있었기 때문이다. 제대로 맞는다면 '벤로어스'호는 이미 산산조각이 나고도 남았을 터였다. 좌현에 구멍이 나고 갑판에 적재된 차량 한 대가 15센티미터 포탄에 맞았으나 다행히도 격침되지는 않았다.

부상병들을 무사히 영국으로 데려가려면 진작 출항했어야 했다. 대부분 들것에 실려 온 부상병 700명은 급히 배로 옮겨졌다. 다른 군인들과 독일군 포로와 민간인 50여 명도 승선했다. 부상병들을 돌보기 위한 임시 병동이 주갑판 밑에 마련되었고 선원들은 모두 자신의 선실을 양보했다. 그럼에도 아직 하역하지 못한 화물들 때문에 나머지 인원들은 갑판의 빈자리에 몸을 누여야 했다.

상황이 다급해지고 긴장감이 높아졌으나 여전히 출항 명령은 떨어지지 않았다. 시시각각 불안감이 조여들었다. 인간과 선박의 생명은 불확실하게 연명되고 있었다. 어느 쪽이 먼저일까? 출항 아니면 포탄?

드디어 그 순간이 왔다.

"출항 준비, 앞으로! 전진!"

엔진이 작동했다. 항구 입구를 지나 빠른 조류 속으로 뛰어든 '벤로어스'호는 속력을 높였다. 방파제를 막 지났을 때 독일군의 손에 넘어간 해안 포대가 증기선을 향해 맹렬한 포화를 퍼부었다. 상황이 나빴다. 해도를 펼쳐 든 적군은 '벤로어스'호가 방파제를 지나면서 해안과 수평이 되어 선체의 측면을 더없이 쉬운 표적으로 드러낼 것을 알고 있었다.

그렇다면 '벤로어스'호가 직선항로를 택하면 되지 않을까?

증기선의 크기에 비해 수심이 얕았고 설상가상으로 그때는 물이 빠지는 간조기였다. 포탄의 물기둥은 점점 가까이 떨어지는데 상황은 진퇴양난이었다. 앞에는 얕은 수심, 뒤에는 나치!

"상황을 판단해보면, 포격에 노출되는 위험을 무릅쓰고라도 모래톱을 건너는 편이 더 안전해." 용감한 선장이 말했다.

선장이 헤쳐온 이 파란 많은 항해의 절정이었다. 하지만 '벤로어스'호가 꼭 그렇게 할 수밖에 없는 것일까? 혹여 얕은 수심 때문에 좌초하기라도 한다면……. 그땐 나치가 훨씬 더 손쉬운 목표물을 갖게 되는 셈이다. 한곳에 고정된 채로 움직이지 못하는 표적.

'벤로어스'호는 모래톱에 도달했고, 승무원들은 선체의 바닥이 모래펄을 스치는 것을 느꼈다. 금방이라도 무슨 일이 벌어질 것 같았다. 승무원들은 그런 속마음을 내비칠 엄두도 내지 못했다.

그때 위기가 지나갔고, 수심이 깊어졌다.

"속력이 높아지고 수심이 깊어지면서 안도했습니다. 처음 5킬로미터까지는 포탄들이 배 가까이 떨어졌습니다. 그다음에는 유산탄이 날아들어서 부상병 몇 명에게 또다시 경상을 입혔습니다."

그러나 부두로부터 10킬로미터를 나아간 후 '벤로어스'호는 독일군의 사정거리에서 벗어났고, 5월 24일 09시경에는 도버에 도착했다. 제리(독일군을 가리키는 별명)가 허탕을 친 것이다.

칼레의 상황은 심각에서 경고로 악화되었다. 5월 25일 토요일, 적군의 지속적인 폭격에 맹렬한 기관총과 중포 공격까지 가세함으로써 그들의 압도적인 우세가 더욱 분명해졌다. 수비대는 일몰이 가져온 짧은 휴식을 틈타 옛 요새 혹은 부두에 가까운 시내 동쪽으로 퇴각했다. 옛 요새의 낡고 깊숙한 엄폐 시설들은 공중 폭격을 어느 정도 방어해주었고, 높은 중세 성벽은 현대식 전차로도 넘을 수 없었다.

그러나 4일간의 수면 부족에다 물, 식량, 탄약이 바닥을 드러내기 시작했다. 일요일 08시 정각에 독일군은 즉각 항복할 것을 요구했다. 니컬슨 여단장은 단호히 거부했다. 그로부터 1시간 후 요새와 부두를 향한 적군의 포격이 재개되었고, 급강하 폭격기들이 교대로 쉬지 않고 출격했다. 영국군 진지는 도살장으로 바뀌었고 무시무시한 화마가 도시 전역을 휩쓸었다. 지옥의 문이 열린 것이다. 17시를 앞두고 요새의 프랑스군은 항복하기에 이르렀다.

니컬슨 여단장이 포로로 잡히긴 했으나 영국군은 항복하지 않았다. 소총여단은 부두 인근 동쪽에서 포위되고 말았다. 해가 지자 그들은 분대 단위로 나뉘어, 무너진 석조물이 허락하는 엄폐지를 찾아 이 집 저 집으로 옮겨가며 전투를 계속했다. 그러나 대화재가 탐조등처럼 어둠을 환하게 비추었고, 인간 목표물들은 독일군 저격수들에게 너무도 손쉬운 표적이 되었다. 병사들은 체력이 고갈될 때까지 승산 없는 싸움을 계속하며 풍파에 씻긴 그 항구에서 소총여단에 길이 빛날 영광스러운 무공을 선사했다. 그렇게 그들은 죽어갔다. "그 전투는 영국군 역사상 가장 영웅적인 투쟁으로 꼽힐 것이다." 영국 육군성은 후일 그렇게 공언했다. 뿐만 아니라 처칠 수상도 하원을 향해 이렇게 말했다. "그 전투는 소총여단의 유서깊은 역사에 또 한 페이지를 추가했습니다."

소총여단을 통솔했던 호스킨스 중령은 헌신적이고 뛰어난 지휘관이었고 평시에도 유명한 폴로 선수이자 훌륭한 아마추어 연극

연출가였다. 그는 교전 3일째 되는 날 중상을 입었다. 항구로 잠입한 피니스[1]에 의해 구조된 덕분에 그는 나치의 포로가 되는 것을 모면하고 영국으로 돌아와 숨을 거두었다.

그러나 칼레 전투는 영국 원정군을 고립시키려던 독일군 2개 기갑사단[2]을 막아냄으로써 가장 값진 성과를 거두었다. 바로 이 일요일에 덩케르크의 위대한 철수 작전이 시작되었다. 칼레에서는 단 한 명도 헛되이 죽지 않은 것이다.

수비대의 심각한 상태가 영국 남부의 한 비행장에 전달된 것은 일요일 밤이었다. 보고에 따르면 물과 탄약이 절실했다. 무엇보다도 물이 시급했다.

비행기 20대가 폭탄 대신 원통형 용기를 각각 2개씩 싣고 월요일 새벽에 창공으로 날아올랐다. 원통형 용기마다 목마른 병사들을 위한 물이 약 40리터씩 담겨 있었다. 필자가 직접 경험한 바로는 칼레에서의 식수 공급은 결코 좋은 편이 아니었다. 게다가 독일군이 수도시설을 파괴함으로써 안 그래도 부족한 물을 다이아몬드보다 더 귀하게 만들어버렸다.

영국해협을 건너간 비행기들은 용기들을 떨어뜨릴 소형 낙하산들을 준비했고, 구조 임무는 신속하게 이루어졌다. 비행사들은 30킬로미터 떨어진 도시에서 솟구치는 거대한 연기구름과 황적색의 불길한 화염을 보았다. 요새 상공에서 비행기 10대가 요새 서쪽의 매캐한 연기를 뚫고 급강하했고, 나머지 10대는 동쪽 끝을 향해 내

파괴된 칼레 시내

려갔다. 실수를 피하기 위해 비행사들은 지상 15미터까지 내려가서 표적지에 용기를 떨어뜨린 뒤 180도 선회하여 영국으로 돌아갔다.

그동안 칼레의 독일군은 마냥 기다리고만 있지 않았다.

독일군의 대공포들이 즉각 불을 뿜었다. 선도기들은 공격을 쉽게 피해 갔으나 다른 비행기들은 거센 공격에 직면해야 했다. 한 대는 실종되었고 한 대는 추락했으며 비행기 대부분은 수차례씩 포격을 받았다. 모두가 독일군의 맹공을 경험한 날이었다.

"영국에 돌아와서 보니 기체 곳곳이 예광탄에 맞은 상태였습니다." 한 영국 공군이 말했다.

이 용감한 공군 비행사들의 보고에 따르면, 온갖 난관에도 불구하고 용기 40개를 목표지점에 전달하는 동안 요새에는 단 한 명의 병사도 눈에 띄지 않았다. 그 순간에는 그리 놀라운 일로 보이지 않았다. 수비대는 풍파에 씻긴 요새를 방폭 대피소로 활용하고 있었기 때문이다. 그러나 영국 공군들이 깨닫지 못한 것이 있었으니, 불과 몇 시간 전에 그 수비대가 이미 사라지고 없었다는 점이다.

아직 이 아이러니를 알아채지 못한 영국 비행대는 그날 아침 늦게 나치와의 격전에 대비하여 급강하 폭격기까지 대동한 채 300미터 상공에서 짙은 연기구름을 뚫고 소화기 탄약과 수류탄을 요새에 투하했다. 39대까지 증원된 비행대대가 한동안 창공을 뒤덮었지만, 안타깝게도 그 선물을 받아야 할 영웅들은 이미 한 명도 남아 있지 않았다.

5월 21일부터 27일에 이르는 그 중대한 기간에 벌어진 놀라운 사건들을 전부 거론하기는 불가능할 것이다. 심지어 전투가 끝난 후에도 흥분은 가시지 않았다. 독일군이 마지막 전쟁에서 깨달았듯이 영국인은 포로로 붙잡힌 상황에서도 활약을 펼쳤다. 일요일에 포로가 된 퀸 빅토리아 소총대대의 한 장교는 희망을 포기하지 않았다. 그는 기회를 엿보다가 영리하게 독일군의 감시를 피해 탈출했다. 해안으로 향한 그가 도착한 곳은 영국과 가장 가까운 프랑스의 그리네곶Cape Gris-Nez 북쪽이었다. 그곳에는 보트 한 척이 있었다. 그는 보트를 떠밀어 바다로 나간 뒤 노를 저어 영국해협을 건넜다. 강한 조류가 대부분의 수고를 대신해주었기 때문에 그리 어

전쟁 전 불로뉴 부두의 모습. 철수 작전 때 영국 해군 구축함이 이 부두를 사용했다.

리석은 행동은 아니었다. 누군가는 배를 저었고 누군가는 헤엄을 쳤다고 알려져 있다. 그 장교는 노를 아주 효과적으로 사용하여 영국 해안으로부터 1.5킬로미터 떨어진 해상에 무사히 도착했다. 순시선이 그를 항구로 데려왔다.

　왕립소총부대의 한 장교는 좀 더 야심만만한 시도를 했다. 그는 여단 참모장교 두 명과 함께 용케 독일군을 따돌리고 도주했다. 그러나 앞날이 안전해 보이지는 않았다. 그들은 수시로 나타나는 독일군에게 여러 번 들킬 뻔했다. 밤에 이동하고 낮에는 숲에 숨는 방식으로 마침내 6월 8일 프랑스 북부 베르크Berck 인근의 오티강에 도착했다. 하지만 여전히 영국해협이 그들과 고국 사이를 가로 막고 있었다. 영국 원정군은 이미 프랑스에서 철수하고 난 후였다.

운하에 도착한 그들은 낡은 모터보트 한 척을 발견했으나 상태가 썩 좋지는 않았다. 프랑스군 낙오병 7명도 합류했다. 그들은 인내심과 협동심으로 모터보트를 복구하려고 무던히도 애썼지만 결과는 신통치 않았다. 푹푹 소리를 내던 엔진이 드디어 못 이기는 척 살아난 것은 6월 16일이었고, 10명의 군인은 바다로 나아가 해협을 건넜다. 점점이 해상을 수놓았던 덩케르크 수송선들도 사라지고 없었다. 다음날 08시 이 일단의 모험가들은 포크스톤Folkestone 13킬로미터 해역에서 정신을 차렸다. 이 작은 보트를 발견한 영국 구축함이 절망에 빠졌던 이 병사들을 구조해 육지로 데려왔다.

그렇다. 역사책이 우리에게 가르쳐준 대로 '칼레'라는 단어가 어느 출중한 인물의 가슴에 새겨진 것이 사실이라면,[3] 그 글자의 조합은 무수한 영국인의 가슴에도 똑같이 지워지지 않고 오래도록 남아 있을 것이다. 나치의 한 신문이 제2차세계대전 중 칼레에서 가장 격렬한 저항에 부딪혔다고 인정했듯이, 독일인들도 이곳을 잊지 못할 것이다. "영국인은 칼레의 모든 주택을 요새로 만들었다."

그 불굴의 용기는 5월 마지막 주, 적군이 불로뉴로 쇄도하여 4600명의 아군을 철수시키고 항구를 폭파해야 하는 절박한 순간에 직면했을 때에도 여실히 증명되었다. 해군 역사상 그처럼 숨막히는 사건은 흔치 않다. 덩케르크 철수 작전이 없었더라면, 영국 구축함은 그 뛰어난 전투력과 극한 인내력으로도 다르다넬스나 유틀란트 해전에 비할 만한 불멸의 명성을 얻지는 못했을 것이다.

결전의 날이 다가오자 영국 해군 수병과 해병대 그리고 소규모 공병 파견대로 구성된 폭파팀이 조직되었다. 불과 2시간 전에 통보를 받고 급히 트럭에 몸을 실은 폭파팀은 영국 남부 해안에서 구축함에 승선했다. 오전에 출항한 구축함은 속력을 높여 불로뉴항에 닿았다. 그들의 임무는 기차역을 확보하고 폭약 매설 작업을 하면서 즉시 폭파해야 할 다리와 수문을 고르는 것이었다.

영국과 프랑스 구축함들은 독일군 전차와 기계화부대가 진격해 오던 고지대 북서쪽을 향해 맹폭을 가했다. 상황은 이전과 마찬가지로 전광석화처럼 빠르게 진행되었다. 곧 적군의 야포가 기차역을 조준했고 장갑차에 이어 전차와 자주포가 더 가까이 접근해 왔다. 상공에선 폭탄과 기관총이 죽음을 퍼부었다. 때로는 영국 공군에 쫓겨나기 전까지 적기 60대가 한꺼번에 폭격에 나서기도 했다.

소규모 나치 분견대가 외곽에서 띄엄띄엄 모습을 보이더니 이내 쏟아지는 급류처럼 거리를 휩쓸기 시작했다. 구축함 한 척이 좁은 항구 입구를 무사히 통과했고 다른 구축함들이 뒤를 이었다. 그러나 사상자 수는 늘어났다. 육해군 장교들은 적군의 화력에 항구와 도시가 압도당하는 상황에서 불로뉴가 오래 버티진 못할 것으로 판단했다.

그 결정타는 야포, 기관총, 폭탄의 맹공이었다. 연합군의 마지막 부대가 충분히 멀리까지 퇴각하기를 기다렸던 폭파팀은 모든 교각과 중요 거점, 크레인, 계선도크용 발전소 등을 폭파하기 시작했다. 프랑스 트롤선 한 척과 더불어 플로팅도크[4]를 침몰시키는 동안 해군 화부들은 기록적인 시간으로 출항 준비를 끝냈다.

한편 독일군은 불과 90미터 거리에서 기관총을 난사했고, 45미터 거리에 있던 저격수들은 아군 구축함의 지휘관들을 저격하였다. 그 결과 소함대의 함장이 사망했다.

지켜보던 모든 근위소총병 부대의 병사들이 모두 감탄해 마지 않은 침착함과 끈기를 발휘한 끝에 구축함 두 대가 부두로 들어왔다. 병사들이 승선을 끝내자 선미부터 부두를 빠져나갔고, 다른 선박 6척도 그 뒤를 따랐다. 참으로 절묘한 기술이었다! 바로 머리 위의 울창한 구릉에 잠복한 독일군 포병의 공격, 700미터 거리의 호텔 2층 창문들로부터 쇄도하는 기관총탄, 구릉에서 바닷가로 내려오는 육중한 전차들의 위협이 계속되는 상황이었으나, 병사와 수병 들은 빗발치는 포화와 급증하는 사상자에도 당황하지 않고 더없이 침착하게 임무를 수행했다.

구축함들은 표적거리에서 구릉을 향해 구경 12센티미터 및 10센티미터 함포를 발사하는 동시에 호텔을 폭파시킴으로써 적의 사격을 잠재웠고 전차들을 날려버리거나 패주시켰다. 해수면이 낮아지고 있었다. 현대식 구축함들은 상당한 수심을 필요로 했고, 좌초를 피하려면 영리한 항해술과 대담성이 필요했다.

드디어 23시경, 엄청나게 많은 인원을 실은 마지막 구축함이

어두운 항구를 빠져나와 근해로 진입했다. 영국군 생존자들은 남 김없이 배에 타고 있었다.

그 와중에 단 한 척의 구축함도 침몰하지 않았다.

---

[1] **제5열**The Fifth Column: 적의 군대에 호응하여 국가 내부에서 각종 선전과 모략, 사보타주 등으로 혼란과 전복을 꾀하는 준군사집단으로, 일반인 사이에 날조된 소문이나 가짜 뉴스를 퍼뜨리는 심리전도 진행한다. 1936년 스페인 내전 당시 반란군의 에밀리오 몰라Emilio Mola 장군이 "마드리드의 내응자로 구성된 제5열이 나를 지원할 것이고 내부로부터 (스페인) 제2공화국을 붕괴시킬 것이다"라고 한 말에서 유래했다. 제5열에 관해서는 18장에서 좀더 자세히 다루었다.

[2] 칼레 포위에 나선 것은 구데리안 휘하의 제1기갑사단과 제10기갑사단이었다. 이들은 영국군의 완강한 저항에 부딪혀 여러 차례 칼레를 점령하는 데 실패했으나 루프트바페(독일공군)가 출동하여 무차별적인 폭격을 퍼부은 끝에 결국 26일 오후 3시 남아 있던 연합군 수비대는 백기를 들었다. 이들이 시간을 벌어준 덕분에 많은 연합군이 덩케르크로 철수할 수 있었다.

[3] 1346년 영국군이 칼레를 점령한 당시 영국 왕 에드워드 3세는 그가 무시했던 작은 항구도시 칼레의 오랜 저항에 분노했다. 그는 칼레 주민을 모두 죽이라는 명령을 내리고, 주민 대표들이 애원하자 저항을 이끌었던 6명이 스스로 나와 처형대에 오르라고 한다. 부유한 상인 피에르가 제일 먼저 희생하겠다고 나선 데 이어 고위관료와 사회지도층에서 지원자들이 나왔다. 피에르는 다른 지원자들의 결단이 약해질 것을 염려해 먼저 자결하는데, 죽음을 자초한 이들의 모습에 왕비의 청까지 더해지자 에드워드 3세는 그들 모두를 용서한다. 칼레의 지도층이 보여준 용기와 희생은 '노블레스 오블리주'의 시대정신과 로댕의 작품 〈칼레의 시민들〉로 이어졌다.

[4] **플로팅도크**floating dock: 바다 위에 배를 띄워놓은 채 대형 크레인 등을 이용하여 건조하는 부양식 도크.

제4장

분주해진
선박들

1910년에 제이브뤼허의 새로운 항구가 완공을 앞둔 시점에서 사람들이 독일의 자금이 없었다면 벨기에가 그런 무용지물을 만들 여력은 없었을 거라고 수군댔을 때, 그런 세간의 평에 주목한 영국인은 거의 없었다. 항구의 명칭도 가까스로 해도에 올랐을 정도였다. 심지어 영국 해군 장교들마저도 수년이 지날 때까지 그 항구의 존재를 몰랐던 것 같다.

하지만 만약 상선들이 뜸하게 들어온다면, 2킬로미터 길이의 값비싼 편자 모양 방파제와 거대한 방파제를 지나는 준설하천이 있는 1.2제곱킬로미터의 이 밀폐된 공간이 장차 독일군의 해군기지로 사용될 것은 분명했다. 내항의 육지 쪽 끝에 작은 부두가 두 개 튀어나와 있다. 이 비좁은 부두 사이를 지나면 갑문이 나오고, 이 갑문을 통과하기에 적당한 크기의 선박들은 브뤼주Bruges까지 운하를 거슬러갈 수 있다.

1914년 가을 벨기에를 점령한 독일은 지체 없이 제이브뤼허 외항을 어뢰정 기지로 전환했다. 얼마 후에는 유보트 소함대를 갑 문을 지나 폭격 대비용 콘크리트 대피소가 있는 브뤼주로 보냈다. 이 플랑드르 소함대가 장차 영국 선박에 얼마나 큰 위협이 됐는지 는 누구나 알고 있다. 두 방파제 사이의 좁은 통로를 봉쇄하여 운 하로의 접근을 차단하자는 제안은 당장은 호응을 얻진 못했다. 휴 전을 7개월 앞둔 시점에서야 그 역사적 시도가 이루어졌다. 폐물 이 된 순양함 HMS '테티스', '이피게네이아' 그리고 '인트레피드'를 성 조지 축일에 그 접근로에 수장한 것이다.

그러나 온갖 노력에도 불구하고, 또한 편자 모양 방파제에 도 착한 HMS '빈딕티브'와 상륙부대의 양동작전에도 불구하고 운하 봉쇄 작전은 성공하지 못했다. 유보트들이 만조기를 이용해 수장 된 순양함들의 잔해를 아무렇지도 않게 요리조리 잘도 피해 다녔 기 때문이다.

역사가 되풀이됐던 1940년 5월 독일은 또다시 네덜란드를 침 공했고, 영국 해군이 한번 더 제이브뤼허 문제에 봉착했다는 것은 자명했다. 다만 이번 봉쇄 작전은 1918년의 교훈이 가르쳐주었듯이 훨씬 더 단순하게, 양동작전 없이 시도되어야 했다.

작전일로 결정된 5월 25일 토요일은 고작 수 킬로미터 떨어진 곳에서 덩케르크 철수 작전이 일어나기 하루 전이었다. 제이브뤼허에서의 큰 난관은 예나 지금이나 항해였다. 바다에서 방파제의 등대 쪽으로 정확히 방향을 튼 다음 선박이 좌현의 얕은 수심으로 들어가지 않도록 방파제에 아주 가까운 곳에서 급변침한다. 그다음에는 좁은 두 방파제 사이를 지나가야 하는데, 방파제들이 낮아서 멀리서는 잘 보이지 않는다. 갑문 접근 중에도 이런 복잡한 조타를 하기에는 충분한 여유 공간이 없었다.

소해정, 구축함, 잠수함의 접근을 봉쇄할 폐색선 두 척으로 구성된 원정대가 제이브뤼허에서 16킬로미터 거리에 있는 반데라 등대선을 향해 출항했다. 그 지점부터 정확한 상륙이 가능할 터였다. 그러나 등대선이 계속 그 위치에 있을까? 나치가 이미 그것을 제거했음이 틀림없었다. 그래서 그 지점을 확인하기 위해서 소형 선박 한 척을 미리 보냈고, 그 결과 정상적으로 감시 중인 반데라를 발견했다. 순조로운 상황이었다.

소형 선박은 방파제 끝 근처에 부표를 떨어뜨렸다. 폐색선들이 방향을 틀 지점을 알려주고 갑문으로 향하는 항로를 표시하기 위해서였다. 말은 쉽지만 실행은 그렇지 않았다. 게다가 이 해군 작전은 야음을 틈타 수행되어야 했다.

그쯤에서 폐색선들의 속력이 부득이 느려졌다. 구축함 한 척이

1918년 4월 하늘에서 촬영한 영국 해군의 제이브뤼허 기습 당시의 사진. 왼쪽으로부터, HMS '인트레피드' HMS '이피게네이아', HMS '테티스'

폐색선들을 호송 중이었고 소해정 분견 함대 한 척이 선두에 있었다. 적군이 모르게 기습하는 것이 핵심이었다. 적군의 고속어뢰정도 잠수함도 그 작전을 방해해선 안 되었다. 만조기는 03시 50분경(서머타임으로), 그로부터 한 시간 뒤가 일출이었다.

모든 것이 순조롭게 진행되었다. 부표는 방파제 끝에 정확히 놓여 있었다. 그런데 느닷없이 상공에 나타난 독일군 폭격대가 골칫거리였다. 영국군이 독일군의 맹폭에 효과적으로 반격을 가했지만 폭격기들은 1시간 15분 동안 폭탄을 퍼부었다. 그때 회항 중이던 소해정 분견 함대가 그 소식을 접하고 30분 후에 되돌아왔다.

넓은 항구 안에서 두 척의 폐색선은 해안으로부터 기관총 난사를 받았고 항해는 수월하지 않았다. 방파제와 육지의 가옥들을 식별할 수 있었으나, 항구에는 벨기에 늪지대에서 종종 피어오르는 안개가 아주 짙게 깔려서 두 개의 낮은 방파제를 가리고 있었다. 이런 상황에서 앞에 있던 폐색선 '플로렌티노'호가 방파제를 돈 다음에 좌현으로 너무 멀리 가다가 그만 얕은 수심에 좌초하고 말았다. 그와 동시에 적군의 중기관총이 불을 뿜었고, '플로렌티노'호는 엔진을 최고 출력으로 올렸으나 꼼짝도 하지 않았다. 밀물이 이 폐색선을 약간 움직여주긴 했으나 더는 할 수 있는 일이 없었다. 목표한 갑문까지 가는 것은 도저히 불가능했다.

결국 최선의 수단을 강구해야 했다. 콘크리트로 채워진 폐색선 두 척을 갑문에서 2킬로미터가량 떨어진 지점에 침몰시켰다. 그래도 조류에 따라서 여러 달 동안 인근 해역에서 방해물 역할을 하게 될 것이었다.

패배하지는 않았으나 독일군의 방해로 좌절된 원정대는 방향을 돌려 회항했다. 5월 27일 일찍이 또다른 폐색선 '보로디노'호와 '애틀랜틱가이드'호가 같은 임무에 나섰다. 아무도 그 임무가 예전보다 쉬울 거라고 기대하진 않았다. 적군은 이미 경계 상태에 있는 데다, 반델라 등대선에 도착하기도 전에 초계 중이던 독일군 정찰기 한 대가 폐색선들을 발견하고 다급히 육지 쪽으로 돌아갔기 때문이다. 멀리 상공에 폭격기들이 나타났다. 전투가 시작되었지만,

안내 부표는 다시 한번 정확히 방파제 끝에 떨어졌다.

이번에는 성공이 확실했다. 지나치게 넓은 반경의 변침은 없을 것이었다. 아뿔싸! 이 부표에 도착한 04시 45분, 선두 폐색선('보로디노')의 조타장치가 고장났다. 그것도 가장 위급한 순간에! 드르륵, 드르륵, 드르륵. 기관총들이 특유의 음악을 연주하기 시작했다.

영국 해군은 예기치 못한 고장에 익숙한 편이었다. 1918년 성 조지 축일에도 폐색선 세 척이 각각의 목표지점에 정확히 도달하지 못했다. 그러나 이번 5월 27일의 고장은 지독한 불운으로 보였다.

호위를 맡았던 소형 기선이 즉시 예인선 역할을 하여 '보로디노'를 정상 항로까지 끌어주었다. 동시에 '보로디노'의 기술자들이 놀라운 능력으로 고장을 수리함으로써 시간 낭비를 막았다. '보로디노'는 항로를 유지하여 낮은 방파제 사이를 통과했고, 얕은 수심으로 인해 바닥에 부딪히기도 했으나 이내 부상하여 목표지점인 갑문 가까이 이동했다.

작전 진행이 갑자기 빨라졌다. 곧 폭발이 있을 것이기에 모두 하던 일을 멈추고 구명보트에 옮겨 타야 했다. 수병들이 폭발을 기다리던 순간 긴장감이 팽배했다. 그런데 시간이 흘러도 폭발이 일어나지 않았다. 기폭장치의 작동 버튼을 눌렀지만 아무 일도 일어나지 않았다. 이번에는 또 무엇이 잘못된 것인가?

철수팀이 폐색선으로 돌아가서 조사한 결과 여러 원인에 의해 전기선이 뒤엉켜 있었다. 그들은 신속하고 침착하게 작업을 재개하여 연결 부위를 정밀 조사했다. 그리고 다시 버튼을 눌렀을 때 이번에는 폭발이 성공하여 침몰에 필요한 구멍들이 뚫렸다. 이로써 폐색선은 군건한 방책 역할을 위하여 수장되기 시작했다.

하인켈 15대로 이루어진 독일군 폭격 편대가 폭탄과 총탄으로 방해하고 영국 해군 호송선들이 비등한 화력으로 응전하는 동안 이루어진 긴박한 임무 수행이었다. '보로디노'가 갑문에 도착하여 발견한 것은 벨기에인들이 이미 예방 차원에서 갑문에 준설선을 가라앉혀두었다는 점이었다. 더욱 잘된 일이었다. 그 지점에 배를 수장한다면 성공 확률이 그만큼 높았기 때문이다. '애틀랜틱가이드'도 비슷하게 갑문에서 스스로 제물이 되었다. 얼마 후에 모든 과정이 완벽하게 마무리됨으로써 갑문은 무용지물이 되었다. 만약 독일군이 유보트를 위해 브뤼주 운하를 다시 사용하고자 했다면 크게 좌절했을 것이다.

남은 일은 원정대가 철수하는 것뿐이었다. 다시 구명보트에 오른 철수팀은 요트 경기에서 접전을 벌이듯이 전력으로 노를 저었고, 독일 폭격기의 공습에도 불구하고 다른 선박으로 무사히 옮겨 탔다. 그들은 사상자 없이 영국으로 회항했다. 성 조지 축일의 제한된 성공과 참담한 인명손실을 기억해보건대, 이번의 두번째 제이브뤼허 봉쇄는 가장 완벽하게 수행된 작전 중 하나였다. 제이브뤼허의 복잡함을 잘 아는 사람들은 작전이 그렇게 순조롭게 현실화됐다는 점에 감탄할 뿐이었다.

제이브뤼허의 독일군 잠수함 기지를 급습하는 영국 해군

　방파제에는 벨기에인 몇 명이 서 있었다. 그들은 무슨 일이 벌어졌는지 알고 있었기에 영국 병사들에게 소리쳐 축하를 전하고 싶어했다. 그들은 환하게 웃으면서 권투선수가 상대방을 공격하는 손동작을 취했고, 폐색선들을 향해 마지막 작별을 고했다.

　하지만 네덜란드와 벨기에의 항구들이 폭파되었고 불로뉴가 분쇄되었으며 칼레가 버티고 있는 상황에서, 이제 거대한 덩케르크 철수 작전이 임박해 있었다. 벨기에군이 비열하게 항복한 5월 28일 이후로, 전멸을 강요하는 독일군에 밀려 후퇴한 영국 원정군에게는 바다 말고는 선택의 여지가 없었다. 그들은 승산 없는 싸움을 하는 한편 덩케르크의 남쪽과 북쪽에 퇴각로를 만들면서 탈출할 수 있다는 희망을 놓지 않았다. 사실상 이 철수 작전은 5월 26일 일요일에 제한된 규모로 시작되었다. 그다음부터 상황이 빠르게 전개되면서 거대한 가능성이 열렸다. 운이 좋으면 2만 5000명 정도가 아니라 그 10배, 아니 12배의 병사들을 구조할 수 있을 것 같았다. 그러나 어떻게?

모든 것은 전시 편제의 기적에서 비롯되었다. 이미 해군성은 뛰어난 통찰력으로 개인이 소유한 길이 9미터에서 30미터 사이의 모든 종류의 동력 선박을 징발할 것이라고 통지했다. 또한 모든 연안 선박에 대한 허가 제도를 통해서 항시 선박들의 동태를 파악하고 있던 해운부는 즉각 필요한 선박들을 확보할 수 있었다.

그렇다보니 거의 1000척에 육박하는 함대를 급조하고 집결시키는 일조차 전화와 전보만으로 충분했다. 유례가 없던 일이었다. 트롤선, 유자망 어선, 템스강을 항해하는 기선과 바지선, 소형 화물선, 석탄선, 모터보트, 모터요트, 영국 왕립인명구조협회 산하의 구명정 다수, 소형 보트, 대형 여객선에서 가져온 노 젓는 배, 남부 해안에서 주로 단체 유람객에게 대여되던 범선들, 템스강의 예인선들, 심지어 템스강 어귀에서 새조개를 채취하던 볼리(새우잡이 어선) 6척, 클라이드Clyde 또는 란디드노Llandudno 아니면 마게이트Margate를 따라 분주한 교역에 익숙했던 외륜선, 런던 시의회 소속

소방선 1척, 제1차세계대전에서 유보트와 싸운 역전의 증기 요트, 네덜란드 스쿠너선과 벨기에 선박들. 이 빼곡한 목록은 665척에 달했고 여기에 해군 선박 222척이 추가되었다.

선박들은 북동 및 남서 해안처럼 멀리서부터 징발되기도 했으나 특히 남동 지역에서 징발되었다. 에식스강에서 진수된 지 얼마 되지 않아 사용된 적이 없는 신형 구조선도 징발에 포함되었다. 넉넉한 승객용 숙박시설을 갖추었고 속력도 빠른 해협 횡단 증기선들은 보통 갑판선원을 7~14명 두는데, 이번에는 해안에서 선박까지 연락선으로 사용될 보트에 배치할 지원자들을 더 모집했다.

한 아마추어 요트 애호가는 아들의 도움을 받아서 사우샘프턴에서 덩케르크까지 요트를 몰았고, 자진해서 지친 병사들을 싣고 영국으로 돌아왔다. 메이든헤드Maidenhead에 정박 중이던 어느 모터 요트는 엔진 정밀 검사를 비롯해 대단히 열성적인 출항 준비가 끝난 뒤 그날 오후 런던으로 보내졌다. 수리 중이던 또다른 요트는 간조기에도 불구하고 템스강을 따라 해협을 건넜다.

그 요트 주인에게 병사들을 몇 명이나 실어 올 수 있을지 질문하자 매우 낙관적인 답변이 돌아왔다. "꼭 필요하다면 50명쯤." 실제로 덩케르크 부두에서 그 요트에 꽉꽉 채워진 병사의 수는 130명이었고, 게다가 그들의 장비까지 고스란히 실렸다.

사회의 모든 계층에서 갑작스레 불붙은 열의는 감동적이었다. 플랑드르에서 위급한 곤경에 처해 있는 영국 병사들을 선박으로 데려와야 한다는 사실이 알려지자 자신의 선박을 징발해달라는 요청이 쇄도했다. 기준에 맞지 않아서 거절된 선박의 소유주들은 도움이 될 만한 물품이라도 보내게 해달라고 아우성쳤다.

한 선주가 해군성에 전화를 걸어왔다.

"해군에서 내 요트를 징발했다고 들었소만."

"그렇습니다. 죄송합니다만······"

"아, 괜찮소. 어쩌다보니 요트에 30파운드어치의 오래된 브랜디와 샴페인이 실리게 됐는데, 부디 병사들이 그걸 발견해줬으면 좋겠구려."

증기선의 선주와 승무원들은 예외 없이 자발적으로 징발에 응했다. 선주도 선원도 해협 저편에서 무슨 일이 벌어질지 공식적으로는 알지 못했다. 침몰과 죽음, 그리고 끝없는 위험에 대해서 말이다. 그러나 그들이 얼굴을 찌푸린 경우는 오로지 그들의 제안이 거절당했을 때뿐이었다.

그리고 지친 선원들을 대체할 인력이 더 필요해졌을 때, 사람들의 반응은 더없이 놀라운 것이었다. 정부에서 발주한 작업을 하느라 분주했던 한 공장의 기술자들은 선원이 부족하다는 다급한 호소를 접하고 지체 없이 배에 올랐다.

그들에게는 다음과 같은 솔직한 말이 전달되었다. "여러분은 지옥으로 가는 겁니다. 폭탄과 기관총 공격을 받게 될 겁니다."

기술자들은 누구 하나 망설이지 않고 연장을 내려놓고서 지금까지 한 번도 보지 못한 선박들을 향해 행진해 갔다. 그리고 20분 뒤에 그들은 덩케르크의 지옥으로 출항했다.

런던의 '할랜드 앤드 울프' 선박회사에서 일하는 또다른 기술자들은 덩케르크에 가야 한다는 생각이 너무도 강한 나머지, 당장의 조업 차질은 아랑곳하지 않고 영국 해안까지 대형 유람버스를 타고 내려왔다. 늙은 해병대원들도 나이를 잊은 채 국가의 부름에 따라 기꺼이 작전에 참여할 수 있기를 바라 마지않았다.

한 노병은 누구와도 의논하지 않고서 자신의 모터보트로 작은 배들을 여러 척 끌고 출항했다. 덩케르크에 도착한 그는 (다행히도 모진 기뢰와 폭탄과 포탄과 총탄을 용케 피해서) 해안에서 큰 선박까지의 연락선 운항이라는 위대한 임무를 수행했다. 그렇게 병사들을 돕던 그는 마지막 순간 아비규환의 덩케르크에 홀로 남겨진 것을 깨달았다.

그의 보트가 그가 타지 않은 채로 그냥 출발해버린 것이었다.

그런 일이 벌어져서는 안 되었다. 그래서 그는 물속으로 뛰어들어 보트를 향해 헤엄쳐 갔다. 드디어 보트에 올라탄 그는 아무 일도 없었다는 듯이 영국으로 돌아왔다.

그러나 우리는 지금부터 더 깊은 전율과 비극을 마주해야만 한다.

이야기를 더 진행하기에 앞서, 오스탕드로 진입하던 마지막 순간 그 모든 선박들이 무릅쓰고 있던 위험을 기억해주기 바란다. 물론 역사는 되풀이되기 마련이며, 우리 중에서 누군가는 1914년의 가을, 요컨대 오스탕드가 희망의 중심이 되었다가 얼마 후 연합군에게 가장 큰 불안을 안겨주었던 시기를 되돌아보고 있었다.

1940년 5월 말의 그때에도 여전히 오스탕드 항구에 대해서는 생각할 것들이 많았지만, 그래도 선박을 제공함으로써 병사들을 구조할 수 있다는 희망이 있었다. 그중에는 경우에 따라서 외롭고 절망적인 역할을 해야 할 운명에 놓인 선박들도 있었다. 그런 경우를 언급한 것은 제너럴 증기선 운항회사의 선박 중 하나인 689톤짜리 '아부키르'호의 선장 R. M. 울펜든의 보고서다.

이 보고서는 역사적 가치가 큰, 주목할 만한 문건이다.

5월 24일 오후, 우리는 지시에 따라서 사우샘프턴에서 다운스로 향했다. 다운스에 도착한 것은 5월 25일 아침이었다. 그곳에서 오스탕드로 가서 영국 원정군에게 군수물자를 제공하라는 명령을 받았다. 그렇게 하여 우리는 같은 날 20시에 오스탕드항 인근에 도착했다.

당시 오스탕드는 화염에 휩싸여 있었고 해안 쪽 건물 대다수는 붕괴된 상태였다. 부두와 신호장[1]은 완전히 버려진 것 같았다. 도선사가 내게 항구에는 프랑스 해군 장교 두세 명 말고 책임자가 아예 없다고 알려주었다.

나는 그 프랑스 장교들을 만났다. 그들은 내 배에 대해서는 아는 것이 없어 보였지만 하역을 하려면 새벽녘에 하라고 말했다.

배로 돌아오는 길에 영국군 트럭 운전병을 만났다. 그는 소속부대에서 뒤처진 해리스 중위와 영국군 38명이 8킬로미터가량 떨어진 도시 외곽의 한 농장에 대기 중이라고 말했다. 우리는 그 농장으로 가서 그들을 데려왔다. 그런데 배로 돌아가는 과정에서 엄청난 폭격을 받았다. 부두가 적군의 목표물인 것 같았고, 나는 낮이 될 때까지 퇴선하기로 결심했다. 5월 26일 02시에 가까스로 브뤼주에 있는 영국 파견단과의 통화에 성공했다. 파견단 지휘관은 하역 작업을 시작하라고 지시했고, 나는 농장에서 데려온 병사들과 선원들의 도움을 받아서 하역 작업을 진행했다. 하루종일 폭격이 계속되었다. 그날 오후에 영국 파견단이 연락해와서 영국 폭격기 한 대가 오스탕드에 불시착했다며, 내게 혹시 그 조종사와 접촉이 가능한지 물었다. 해리스 중위와 나는 폭격기 조종사들이 스테인 비행장에 있다는 것을 알아냈다. 장교 2명과 사병 2명이 그들의 폭격기를 폭파시킨 후 그날 늦게 우리 배에 승선했다. 그들은 기관총과 폐기한 폭격기의 장비들을 가져왔다. 그 비행장에서 돌아오는 길에 역시나 소속부대에서 떨어져나온 영국군 25명과 영국 공군 부상자 2명을 더 데려왔다.

5월 26일 20시, 폭격이 너무 거세져서 우리는 또다시 새벽녘까지 기다렸다가 이번에는 네덜란드군 탈영병들의 도움까지 받아 하역 작업을 재개했다. 하루종일 독일군 항공기가 폭격을 가했고, 15시에는 급강하 폭격과 기관총 공격이 빗발치기 시작하여 우리는 이번에도 배를 포기하고 작업을 중지했다. 이번에는 부상자가 두 명 나왔는데, 한 명은 팔에 총상을 입은 영국 공군 사수였고 다른 한 명은 왼쪽 눈에 총상을 입은 벨기에 민간인이었다. 다시 브뤼주에 연락을 취한 결과 하역 작업을 중지하고 군 차량을 최대한 신되 나머지는 파괴하라는 지시를 받았다. 영국 파견단 또한 그날 밤 나의 선박을 이용하여 철수하기로 결정했다.

나는 어두워진 22시 이후에 출항하자고 제안했고 동의를 얻어냈다. 파견단 지휘관이 승선했고, 나는 예정된 시간에 선원과 군인과 벨기에 피란민을 포함하여 약 220명을 태우고 출항했다. 우리에 이어서 영국 증기선 '마르키스'호가 항구를 빠져나왔다. 항구 입구를 지났을 때 독일군 항공기가 조명탄과 폭탄을 투하했다. 영국 파견단의 뉴먼 씨가 항구를 벗어나면 우리 선박을 호송할 구축함 두 척이 대기하고 있을 거라고 미리 알려줬기 때문에 구조 요청을 보냈다. 독일군 항공기는 30분 동안 공격을 계속하다가 오스탕드로 돌아갔다.

정규 항로를 피해서 노스굿윈 등대선을 향해 갔다. 부표 쪽에서 우리를 기다리고 있을지 모르는 독일군 함선을 부디 피해 갈 수 있기를 바랐다. 00시 15분, 노스힌디 부표에 접근하고 있을 때였다. 이 등항해사 러스트가 우전타를 지시하는 소리가 들려왔다. 어뢰 한 발이 우리 선박 앞으로 15미터가량 앞에 떨어지는 것이 보였다.

영국 공군 사수가 기관총 사격을 준비했고 나는 그에게 적함을 보는 즉시 사격하라고 명령했다. 한편 함선의 포병대원인 처치는 선미로 보내 연실 옆에서 대기하도록 했다. 지그재그로 운항하면서 SOS를 타전했으나 호위함의 흔적은 보이지 않았다.

첫번째 공격 이후 30분 정도 지났을 때 우리는 좌현 쪽에서 발사된 두번째 어뢰를 피했다. 어뢰는 후미를 6미터 차로 비껴갔고, 거의 동시에 세번째 어뢰가 역시 우리 선박을 비껴갔다. 세번째 공격 이후 5분이 지났을 때 나는 좌현 90미터 거리에 나타난 적함이 해안 경비정임을 알아냈다. 경비정이 사정거리에 들어오는 즉시 공격하라는 명령이 사수들에게 전달됐다. 나는 충각으로 경비정을 들이받으려고 시도했다. 우리의 기관총이 불을 뿜었으나, 경비정은 공격을 서두르지 않고 우리가 45미터 거리로 접근할 때까지 기다렸다. 이윽고 경비정이 네번째 어뢰를 발사했고 우리는 너무 가까운 거리라 피할 수 없었다. 어뢰는 좌현의 선교 밑을 대각선으로 관통했다.

그 충격은 엄청났다. 어렴풋이 선교가 무너진다는 생각이 스쳤고, 정신을 차렸을 때 나는 선수 근처에 떨어져 있었다. 우리 선박이 침몰하기까지 대략 1분 30초 정도 걸렸던 것 같은데, 독일 해안경비정이 우리를 향해 탐조등을 켜고 나타나 기관총을 난사했다. 그때 상당수가 사망했을 것이다.

새벽녘에 선박 서너 척이 우리를 보지 못하고 지나쳐갔으나, 07시

에 구축함 소함대가 우리를 건져올렸다. 승선한 우리는 이루 말할
수 없을 정도로 극진한 대접을 받았다.

이 보고서를 통하여 알 수 있듯이 구명보트를 띄울 여유가 없었다.
캐럴이 가까스로 구명뗏목 하나를 띄웠고 거기엔 벨기에 피란민
들이 가득했다. 그러나 안타깝게도 그 구명뗏목은 독일군의 기관
총 세례를 받아서 승선했던 거의 모든 사람이 사망했다.

일등항해사의 사망 경위에 대해서는 알 수가 없다. 물속에서 그에
게 말을 걸었을 때는 분명 무사해 보였는데, 날이 밝은 이후로 그
를 볼 수 없었다.

나는 고급선원과 일반 승무원들에게 찬사를 보내고 싶다. 그들은
오스탕드의 집중포화를 뚫고 더없이 침착하고 쾌활하게 맡은 일
을 해냈고, 독일 해안경비정과 45분간의 교전 중에 일말의 두려움
도 보이지 않았다. 특히 교전 중에 타륜을 잡았던 L. 태너를 언급
하고 싶다. 19세의 어린 나이에도 불구하고 그는 내 지시를 정확
하고 침착하게 수행했다.

부언하자면 첫번째 어뢰 공격 이후 연기를 이용해 적함을 피할 수
있을지 모른다는 희망에서 선미의 연실을 개방하도록 명령했는
데, 어쩌된 영문인지 그 명령은 실행되지 않았다.

제5장

위기에 대한
응답

독일군이 해안 쪽으로 진격하기 직전, 연합군이 의지할 수 있는 항구가 아직 5개 남아 있었다. 그 항구들을 통하여 프랑스와 저지대 국가들에 보급품을 공급할 수 있다는 기대도 아직 남아 있었다. 그 5개 항구는 제이브뤼허, 오스탕드, 덩케르크, 칼레, 불로뉴였다. 제이브뤼허가 적절한 시점에 콘크리트로 채운 폐색선을 수장함으로써 효과적으로 봉쇄된 것은 이미 언급했다. 요컨대 브뤼주 운하의 갑문 개폐장치를 파괴했고 갑문 접근수역은 메워졌다.

지금까지 오스탕드가 다급히 버려지고 칼레와 불로뉴가 완강한 저항 끝에 독일군의 수중에 들어가기까지의 과정, 그 결과 덩케르크만이 위기에 봉착한 영국 원정군이 생환할 수 있는 관문으로 남았다는 것을 살펴보았다. 선택된 해변은 덩케르크에서 동쪽으로 프랑스 최북단의 작은 마을인 브레이듄스Bray Dunes를 지나 드판 방면으로 13~14킬로미터 펼쳐져 있다. 브레이듄스에서 멀지 않은 곳에 쥐트코트 마을이 있는데, 곧 언급할 쥐트코트 패스Zuydcoote Pass는 이 마을 명칭에서 유래한다. 쥐트코트 패스는 (선박들이 대가를 치르고 알게 됐듯이) 변화무쌍하기 때문에 만조기를 기다리는 것이 상책이다. 게다가 밤에는 특히 물살이 강해서 항로에서 벗어나지 않도록 주의해야 한다.

드판 인근 수역은 6시간 지속되는 만조기에 앞서 3시간은 조류가 거세고, 게조[1]도 거의 없다. 바지선과 같은 선박에서 보트를 보내거나 아니면 선박 자체가 상륙을 시도하려는 경우에 반드시 유념해야 할 사항이다. 이곳은 최고 수위선으로부터 대부분의 선박이 닻을 내리는 가장 가까운 지점까지 거리가 0.8~1.2킬로미터이기 때문에 결코 만만한 해변이 아니었다. 군대가 해변에서 대기하는 동안 의지할 수 있는 엄폐물 같은 것이 있을 리도 만무했다. 그럼에도 불구하고 군대는 매표소에서 줄을 서듯 질서정연하게 대오를 갖추고 있었다.

사실상 칼레에서 드판에 이르는 해변은 포화에 휩싸였고, 하늘에서는 나치 전투기들이 총탄과 폭탄으로 죽음을 퍼붓는 상황이었다. 그렇다보니 그 일대에서의 철수 작전이 뱃놀이처럼 한가로울

가믈랭(좌)과 베이강(우)

리 없으나, 해군성이 그 모래 해변을 따라 길이 9~30미터의 소형 선박들이 많이 필요하다는 것을 인지한 시점은 그보다 훨씬 전인 5월 14일이었다. 모터요트를 포함하는 선박 동원령은 신문과 라디오로 전달되었다. 5월 14일이라는 날짜는 중요하다. 왜냐하면 철수 작전이 바다를 통해서만 가능하다는 판단과 해군성이 다가올 상황을 제대로 파악하고 있었음을 보여주기 때문이다.

  그로부터 5일 후인 5월 19일 일요일 저녁, 육군성은 해운부에 몹시 다급한 요청을 했다. 자기 소거[2]한 아주 많은 수의 해안 선박들을 다운스로 보낸 뒤 그곳에서 버트럼 램지 중장의 명령을 기다리게 하라는 요청이었다. 독일군이 스당 방어선을 뚫고 프랑스를 궁지에 몰아넣은 다음날의 일이었다.

해운부는 허가제를 바탕으로 근해에서 단기 항해 중인 모든 선박들을 통제함으로써 선박들의 동태를 환히 파악하고 있었다. 그 결과 즉각 기준에 맞는 선박들을 물색했고, 해군성의 요청이 있은 지 2시간 만에 대부분의 선박들을 다운스로 보냈다. 월요일 오후 프랑스에서 가믈랭의 뒤를 이어 베이강이 총사령관에 올랐을 때 사용 가능한 선박들은 전부 대기 중이었다. 해군성과 해운부의 효율적인 징발령 덕분에 육군은 민간 선박으로부터 상당한 지원을 확보할 수 있었다.

선주들은 그들의 배가 필요한 이유를 통보받지 못했으나, 그들의 열띤 호응으로 보면 곧 착수하게 될 절박한 임무가 무엇인지 정확히 이해하고 있는 것 같았다. 한편 지금으로서는 사용 기준에 맞지 않는 선박이라고 판명받은 선주들과 선원들의 실망한 표정은 그들이 임무를 위하여 최선을 다해 준비해왔음을 방증했다.

나치의 네덜란드 침공 당시 네덜란드의 연안운항선 다수가 영국 항구로 피신해 있었다. 그래서 네덜란드 해운위원회는 자국 선주들을 대신하여 영국 해운부의 선박 사용에 동의했다. 흘수가 얕고 다루기 용이한 500~1000톤급의 연안운항선은 어떠한 철수 작전에도 유용할 것이었다. 지금은 철수 작전의 책임자로 많은 이들에게 알려져 있는 버트럼 램지 해군중장이 그 유용성을 입증했다. 곧바로 네덜란드 국적의 연안운항선 '스쿠트'호의 선미에서 영국 해군기가 나부꼈고 선원들이 영국 해군 장교들과 수병들로 교체되었다. 이로써 42척의 네덜란드 선단도 출항 태세를 갖추었다.

해운부의 일이 얼마나 중요했는가를 알기 위해서 다음과 같은 상황을 들 수 있겠다. 요트처럼 상대적으로 수가 적었던 선박을 제외하면 철수 작전에 투입된 상선 선장은 91명이었다. 그중에서 57명은 여객선과 군수물자 수송선을 지휘했고 34명은 예인선을 맡았다. 이외에 그보다 작은 600척 이상의 선박도 작전에 동참했다.

5월 26일 일요일 램지 사령관의 지휘하에 33만 5000명 이상의 철군 작전이 막을 올렸을 때, 사령관은 물론 어느 누구도 그날 수많은 사람들이 기도한 것처럼 작전이 대성공으로 끝나리라고는 기대하지 않았다. 모든 가용 선박들이 20명 이상의 해군 장교 및 180명가량의 수병들과 함께 도버에서 출항했다. 그들은 (적어도 공식적으로는) 자신들이 어떤 임무를 띠고 가는지 몰랐으나, 덩케르크로 가는 도중에 많은 폭격을 받으면서 앞으로 무슨 일이 벌어질 것인지 짐작했다. 이 대담한 작전의 전반적인 통제는 실제로 다이나모 룸The Dynamo Room에서 이루어졌고, 작전의 명칭도 여기서 따왔다. 다이나모 룸은 정확히 말해서 도버성의 지하 터널에 있는 아주 분주한 비밀 작전실로, 이곳에 있는 전화기 일곱 대는 쉬지 않고 울렸으며 16명의 인력이 상시 근무를 하고 있었다.[1]

48시간 안에 최대한 많은 병사를 구조해 영국으로 돌아온다는 것이 애초 작전의 핵심이었고, 노르웨이 해상에서 그런 작전을 경험해본 데니 선장은 사실상 성공하기 어려울 것이라는 현실적인 생각을 하고 있었다. 그런데 이틀이 지나면서 상황이 크게 호전되기 시작했고, 작전은 예상했던 것보다 훨씬 더 큰 대형 쇼로 바뀌었다. 구조 규모는 병사의 10퍼센트가 아니라 수만, 수십만이었다. 게다가 영국 원정군뿐 아니라 다수의 프랑스 병사들도 포함되었다.

덩케르크는 불타고 있었고 항만 주변의 수역은 요동쳤다. 희망적인 상황이 아니었다. 접안 시설이라고는 나무 말뚝으로 지탱되는 두세 개의 비좁은 부두뿐이었다. 그 비좁은 부두에서 25만 명이, 그리고 인근 해변에서 10만여 명이 승선할 거라고는 어느 누구도 예상하지 못했다. 선박들을 유도하고 그 선박으로 병사들을 이끈 것은 해군 장교들의 격려였다. 배의 출입구를 이용할 수 없다는 건 문제가 아니었다. 이미 지쳐 비틀거리는 병사들로선 너무도 버거운 일이었으나, 그래도 기다란 공동식탁 같은 것들은 어둠 속에서 발을 딛고 배에 오르는 데 유용하게 사용되었다.

생각해보라. 덩케르크 작전과 같은 해군 본연의 임무가 주로 민간인에 의해 수행되었다니 믿기 어려울 것이다. 그것도 상당수가 소형 선박을 타고 자진해서 작전에 참가한 사람들에 의해서 말이다. 상황이 점점 더 바쁘게 돌아갈수록 런던 항만관리공사에서 징발해 보낸 모터보트 34척과 선박에 싣는 구명보트 및 작업보트 881척의 필요성이 절실해졌다.

덩케르크 해역에서 영국 구축함에 승선한 영국 병사들

"작전이 절정에 달한 날 6만 6000명이 덩케르크에서 철수했지만 우리 측 선박의 손실도 컸습니다." 훗날 램지 중장은 이렇게 말했다. 독일군이 칼레 해역을 지나가는 직선 항로에 포격을 시작하자 영국군은 새로운 항로를 선택해야 했고 그 결과 120킬로미터의 항로가 280킬로미터로 연장되었다. 독일군이 또다시 새 항로로 포격 지점을 옮기자 영국군은 세번째 항로, 즉 소해정을 선두로 모래톱을 건너는 항로를 찾아냈다.

불로뉴에서의 철군은 17시 30분에서 다음날 03시 사이에 효율적으로 작전을 펼친 영국 구축함 6척을 통해 이루어졌다. 독일군의 맹폭에도 불구하고, 함교에 있다가 저격당한 소함대 함장의 전사에도 불구하고 구축함들은 병사 4600명을 구조해냈다. 군대는 저항이 불가능한 마지막 순간까지, 독일군 해안 포대의 포격에 영국 선박들이 극한 위험에 처할 때까지 장렬하게 칼레를 사수했다.

덩케르크 작전은 훨씬 더 큰 규모로 진행되었다. 도버의 다이나모 룸에 근무 중인 16명이 3~4일 후 녹초가 되어 의자에 또는 바닥에 앉은 채 쪽잠을 청하고서 다시 일을 시작했듯이, 덩케르크 상륙팀도 작전 2~3일이 지난 후부터 수면 부족으로 탈진하자 대체 인력을 급파해야 했다.

작전 첫날밤에 철수시킨 병사가 1만 3000명, 5월 27일에는 2만 명, 화요일에는 4만 5000명에 달했다. 이런 상황 때문에 해군성은 24시간 내에 가용 선박을 모조리 보내달라는 요청을 받았다. 그래서 작전의 두번째 국면은 크기는 상대적으로 더 작지만 수적으로는 더 많은 선박들로 이루어진 대선단과 함께 시작되었다. 선박이 침몰하거나 심하게 손상되면 다른 선박으로 갈아탔다. 5월 30일 목요일에는 기상조건이 나빠서 공중전이 현저히 줄었다. 그렇지만 독일군이 더 많은 포격을 가함으로써 주간에 철수 작전을 지속하기는 불가능해졌다. 하루 6만 6000명으로 정점을 찍었던 철군 인원은 3만 명으로 떨어졌다. 램지 중장은 뛰어난 항해술과 인간의 놀라운 인내력만으로는 작전을 완수할 수 없음을 절감했다. 흔적도 없이 덩케르크의 안개 속으로 사라져간 그 많은 소형 선박들이 그에 걸맞은 치하를 받을 수 없으니 애석한 일이다.

덩케르크 인근 브레이듄스 해안가를 가득 메운 채 철수를 기다리는 영국 얼스터 소총 연대 (1940년)

　　고성능의 고속 모터보트와 구축함을 이용하는 오늘날엔 도버 항에서 덩케르크까지 그리 먼 거리는 아니다. 그래서 램지 중장은 프랑스 해역에서 벌어지는 일을 시종일관 자세히 알고 있었다. 그리고 그가 신속하게 도버 해협을 건너서 마주한 것은 정유공장과 정유조가 있는 덩케르크항의 서쪽에서 솟구치는 화염과 검은 연기의 경이로운 광경이었다. 16킬로미터에 이르는 모래톱! 그러나 새벽이 오기 전까지 그 모래톱은 얼마나 음침하고 어둡던가! 모래톱에서 해안선까지 온통 집으로 돌아가려는 병사들로 까맣게 채워져 있었다. 그들도 곧 차례가 되어 보트에 오를 터였지만, 솔직히 말해서 그날(5월 29일 수요일)에는 수많은 장병 중에서 극히 일부만 몇 척에 불과한 보트를 타고 근처에 계류 중인 선박까지 이동할 수 있을 것 같았다.

그러나 놀랍게도 영국에서 요청을 받고 거의 즉각적으로 돛단배와 모터보트 들을 보내왔다. 일요일의 기도가 기적적으로 하늘에 닿은 것 같았다. 큰 파도가 모래톱을 덮쳐 해안 가까이에서 보트로 작업을 하기가 여의치 않았음에도 불구하고, 낮은 구름과 불량한 시계 그리고 바람이 거의 없이 잔잔한 바다는 군대를 철수시키기에 이상적인 조건이었다. 가장 어려운 작업 중 하나는 보트에 가득 실은 인간 화물을 계류 중인 구축함으로 이동시키고 되돌아가 병사들을 태우는 것이었다. 일부 선원들은 선박 조정에 능해서 연락선처럼 해안과 구축함 사이를 여러 차례 오갔다.

브레이듄스와 드판 두 곳에서 버려진 전차와 트럭으로 쌓은 바리케이드가 해변을 가로질러 저수위선까지 펼쳐져 있었는데, 이것은 좋은 아이디어였다. 브레이듄스 쪽에서는 영국 공병대가 널빤지에 난간을 단 꽤 괜찮은 잔교(다리)를 고안해냈다. 이 널빤지 잔교를 임시 부두처럼 활용하여 병사들이 그 위에 줄을 서 있다가 보트에 오름으로써 더 많은 인원을 구조할 수 있었다. 조류 상태에 따라 이 잔교 옆으로 모터보트들을 대기가 쉬워서 더욱 유용했다. 이 아이디어를 한 걸음 더 발전시켰다면 바지선들을 잔교로 활용할 수도 있지 않았을까 싶다.

상쾌한 북풍이 묵직한 파도를 모래언덕으로 밀어올리던 금요일, 부대는 조금 더 덩케르크 가까이 이동함으로써 최대한 많은 인원의 승선을 시도했다. 보트들이 모래언덕까지 서서히 접근해서 구축함의 할당 인원 1200명을 채우기까지 평균 6시간이 걸렸다. 사방에서 맹폭을 받는 상황에서는 너무 긴 시간이었다. 그날 오후 만조에 악천후가 겹치면서 작전이 지연되었고, 썰물 때는 보트들이 오도 가도 못하는 상황까지 벌어져 문제가 해결되지 않았다.

정오 무렵, 독일군이 동쪽 해안 포대에서 드판을 겨냥하고 포격을 시작함으로써 연합군이 방어 거점을 포기하게 만들었다. 드판 동쪽에서 떠오른 나치의 관측용 기구氣球가 사수들 대신 표적지를 확인해주었기 때문이다. 치열한 공중전도 이어졌는데, 영국 전투기들의 수적인 열세가 지나치리만큼 극명해 보였다. 그 결과 영국 해군 선박과 해변이 맹폭을 당했다.

금요일 오후 독일군은 포격을 가하면서 더 멀리 서쪽에서 진격해왔다. 5월 29일 증기선 '클랜마칼리스터'호가 브레이듄스 해역에서 버려진 경위, 그리고 5월의 마지막날까지도 다른 난파선들과 함께 독일군의 집요하게 계속되는 미사일 공격을 받으며 불타게 된 경위는 다른 장에서 언급하겠다. 독일군의 이런 무차별적 집요함은 덩케르크를 죄어오던 그들의 정신상태에서 가장 두드러진 특징이었다. 독일군은 당연히 1000톤급 구축함 HMS '비베이셔스'도 똑같이 포격했다.

5월의 마지막 저녁 영국 원정군 총사령관 고트 경과 그의 참모들은 영국으로 떠났다. 그것이 덩케르크 철수 작전의 큰 줄기가 지나갔음을 의미할진 모르지만, 그렇다고 흥분과 고난이 사라졌다고 볼 수는 없었다. 드판 인근에서는 밤새 독일군 해안 포대로부터 공격이 계속되었고, 새벽녘에 공세가 누그러지는 것 같았으나 곧바로 독일의 전투기 공습으로 대체되었다. 조금씩 서쪽으로 밀리던 방어선은 드판과 브레이듄스 중간에 놓였다. 따라서 선박들은 덩케르크 방면으로 더 많이 이동해야 했고, 그 결과 상황이 악화되어 드판의 해변은 어느 순간 완전히 버려졌다.

6월 1일 일요일 아침, 폭격기들이 강력한 독일군 전투기 편대의 호위를 받으며 다시 등장함으로써 힘겨운 하루가 시작되었다. 영국 구축함들은 혹독한 시련을 겪고 있었으며, 그 과정에서 1400톤급 HMS '키스'(함장: 제1차세계대전에서 청동 수훈 십자장을 받은 영국 해군 E. L. 버튼 대령)도 07시 45분 독일 융커 JU-52 급강하 폭격기 12대의 공격을 받았다. 융커는 목표물의 상공 2.8킬로미터 정도에서 수평으로 접근해 오다가 목표지점에서 0.6킬로미터까지 수직 급강하하여 폭탄을 투하했다. 다행히 폭탄은 '키스'를 빗나가긴 했으나, 그 대신 835톤 소해정 HMS '헤베'에 너무 가까이 떨어졌다. 그 결과 '헤베'의 방향타가 고장났고, HMS '해번트'(함장: 영국 해군 A. F. 버넬 뉴전트 소령)는 덩케르크항 인근에서 침몰했다. 한편 815톤 소해함 HMS '스킵잭'(함장: 영국 해군 F. B. 프라우드풋 소

HMS '그래프턴'(1936년)
HMS '그레네이드'(1936년)

령)은 침몰했다. 08시 직후 HMS '키스'는 고속 운항 중에 폭격을 당했다. 34만 마력 터빈에서 격렬하게 뿜어나오는 증기와 함께 배가 침몰하기 시작했다.

HMS '키스'의 굴뚝과 보일러실 케이싱에서 증기가 마구 배출되는 소리와 모습은 인상적이었다. 이 구축함은 가항 수로에 닻을 내렸다. 좌현의 기울기는 20도로 악화되었고, 건현의 0.6~0.9미터

HMS '웨이크풀'
HMS '바실리스크'(1937년)

정도만 해수면 위로 드러나 있었지만 완강하게 버텼다. 예인선 두 척이 옆에서 대기하고 있었으나, 또 한번의 직격탄이 HMS '키스'의 보일러실 앞쪽에 명중했다. 퇴선해야 할 시점이었다. 함장을 포함한 승조원 대다수는 예인선 한 척으로 옮겨 탔다.

영국의 고속어뢰정들은 떨어지는 폭탄을 전속력으로 피하는 것으로 맹공에 대처했으나, 리치먼드 함장이 이끄는 1360톤급 구축함 HMS '바실리스크'는 같은 시각 고공 폭격기에 격침당했다. 뿐만 아니라 이미 '그래프턴', '그레네이드', '웨이크풀' 3척의 구축함이 침몰한 후였다.

토요일에 램지 중장은 불가피한 결정을 내렸다. 이후의 작전은 야간으로 한정해야 한다는 것이었다. 무수한 외륜선, 예인선 그리고 소형 선박들이 부두로부터 군대를 실어 왔고, 그보다 더 가벼운 배들은 거센 물살을 가르고 모래언덕에 있는 많은 병사들을 2.5킬로미터 떨어진 선박들로 쉬지 않고 실어날랐다. 다행히 밤에는 아주 고요했고, 그저 부드러운 남풍이 항구와 모래톱 위로 거대한 연기구름을 몰고 왔을 뿐이다. 연기구름이 지상의 시계를 방해함으로써 독일군의 공습을 차단하는 구실을 했다.

토요일 밤이 깊어가면서 한 폭의 놀라운 그림이 펼쳐졌다. 덩케르크의 우측 모래톱에는 그 너머에서 너울거리는 커다란 화염이 실루엣처럼 드리워졌고, 지친 병사들이 바다를 향해 끝없는 행렬을 이루고 있었다. 때로는 병사들이 탈진해서 쓰러졌지만, 더 빈번하게는 그저 증기선을 향해 반사적으로 무거운 발걸음을 옮기고 있었다. 그도 아니면 인간 짐짝처럼 비좁은 부두 난간에 줄지어서 다음 선박이 오기를 기다렸다.

필자는 지금 육체적 피로를 지나치게 과장하는 것처럼 보일까? 철수 작전이 끝나가는 시점에 있었던 이 병사들은 영국 원정군 후위부대 소속으로 3주간 지속된 치열한 교전 후에도 흐트러짐

없는 대오를 갖추고 덩케르크 부두에 도착했다. 게다가 그들은 씩씩함을 잃지 않았고 노래까지 부를 정도였다. 덩케르크의 진정한 영웅들은 바로 이 병사들, 6월 1~2일 양일 밤 동안(이후 3~4일 밤에는 프랑스 최정예 부대가 뒤를 이었다) 덩케르크를 방어함으로써 수백이 아니라 수십만이라는 놀라운 철수 작전을 가능케 했던 이 병사들이었다.

항구, 부두, 해변, 선박에 대한 대공세가 6월 1일 밤의 특징이었는데, 신기하게도 임시 부두들은 마치 대형 트롤선 한 척 침몰한 것처럼 여전히 건재했다. 폭 1.5미터의 비좁은 널빤지 부두를 그토록 많은 병사들이 무사히 밟고 갔고, 그 결과 이제는 철수해야 할 영국 원정군이 얼마 남지 않았으니 믿을 수 없는 일처럼 보였다.

그럼에도 독일군의 진격을 계속 지연시킬 수는 없었다. 무모해 보이기만 했던 이 위대한 모험은 이제 몇 시간 남지 않은 것 같았다. 일요일과 월요일(6월 2~3일) 밤에는 맑고 구름 없는 하늘에 청량한 북풍이 불어오는 등 주변 풍광이 아름다웠다. 만조기 예상 시간은 22시 45분이었으나, 영국의 증원된 모터보트들이 한 시간 반일찍 철수 작전에 투입되었다. 불운하게도 이는 독일군의 무자비한 주의를 끌기에 충분했다.

영국이 항해자의 나라가 아니었더라면 덩케르크 철수 작전은 도저히 불가능했을 것이다. 우리는 영국 해군 장교와 상선 종사자들에게 그들의 선박으로 비좁고 혼란스러운 공간에서 가장 어려운 임무를 수행해달라고 요청했던 것이다. 만조기에 북풍을 안고 정박하는 것은 아무리 유능한 선원의 입장에서도 어려운 일이다. 설령 예인선이 지원하기 위하여 대기하고 있어도 그렇다. 이 책의 뒷장에서 밝혀지겠지만, 그래도 최적의 인재들이 있었기에 그 시도는 성공했다. 덩케르크의 병사들은 가장 어려운 조건에 맞선 선원들의 훌륭한 대처가 없었더라면 포로가 되거나 아니면 죽을 수밖에 없는 양자택일의 운명에 처했을 터이다. 이 점은 아무리 강조해도 지나치지 않다.

그리하여 6월 3일 월요일 동트기 전, 영국 원정군의 마지막 병사까지 거의 다 승선했다. 부상자 500명만 따로 병원선 한 척에 승선했는데, 불행히도 독일군의 야만스러운 폭격에 침몰하고 말았다. 그렇게 마지막을 향해 가는 과정은 긴장된 순간이었고 전율의 시간이었다. 물이 막 빠지기 시작했을 때 프랑스 국적의 증기선 '루앙'호가 덩케르크 서쪽의 모래톱 위에 좌초하는 불운을 겪었다. '루앙'호를 다시 띄우려는 시도들은 실패했고, 결국 간조기에 그것은 움직이지 못하는 애석한 정물화로 남았다.

다행히도 만조기가 돌아오자 '루앙'호는 모래톱을 빠져나와 도버에 도착할 수 있었다.

독일군의 공세가 거세지고 그에 대한 반격도 강력하게 전개되면서 많은 프랑스군이 승선 직전에 물러나야 했다. 6월 3일의 구조선들이 인원을 다 채우지 못하고 덩케르크를 떠난 이유는 그 때문이었다. 그러나 02시 45분에 프랑스군은 다시 부두로 나오기 시작했다. 상쾌한 북풍이 불어오는 맑고 화창한 하늘이 대단원의 막을 내려다보고 있었다. 항구엔 프랑스 어선과 소형 선박들이 밀집하여 상대적으로 큰 선박들과 뒤엉키는 등 혼전 양상을 보였다. 마지막 순간까지 덩케르크항을 책임졌던 프랑스의 용맹한 제독 아브리알[2]은 영국으로 떠나는 마지막 선박에 승선했고, 그 배는 03시 직후에 출항했다. 그로부터 10분 후, 폐색선들이 도착하여 한동안 독일군의 이용을 막기 위한 덩케르크항 불능화 작전에 돌입했다.

해안에 남아 있는 선박은 거의 없었다. 그래도 진격해 온 독일군은 부두를 향해 기관총을 난사했다. 역사상 가장 위대한 철수 작전은 그렇게 끝났다. 그리고 지치고 고된 몸으로 영국에 돌아간 병사들, 그들은 또다른 작전을 위하여 재편성될 수 있었다.

[1] 히틀러의 진격중지 명령 미스터리: 1940년 5월 22일은 연합군에게 운명의 날이었다. 구데리안의 3개 기갑사단이 칼레(제1기갑사단), 불로뉴(제2기갑사단), 덩케르크(제10기갑사단)로 진격했기 때문이다. 덩케르크 철수 작전, 즉 '다이나모 작전' 명령이 하달된 것은 26일 오후 19시 정각이었다. 불로뉴는 22일에 함락되었고 칼레는 25일 오후 독일군의 수중에 들어갔다. 남은 연합군 병력은 유일하게 연합군이 점령 중인 덩케르크로 퇴각하고 있었다. 독일군의 진격 추세라면 연합군은 덩케르크에서 몰살당할 확률이 높았다. 그런데 24일 오전에 전혀 예상치 못한 일이 벌어진다. 히틀러의 진격중지 명령이었다. "진격을 중지하라! 이제부터 루프트바페(공군)가 연합군을 처단한다." 마지막 일격만 남은 상황이었기에 독일군 지휘부는 경악과 충격에 빠져든다. 히틀러가 왜 이런 명령을 내렸는지 정확히 알려진 바는 없고 여러 가설들이 제기되어왔다. 히틀러의 이 명령이 아니었다면 제2차세계대전은 전혀 다른 방향으로 흘러갔을지도 모른다. 몇 가지 가설을 소개하자면, 우선 히틀러가 공군으로 충분하다는 공군 총사령관 헤르만 괴링의 말을 전적으로 수용한 결과라는 설이 있다. 또는 궁지에 몰린 프랑스군이 배수진을 치고 반격할 것을 두려워했다는 설, 히틀러가 영국에 호감을 가지고 있어서 영국 원정군의 철군을 묵인했다는 설에 이르기까지 여러 가설이 있지만 정확한 경위는 밝혀지지 않고 미스터리로 남아 있다. 그리고 이 미스터리가 덩케르크의 기적을 낳았다.

[2] 장 마리 아브리알 Jean-Marie Abrial: 프랑스 북부 함대northern naval forces 사령관으로 영국 해군의 버트럼 램지 제독과 함께 덩케르크 철수를 지휘하였다. 그는 램지 제독에게 "당신들이 더이상 우리와 함께 싸울 수 없다는 사실을 충분히 이해합니다. 우리는 한 명이라도 더 후퇴할 수 있도록 죽음으로 이 자리를 지킬 것입니다"라고 말했다. 아브리알 제독은 마지막 철수선에 탑승하였고 아직 독일군에게 점령되지 않은 셰르부르에서 계속 항전하다가 폴 레노 총리가 패전의 책임을 지고 사임한 직후인 6월 19일 독일군에게 항복했다. 이후 비시 정권에 가담하여 알제리 총독과 해군부 장관을 지냈다. 전쟁이 끝난 뒤 그는 나치의 부역자로서 체포되어 징역 5년과 10년의 노동형을 받았지만 1947년 12월에 석방되었고 1962년 11월 세상을 떠났다.

제6장

✕

런던항의 지원

작전 초반에 런던 항만관리공사는 여러 방법으로 영국 해군을 지원했다. 광범위한 영향력을 바탕으로 선박 동원을 체계화하여 위기에 잘 대처했고, 만반의 준비를 갖추고서 언제든 명령이 떨어지기를 기다렸다.

석탄을 사용하는 선박이 대량의 연료를 필요로 하는가? 이 선박들은 즉각 석탄 비축을 위하여 마게이트로 보내졌다. 프랑스의 영국군이 극심한 식수 부족을 겪는다면? 식수를 채운 깨끗한 석유통들이 운송하기 적당한 선박에 가득 실렸다. 길이 8.2미터 폭 3미터의 'P&O(페닌슐러 앤드 오리엔탈 기선)' 타입 보트들은 노 젓는 용도로, '오리엔트 라인(오리엔트 증기선 운항회사)' 모터보트들은 징발했다가 파견만 하는 용도 등으로 분류되었다.

상대적으로 작은 목제 바지선을 사용하자는 생각은 5월 27일에 나왔고, 그 첫 단계로서 런던 항만관리공사가 작성한 목록은 템스강과 메드웨이강을 오르내리며 장사를 하는—그리고 이미 주문품들을 싣기 위해 대기 중이던—보조기관을 갖춘 범선 선단까지 포함하는 것으로 늘어났다. 이로써 '예비 함대'에 의지할 수 있게 된 것이다.

그러나 처음에는 해군성이 제안을 긍정적으로 생각하지 않았다. 따라서 화요일에는 대부분의 선박들이 제각각 연안 항구로 가기 위하여 물품 적재를 재개했다.

수요일이 되자 해군성은 제안을 재검토하기 시작했다. 그 결과 범선 형태의 목제 바지선 21척을 비롯해 흘수선이 낮아서 덩케르크의 모래둑에서도 사용될 수 있는 선박들을 요청했다. 이 요청이 전달되자마자 바지선들이 징발되어 그날 틸버리로 보내졌다. 선원들에게는 철모가 지급되었고, 필요 물자를 확보하기 위한 자금 지원이 이루어진 동시에 식수와 식량도 즉각 준비되었다. 그다음에는 예인선들이 선박들을 예항하여 틸버리에서 다운스와 도버로 이동하는 문제만 남았다.

완벽성과 계획성으로 정평이 난 독일인들이라 해도 과연 그 많은 준비를 짧은 시간 안에 끝낼 수 있었을까? 도버에서 작전에 투입하기로 결정한 선박은 16척이었으나 '크레스티드콕', '오션 콕', '세르비아', '선 XI', '선 XII' 등 더 많은 선박들이 출항 명령을 기다리고 있었다. 이 바지선들을 징발하고 예인선으로 틸버리까지 이동시키는 전반적인 과정을 총괄한 이는 런던 항만관리공사의 부사장이었다. 그는 또한 '킹조지5세' 도크에 다양한 선박회사가 소유한 절실하고도 유용한 선박 130척을 모으는 업무도 총괄했다. 해군성의 결정은 단호했고, 런던 항만관리공사는 75척 이상의 바지선을 준비할 수 있었다.

이 선박들이 맞닥뜨린 모험과 역경에 대해서는 이 책의 다른 장에서 다룰 것이다. 아무튼 5월 29일 10시 15분 해군성이 런던 항만관리공사에 보낸 전문은 정박 중인 선박 상당수를 출항시키라는 그야말로 위급한 내용이었다. 곧바로 틸버리 호텔에서 식량을 공수한 후 일차로 3척이 17시 15분경 램즈게이트로 출항했고, 뒤이어 31척의 바지선이 자정을 기해 출항했다.

이 선박들의 면면을 살펴보는 것은 흥미로운 일이다. 런던 항만관리공사의 예인선 '데어런트'호는 5월 29일 8시간을 작업했고, 다음날인 30일 밤까지도 작업은 계속되었다. 런던 동쪽의 벡턴에서 석탄을 적재한 바지선 4척을 마게이트로 예항해 가는 작업이었다. 브렌트퍼드Brentford의 '클레멘츠, 노울링'사는 배들을 모두 예인해 템스강에 가져다 놓으라는 명령을 받았고, 이 회사의 예인선 '다이애나'호와 '스코처'호는 브렌트퍼드와 타워밀레니엄피어Tower

Millennium Pier 사이에 정박 중인 바지선들을 끌어모으기 시작했다. 비슷한 준비 작업이 다음과 같은 템스강의 네 개 영역에서 진행되었다.

(1) 타워브리지Tower Bridge에서 에리스Erith

(2) 에리스에서 퍼플릿Purfleet

(3) 퍼플릿에서 로어호프포인트Lower Hope Point

(4) 로어호프포인트에서 채프먼라이트Chapman Light

이 일을 가능하게 한 것은 다양한 회사들의 협조 덕분이었다. 런던 항만관리공사가 도크 시스템을 정비하는 동안, '어템스 앤드 메드웨이'와 템스강 관리단은 자신들의 관할권 안에 있는 경량 선박들의 명단을 보고했다. '쉘 멕스'사는 윤활유와 연료유를 대량으로 보내왔지만, 역시 같은 회사에서 확보한 수많은 9리터 통에 식수를 채우는 일이 더 중시되었다. 바지선 선원 1인당 5파운드의 위험수당이 책정되었고 나중에는 비슷한 용도로 2파운드씩 추가되었는데, 이 돈은 선원들이 차후에 보수로 가져가도록 허용되었다.

온갖 종류의 범선들을 한데 모으는 과정에서 어려움이 적지 않았음은 당연한 일이다. 선박 중 상당수는 수개월 동안 사용되지 않아서 누수가 발생했다. 그래도 인양선 '킹리어'호는 틸버리 수역에서 맡은 임무를 충실히 이행하고 있었다. 덧붙이자면 '존호킨스'호

도버 해역의 모터론치(제2차세계대전)

나 게이슬리사의 '그네트'호와 '와스프'호 같은 예인선들이 맡은 주요 작업 중 하나는 사용할 수 없는 선박들을 도로 가져다 놓는 것이었다. 또한 82척의 보트와 15척의 바지선을 틸버리로, 16척의 론치[1]를 사우센드와 쉬어니스로, 14척의 모터론치를 램즈게이트로 예인했다.

입거와 출거 작업량도 엄청났다. 틸버리에서만 구명보트와 작업보트 21척이 해상크레인에 의해 선창에서 해상으로 옮겨졌다. 그중 일부는 다시는 선주를 만나지 못할 운명이었고, 일부는 철수작전을 훌륭하게 마치고 선주를 확인할 수 없는 상태로 돌아왔다. 상당수 선박은 표류하다가 실종되었고 또다른 일부는 다른 선박으로 교체되기도 했으나, 이 거대한 계획에서 선박을 분류하는 데만 어마어마한 노력이 요구되었다. 런던 항만관리공사는 선박 200척을 도크에서 내보냈고, 나중에 상당수의 바지선을 다시 도크에 넣었다. 소형 모터보트를 비롯하여 그와 유사한 형태의 선박들이 덩케르크에서 돌아온 이후 6월 9일에는 테딩턴 소재 '터프 브로스'사의 예인선이 쉬어니스에서 21척의 선박을 예인해왔고, 긴급 모집한 선원들이 몰고 온 선박도 30척이었다. 물론 해안 여러 곳에 분산되어 있던 온갖 선박들을 모으는 데 많은 시간이 걸렸지만 말이다.

어퍼템스Upper Thames에는 흘수선이 낮은 별의별 종류의 모터요트들이 눈에 띄는데, 이 배들은 여느 봄과 여름이었다면 한창 운행 중이었을 터였다. 제1차세계대전 이후 일명 '캐빈 크루저'[2]의 성장이 이 강의 가장 두드러지는 특징 중 하나였다. 그러나 전쟁의 발발로 사용 중인 선박은 거의 없었고, 상당수는 부두에 묶여 있었다.

한 번에 승선시킬 수 있는 인원이 매우 제한적이긴 하나, 길이 9미터에서 30미터 사이 흘수 1.2미터 이내의 소형 선박을 신중하게 선별한다면 수심이 얕은 해변에서 병사들을 실어나르는 데 유용할 것이었다. 이 소형 모터요트의 운용기술은 구축함, 범선, 트롤선, 유자망 어선, 화물선 등과 다를 것이었다. 후자는 병사들을 실은 후 바로 고국으로 돌아갈 수 있었으나, 전자는 몇 가지 예외가 있긴 해도 해변과 인근수역에 계류 중인 본선 사이를 오가는 연락선처럼 운용되어야 했다.

그러나 문제는 이 여름용 선박들을 어떻게 겨울 정박지에서 즉시 소집하고 정비한 후에 조류를 감안하여 템스강을 따라 갑문으로 보내느냐 하는 것이었다.

전문 지식과 집중화를 활용하자는 결정은 현명한 것이었다. 이 목적을 위하여 선택된 회사는 테딩턴에 소재한 '터프 브로스'사와 '보트 빌더스'사였다. 테딩턴에서 옥스퍼드까지 모터요트들은 외딴 벽지에 매어놓지만 않았다면 쉽게 사람들의 눈에 띄었다.

요트 선주의 재산을 빌리려면 법적인 절차가 필요했고, 일부 선박은 바다를 횡단하기에 부적절하거나 상당수는 출항 전에 정밀한 예비 작업이 요구되었으므로 결코 쉬운 일이 아니었다. 따라서 유일한 방법은 복잡한 서류 절차와 관료적 형식주의를 없애고 선박 징발 담당자에게 상당한 재량권을 허락하는 것이었다. 무엇보다 중요한 것은 최대한 빠른 시간 내에 준비를 끝내는 것이었다.

5월 27일 월요일 10시 30분, 스몰 베슬스 풀(Small Vessels Pool, 소형 선박 연합)이 테딩턴에 전화를 걸었다. 소형 선단 확보를 위한 이 특수하고도 갑작스러운 방식이 큰 추진력을 얻어 진행되고 있다는 내용이었다. 모든 일이 신속하고 순조롭게 진행 중이고 상황 점검차 해군성에서 장교 한 명이 파견나와 있다고 했다. 보트 14척이 즉시 선택되었고, 그로부터 12시간 후에는 열정적이고 효율적인 작업 덕분에 14척 모두 급유에 이르기까지 출항 준비를 끝냈다. 그리고 5월 28일 화요일 06시, 주로 '터프 브로스'사의 조선소에서 긴급 모집한 선원들과 함께 선박들이 출항했다. 이로써 첫 제안이 나온 지 20시간 안에 추상적인 구상이 생생한 현실로 구체화된 셈이었다.

무슨 일이 벌어지고 있는지 공식 발표가 없는 가운데 구경꾼들은 강을 따라 이동하는 선박들의 낯선 행렬에 깊은 인상을 받았고, 그 목적이 무엇일지에 관해서도 그럴듯한 추측을 내놓았다. 소형 선박들이 북적이고 분주한 쉬어니스 공장에 도착하자 그 각각에 지원한 선원들이 배정되었고, 배정되지 못한 일부는 더 많은 요트를 모으기 위하여 내키지 않는 발걸음을 돌려야 했다. 사람들은 어찌나 강렬한 모험심에 사로잡혔던지, 흥분되면서도 내용을 막연히 추측할 뿐인 그 작전에 참여하고픈 충동을 억제하기가 어려웠다. 참여하지 못하여 샘이 난 사람들에게는 당장 덩케르크로 출항하는 것보다도 선박을 더 모으는 것이 국익에 부합한다는 격려가 전해졌고, 그 결과 모두가 2차 선단을 꾸리러 현장으로 돌아갔다.

수요일에는 더 많은 요청이 있었다. D. A. 터프 씨는 섭외가 되는 대로 즉시 모터보트를 준비해달라는 장교의 요청에 따라 작업을 진행 중이었고, 해군성은 테딩턴을 선박 집결지로 삼는 것에 동의했다. 모든 것이 너무도 빠르게 조직되었기 때문에 선주들에게 미리 통보하는 시간 여유조차 주어지지 않았다. 그래서 상당수 선주들은 정박지에 자신의 배가 없는 것을 보고 난 후에야 통지를 받았다.

이날까지 덩케르크 작전은 큰 성공을 거두었기에 애초 추정한

스캐퍼플로의 '몰트케'함(1918년)

것보다 더 많은 병사를 철수시킬 수 있다는 낙관론이 대두되었다. 해병대 지원자를 모집한다는 공문이 라디오 전파를 탔고 지원 절차는 전화상으로 이루어졌다. 요트 애호가들은 작전에 참여하길 원했고, 런던 항만관리공사의 비상출동팀이 그들을 돕기 위하여 테딩턴으로 급파되었다.

그들 중 극히 일부만이 자기 배를 몰고 덩케르크로 갈 수 있었기 때문에 배제된 사람들은 적잖이 좌절했다. 그러나 국방 체제의 구성원으로서 그들도 예외가 될 수 없었다. 모든 사람이 많은 유람선과 개인 요트를 템스강 하류까지 운항하고 틸버리에서 연료와 식량 공급을 돕는 등 귀중한 도움을 줄 수 있었다.

모두가 체력의 한계에 이르기까지 작업에 여념이 없던 테딩턴, 그곳의 한 사람 한 사람이 인간 발전소 같았다. 애국심과 개인적 이해가 동시에 이 노력을 견인했다. 고용주와 고용인이 혼연일체가 되어 작업한 결과 금요일에 100척 이상의 소형 선박이 계획대로 이동했다. 이로써 바지선과 유람선, 연안 무역선, 화물선으로 이루어진 선단에 모터요트와 소형 발동선까지 추가되었다.

시간은 선박과 사람을 기묘하게 희롱한다. 많은 사람들이 제1차세계대전 당시 독일의 2만 3000톤급 순양전함 '몰트케'[1]를 기억할 것이다. '몰트케'는 특히 1914년 11월 골레스턴Gorleston 급습에 투입된 것으로 유명하며 1919년 6월 21일 스캐퍼플로Scapa Flow에서 침몰했다. 그리고 휴전이 체결된 얼마 후 독일 제독의 한 바지선이 영국의 모터요트가 되고 '드라큘라백작'이라는 명칭이 붙었다. 그로부터 21년이 지난 시점, '드라큘라백작'은 덩케르크에서 독일군으로부터 영국군을 구출하는 데 일조했다.

또한 제1차세계대전에서 영국 군함기를 휘날렸던 기뢰부설함 한 척은 종전을 맞아 퇴역한 후 '터프 브로스'사에서 유람선으로 개조되어 '티그리스'라는 이름으로 날마다 리치먼드에서 템스강 상류를 오갔다. 배기가스 배출용 굴뚝 하나가 추가된 '티그리스'는 오랜 세월이 흐른 뒤 또다시 전장의 한복판으로 뛰어들었다. 이 유람선 승무원들은 덩케르크를 세 차례 다녀왔을 뿐 아니라 900명의 목숨을 구했다.

이것만 해도 '티그리스'의 이력에서 또다시 새로운 전율의 한 장이 추가되었지만, 일이 늘 순조롭게 끝나지는 않는다. 침몰에 직면하면서 '티그리스'를 포기해야 할 위기가 닥쳤다. 그러나 '티그리스'가 적의 수중으로 넘어가지 않도록 선원들은 워터 펌프를 해체했다. 이틀 뒤 '티그리스'는 프랑스인 90명을 태우고 굿윈샌즈[3]로부터 멀어져 갔다. 그들 중 기계를 잘 아는 한 명이 영리하게 순환 펌프 대신에 빌지 펌프[4]를 이용했고, '티그리스'를 영국 해역에서 곧 램즈게이트 항구 안으로 예인하는데 성공한 것이다. 필자는 귀환하고 얼마 지나지 않은 '티그리스'를 테딩턴에서 보았다. 박살난 유리창 일부와 굴뚝에 난 불길한 총알구멍은 '티그리스'가 구사일생으로 살아남았음을 말해주고 있었다. 그런 위기를 겪지 않았다면 '티그리스'는 평화로운 잔디밭과 돌다리 밑을 유유히 지나가는 여느 유람선의 모습과 다르지 않았을 것이다.

덩케르크 앞에 나타난 선박들보다 더 잡다하고 유별난 집합은 세상 어디에도 없었다. '티그리스' 외에도 홀수 0.9미터인 경량 증기선들이 있었고, 이들은 수련 사이를 지나는 것보다 거친 바닷길에서 안전할 리 없었다. 뒤돌아보면 그 작고 약한 배들이 감히 바다에 뛰어들어 거센 공격에 맞섰다는 것이 믿기지 않는다. 상당수는 독일군의 공격에 침몰하거나 사고로 버려져야 했다. 당시에는 선원만 구하고 소중한 재산인 선박들을 그냥 표류시키는 것이 야박하게 보였을지 모른다. 그러나 그때는 모든 선박과 인간이 시간을 다투어 사투를 벌이고 있던 무자비한 상황이었다. 심지어 해상에서 간단한 조정 작업을 하거나 여름 성수기라면 의당 일상적으로 해야 할 몇 가지 수리 작업에 시간을 쓰는 것조차 허용되지 않았다.

요트는 계속 전진하거나 아니면 버려져야 했다.

이런 해군력의 전시는 그 어떤 순간이라 해도 극도로 희한하게 보였을 것이다. 그러나 해군이 지상군을 대신하여 그때보다 더 경이로운 다양성과 막강한 힘을 보여줄 수 있었던 사례가 있었던가? 우리는 후대를 위하여 후손들이 부러워할 역사의 한 장을 남겨놓았고, 과거의 더없는 영광마저 평범하게 만들어버렸다. 덩케르크에서의 시도는 해상에서 시도된 협력의 가장 민주적인 측면이자 사상 최대 용적의 기록이었다.

오로지 뛰어난 해양국가만이 그 같은 지상 최고의 쇼를 무대에 올릴 수 있었으나, 한 가지 형태의 선박이 그 쇼를 대표할 수는 없었다. 이를테면 우리의 쇠퇴해가는 배들 중에서도 템스강의 볼리는 극소수만이 명맥을 유지하고 있다. 울림이 없는 돛, 돛을 죄는 줄, 긴 개프 등 빠르고 편리한 형태 때문에 요리조리 여울과 모래톱 사이를 드나들기에 제격이다.

일부는 새우를 잡으러 그레이브젠드에서, 일부는 새조개를 잡으러 리Leigh에서 출항하는데 요즘에는 보조기관을 갖춘 범선이 일반적인 추세다. 이보다 더 해군 작전에 부적합할 듯한(물론 그렇다고 해서 덩케르크로 가는 걸 막진 않았지만) 선박 또는 고기잡이 어선의 형태를 상상하기란 쉽지 않을 것이다. 비교적 흘수선이 깊어서 완만한 경사를 이루는 해변에는 결코 적당하지 않은 게 사실이나, 그런 세부사항은 대담하고 강건한 선주와 선원들을 막지 못했다. 그 목숨을 건 헌신의 대가를 치러야 했던 선주와 선원이 한두 명이 아니었다.

우리들은 주간지에 때로 실리는 만화, 요컨대 어느 지역의 '종다리'호를 타고 가다 뱃멀미하는 소풍객 같은 것을 그린 만화에 익숙하다. 볼리가 그렇듯이 이 배도 더이상 참전 활동과 연관되진 않지만, 아마도 이런 배의 원형이 브라이턴 해변임을 모르는 사람들도 있을 것이다. 정확히 말하면 브라이턴은 '종다리 1'호, '종다리 2'호, '종다리 3'호, '종다리 4'호를 자랑할 만하다. 이들 모두가 보조기관을 갖추었고 각각 선원이 두 명, 세 명 또는 다섯 명 있다. 자발적인 조력자들에 의해 꾸려진 브라이턴 선단 중에서 세 척의 '종다리'는 5월 30일에 출항했고, 나머지 한 척은 다음날 출항했다. 놀라는 데 이골이 난 영국 병사들도, 농담이 아니라 정말로 우리의 일상생활에서 가장 잘 알려진 명물에 의해 덩케르크에서 구조되리라는 걸 알았을 땐 과연 어떤 심정이었을까? 아무리 심각하게 보려고 해도, 이것이야말로 만화처럼 익살스러운 전쟁의 일면이 아닌가.

아마도 '종다리'호 선원들의 입장에서는 전혀 익살스럽거나 흥미룹지 않았을 것이다. 이 선박들은 연료와 식량을 준비한 뒤 급히 출항했다. 한두 시간 앞서 전달된 통보로 모든 과정이 진행되었다. 세관 사무관, 해변 조사관 그리고 브라이턴 경찰이 하나의 대의를 위하여 한몸처럼 움직였기 때문이다.

사진과 화가들의 스케치를 살펴본 사람들은 대형 모터보트들이 언제 어떻게 덩케르크에 갔었는지 의아해했다. 모터보트들은 평시에 아드리아해의 항구나 노르웨이의 피오르[5]에서 호화 유람선 회사들이 승객을 육지로 옮기는 데 사용되었기 때문이다. 그 유람선 대부분이 영국 해군 휘하에 들어왔고 모터보트들은 템스강 도크에 대기 중이었다. 그러나 덩케르크의 요구가 다급해지자 기중기가 그 모터보트들을 해상으로 옮겼고 코킹 작업으로 누수 부위도 막았다. 그들은 그렇게 하여 바다 항해에 적합한 선박으로 거듭났던 것이다.

---

[1] '몰트케'함: 1911년 9월에 취역한 독일 해군의 신형 순양전함으로 유틀란트 해전에 참전했으나 제1차세계대전이 끝난 뒤 영국으로 끌려갔고 1919년 6월 자침하였다.

제7장

항해자들의 임무

더없이 유별난 선박들이 차출되게 한 것은 덩케르크의 긴급한 상황 때문이었다. '계속 물에 떠 있을 수 있어서 군대를 싣고 해협을 건너올 수 있는 선박이면 무엇이든.' 중요한 것은 그뿐이었다.

병사 수송에 템스강의 슬러지 호퍼[1]만도 못한 선박을 사용할 거라고는 상상하기 힘들었으나, 바로 그런 선박(틸버리 해양건설사가 소유한)이 한 번에 487명 이상의 병사들을 실어 왔다. 심지어 아일오브와이트Isle of Wight의 연락선 '피시본'호는 평소대로 포츠머스에서 출발했다가 대철수 작전에 징발되었다. 그러나 예외 상황에서 도움이 되고 싶어 안달이 난 이 예인선 선장들에게 주어진 임무는 결코 부러워할 수 없는 것이었다.

선주인 '새뮤얼 윌리엄스 앤드 선즈'사의 제안에 따라 3척의 예인선 '듀크', '프린스', '프린세스'가 징발되었다. 이 예인선들은 5월 31일 대거넘에서 출항하여 사우센드Southend에 기항했고, 그곳에서 바지선들을 끌고 노스포어랜드North Foreland를 우회하여 램즈게이트 아래 다운스까지 갔다. 이 작은 예인선들은 임무를 마치고 다음날 오전 '피시본'호를 예인하여 프랑스로 향했다.

처음부터 어렵고 애먹이는 작업이었는데 2시간 후에는 '프린세스'호의 우현 밧줄이 물에 휩쓸려버렸다. 비슷한 시간에 증기 예인선 '선 III'호가 바지선 4척을 예인하여 출항했으나 1시간 30분 후에 이 소형 선단은 실종되고 말았다. '듀크'호가 그들을 찾기 위하여 방향을 돌렸다.

'듀크'호는 얼마 후에 그들을 찾아 '선 III'호로부터 바지선 '헤이스트어웨이'호를 넘겨받았다. 그러나 시계視界 불량 때문에 얼마 지나지 않아 '피시본'호 일행을 시야에서 놓쳤다. 이번에는 또다른 바지선 '에이더메리'호가 '선 III'호에서 두번째로 풀려나 표류하자, '듀크'호의 선장은 '에이더메리'호까지 예인하기로 결정했다.

이제 모든 일이 순조롭게 진행되었고, 다운스에서 출항한 지 5시간이 지났을 때 남방 3~4킬로미터 해역에서 덩케르크가 모습을 드러냈다. 14시 40분, '듀크'호는 느닷없이 천둥과도 같은 거센 공습을 받았다. '듀크'호의 우현으로 폭탄들이 떨어졌다. 영국 전투기들이 독일군 폭격기에 반격을 가하여 그들의 전투대형을 흐트러뜨리지 않았더라면 '듀크'호는 격침되고 말았을 것이다.

얼마 후에 '듀크'는 공습의 피해를 확인했다. 영국 병사 40명과 수병 1명이 타고 있는 구명보트 한 척이 시야에 들어왔던 것이다. 공습에 침몰한 어느 선박의 생존자들이었다. 그들 중 20명은 '듀크'에, 나머지 절반은 '선 III'에 올랐다.

상황이 나빠 보였고 바로 개선될 여지도 없었다. 책임 장교는 전반적인 상황을 암담하게 주시했고, 불타는 석유 탱크의 연기 장막 속에서 덩케르크의 정확한 위치를 식별할 수 없었다. 게다가 '프린스', '프린세스'와의 교신이 단절된 상태라 정확한 항로를 장담할 수도 없었다. '듀크'호는 한 시간 동안 주변을 맴돌다가 결국 '선 III'호를 뒤따라갔다.

봄날의 오후가 저물어갔다. 아무 일도 벌어질 것 같지 않은 오후, 그러나 그곳은 이미 완전한 위험 지대였다. 16시 20분에 '듀크'호는 영국 선원 11명과 해군 수습장교 1명이 타고 있는 또 한 척의 구명보트를 발견했다. 덩케르크 인근 해상에서 적기의 공습으로 침몰한 구축함 '바실리스크'의 생존자들이었다. 그 12명을 태우고 구명보트를 바지선 한 척의 선미에 실은 후, '듀크'호는 이제 별 탈 없는 항해가 계속될 것이라고 믿었다.

전혀 아니었다!

불과 45분 만에 항공기 2대가 주변 상공을 맴돌기 시작했다.

이번에는 영국 공군이 분명했다. 항공기들이 신호를 보내기 시작했다.

'남쪽으로.' 신호의 내용은 그랬다.

'듀크'호는 그 지시에 따랐고, '선 III'호도 그랬다. 멀리 가지 않아서 또다시 두세 척의 구명보트와 함께 난파선에서 구조된 수십 명이 나타났다. 결국 이 4척의 예인선은 원래 목표를 달성하지 못했다. '피시본'호를 예인한 '프린스'호와 '프린세스'호는 덩케르크까지 3킬로미터 남겨두고 '방향을 돌려 최대한 신속하게 회항하라'는 어느 해군 장교의 명령을 받았기 때문이다. '듀크'호와 '선 III'호도 뱃머리를 돌릴 수밖에 없었다. 그들 모두가 램즈게이트로 돌아온 것은 6월 2일 07시 30분이었다.

독일군은 덩케르크 해변을 철수 작전을 펴기에 아주 어려운 환경으로 만들어놓았다.

6월 1~2일(토요일에서 일요일) 밤, 독일군은 영국 선박들을 향해 분노를 터뜨리듯 맹렬한 공세를 퍼부었다. 이미 숱한 사상자를 낸 채 괴멸 직전에 있던 영불 연합군이 나치 점령지를 벗어나 안전하게 이동하고 있다는 것이 독일군의 입장에서는 극렬한 분노를 일으켰다.

그럼에도 불구하고 철수 작전은 끝나지 않았고, 독일군도 속속 덩케르크 주변으로 모여들고 있었다. 온갖 종류의 선박들도 계속해서 영국으로부터 해협을 건너왔다. 예인선들은 언제든 어느 목적에든 필요했다. 토요일 저녁, 예인선 '포사'호는 요트 한 척을 끌고 램즈게이트를 떠났다.

'포사'호는 일요일 01시 덩케르크에 도착해서 방파제를 따라 정박했다. 주로 프랑스와 벨기에 군인 100명 이상을 태운 '포사'호는 02시에 이제 요트 2척을 예인하여 램즈게이트로 회항하기 시작했다. 단 1분도 헛되이 보내지 않은 셈이다.

그날 밤은 고요했으나 칠흑처럼 어두웠다. 바다는 잔잔했으나, 불빛이 없는 상황에서 사방으로 무수한 선박들이 지나가는 바람에 독일군의 폭탄을 피하는 만큼 서로 충돌하지 않으려고도 안간힘을 써야 했다. 항해자들의 목숨은 광란의 난장판에 던져진 것이나 다름없었다. 구축함의 프로펠러에 휘도는 물소리, 길목 중간에 정박해 있다가 갑작스럽게 나타나는 선박들, 유람선의 외륜이 내는 소음, 트롤선의 그림자 속에서 갑자기 튀어나오는 모터보트…… 이런 혼란 속에서 충돌이 거의 일어나지 않았고 구사일생의 사례가 셀 수 없이 많았다는 것은 정말이지 기적에 가까운 일이다.

'포사'호는 다른 예인선들과 마찬가지로 사용하기 편한 선박이었으나 그 비좁은 항로를 뚫고 이동하는 것은 거의 불가능해 보였다. 해군 함정들이 꼬리를 물고 덩케르크의 방파제 사이로 빠르게 들어왔으나, '포사'호의 처지는 극장에서 사람들이 빠져나오고 차량들이 한꺼번에 몰려드는 피커딜리 광장을 건너려는 어린아이 같았다. 결국 이 움직이는 위험들을 피하려다가 '포사'호는 모래톱에 심하게 처박히고 말았다.

옆친 데 덮친 격으로 아직 간조기였다. '포사'호는 어떻게 되었을까?

100명의 병사들이 위험에 빠졌을까? 그랬다면 큰 문제였겠지만, 병사들은 해군 바지선 '에이엘 3'호로 갈아탔다. '포사'호의 선원들은 배를 다시 띄우려고 밤새 사투를 벌였다. 날이 밝은 뒤에도 그들은 여전히 분투 중이었다. 그때 구축함 한 척이 도착하여 '포사'호의 선장에게 퇴선 명령을 전달했다. 벨기에 트롤선으로 옮겨 탄 선원들은 한 차례 더 덩케르크에 들렀다가 월요일 아침 도버에 도착했다.

인간의 본성이 명백한 것에는 좀처럼 감화를 받지 않는다는 게 이상하지 않은가? 우리는 주변에 있는 것들을 고마움 없이 취하곤 한다. 우리의 생존에 필수불가결한 것들을 별다른 고마움도 없이 받아들이는 것이다. 영국민으로서 영국 해군에 대한 채무의식을 느끼면서도, 음식과 생필품을 가정까지 가져다주는 상선에 고마워하는 데엔 몹시 인색했다. 별다른 무장도 하지 않은 이 상선들은 기뢰와 잠수함들의 숨은 위협을 지나, 포탄과 폭탄과 총탄 사이를 달려서 적군의 공포에 굴복하지 않고 바다를 건너왔다.

제1차세계대전 당시 식권과 고기 없는 날의 도입만으로도 보통 사람들은 식품과 생필품이 위험한 경로를 통해 들어온다는 점을 기억했고, 그후로는 상선의 역할에 새로이 존경심이 생겨났고

이에 대체로 공감하는 분위기가 지속되어왔다. 그러나 그마저도 심흘수선의 원양 화물선에만 해당되는 얘기였다. 덩케르크가 대중에게 각인시킨 사실은 영국의 민간 선박이 얼마나 방대하고 세분화되어 있는지, 증기기관이나 내연기관으로 움직이는 소형 선박들이 해안을 오르내리고 아일랜드해와 영국해협을 건너 행하는 교역이 얼마나 큰 규모인지였다.

구조된 병사들 모두 이 작은 선박들에게 더없이 깊은 고마움을 간직할 것이다. 그러나 모든 이들을, 특히 해군과 육군을 놀라게 만든 것은 평화를 누리다 갑자기 전쟁의 가장 혹독한 시련을 감당하기 위하여 소집된 항해자들의 비범한 적응력이었다.

이 부분에서 로체스터 소속의 내연기선 '센'호가 보여준 것보다 더 좋은 예는 없을 것이다. 여느 때처럼 틸버리로 취항 중에 차출된 '센'호는 5월 28일 간이 접안시설에 정박하여 자기 소거 작업을 끝내고 자기감응기뢰로부터 안전하다는 판정을 받았다. 그다음 병사들에게 줄 식수를 가득 채운 깨끗한 석유통 3500개를 싣고 메드웨이를 거쳐 쉬어니스에 기항했다. 쉬어니스에서 식수통 1700개를 추가로 싣고 해군 장교 1명과 수병 4명이 승선한 후 5월 30일 15시 니우포르트 근해에 도착했다. 독일군의 해안 포대는 즉각 포격으로 환영했으나, '센'호는 해안을 따라 좀더 서쪽으로 내려가 드판과 덩케르크 사이에 있는 브레이듄스에 도착했다. '센'호의 선원들은 프랑스 병사들에게 동료를 위하여 식수통을 가져다주라고

하면 무척 기뻐할 거라고 생각했다. 그런데 그 제안은 그리 호응을 얻지 못했다.

"오 포타블르(마실 물)?" 그들은 어깨를 으쓱해 보였다. "아! 메 농(싫어)!"

프랑스군이 식수를 원치 않는다고 해서 '센'호에 문제될 것은 전혀 없었다. 다만 C. V. 코거 선장과 항해사, 기관사 그리고 두 명의 갑판원을 골치 아프게 만든 문제는 따로 있었다. 프랑스 병사들은 앞다투어 로우보트[2]에 올라타긴 했으나 노를 저을 생각을 하지 않았다. 보트는 당연히 조류에 휩쓸려 떠내려갔다.

그런데 영국 원정군은 어디에 있는 것일까? 영국군이 그보다 상류 쪽인 드판에 있다는 것을 '센'호가 알고 그리로 향한 것은 한참이 지나서였다. 영국군 장교 몇 명이 나타났고, '센'호의 선원들은 그들에게도 깨끗한 식수가 필요한지 물었다. 역시나 부정적인 답변이 돌아오자 '센'호는 곧바로 철수 작전에 집중했다.

19시경 '센'호는 적재 한계─프랑스군과 영국군 352명─까지 싣고서 회항을 시작했다. 그것은 얼마나 험난한 여정이었을까? 독일군이 니우포르트의 포대에서 무섭게 불을 뿜었을 때 군함이라면 약간 주춤하는 정도였겠지만, 그 작은 모터보트로서는 백척간두의 운명에 처한 것처럼 보였다. 역사는 진정 되풀이된다. 독일군 포병의 윗세대가 1914년 가을에 바로 그 니우포르트에서 영국 구축함과 슬루프선을 향해 포탄을 쏘지 않았던가?

26년 전의 독일군 포병들이 훨씬 더 나은 훈련을 받았던 것일까, 아니면 당시의 영국 군함들이 26년 후의 로체스터 화물선보다 운이 나빴던 것일까? 어찌됐든 포탄 16발이 모두 '셴'의 초근접 지점에 떨어졌으나 단 한 발도 직격하지는 않았다는 사실은 참 놀라운 결과였다. 병사와 수병 들은 다시금 안도의 한숨을 쉬었고, 내 연중기선은 영국을 향해 항로를 잡았다. 그러나 그사이 실망한 독일군 포병대가 그들의 전투기를 호출한 게 분명했다.

그날 밤 북해를 건너던 '셴'은 또다시 공격을 받았다. 이번에는 나치 공군이었다. 폭탄 하나가 아주 가까이 떨어졌고 기관총탄이 날아들었으나 다행히 사상자는 없었다. 가까스로 노스굿윈에 닿은 '셴'호는 날이 밝을 때까지 그곳에 정박했다가 5월 31일 금요일 08시 정각에 병사 352명을 램즈게이트 부두에 내려줬다. 소중한 임무를 아주 훌륭하게 해낸 것이다.

그러나 '셴'호에게 휴식은 주어지지 않았다. 배는 같은 날 다시 덩케르크로 갔고 17시에 닻을 내려 조류를 이기고 정박하는 데 성공했다. 비상사태에 대비하여 엔진을 계속 켜두었는데, 이 현명한 결정은 곧 빛을 발했다. 17시 30분에 코거 선장의 입에서 다음과 같은 말이 나왔기 때문이다.

"20대의 적군 폭격기가 출현, 공격 중이다."

영국 군함들의 함포 반격이 있기 전까지 상황은 매우 위태롭게 보였다. 독일군 폭격기 한 대가 격추되었고 나머지는 퇴각했다.

적기들은 20분 후에 다시 나타났지만 같은 과정을 거쳐 다시 쫓아냈다.

'센'호가 닻을 올리고 출항할 기회였다. 그들은 정적인 표적에서 벗어나 계속 움직이다가 대담하게 해변 가까이 접근하여 약 320명(대부분 영국군)을 승선시켰다. 20시경 '센'호는 켄트 주의 절벽지형을 향해 항로를 잡았고 이번에도 노스굿윈 등대선 근처에 정박하려고 계획했다. 그런데 조류에 휩쓸려 훨씬 남쪽으로 떠내려가다가 그만 모래톱에 올라앉았다.

다행히 바다는 바람 한 점 없이 잔잔했다. 몇 차례 시도 끝에 배는 결국 밀물에 의지하여 모래톱을 벗어났고, 다음날 09시 30분에 이번에도 역시 많은 병사를 싣고 램즈게이트 부두로 진입했다.

이제는 그들에게 약간의 휴식이 주어졌을까?

그렇지 않았다. 배는 정오에 다시 죽음을 부르는 덩케르크로 출항했고, 20시경에는 1시간 이상 지속되던 예의 맹폭을 견뎌냈다. 이윽고 부두 사이로 빠르게 진입하여 300명 이상의 병사들을 태운 뒤, 21시 30분에 닻을 올리고 6월 2일 07시경에 램즈게이트 부두에 입항했다. 기진맥진한 선원들은 4일 밤낮을 쉬지 않고 일했다. 야간 경계를 서고 하늘과 해안에서 쏟아지는 공격을 피하기 위해 그들이 견딘 긴장과 집중이 얼마나 극심했을지는 쉽게 짐작할 수 있을 것이다. 6월 3일은 '센'호에 꽤 비정상적인 날처럼 보인다. 뜻밖에도 잠깐의 휴식시간이 있었던 것이다. 이는 코거 선장이

브렌 경기관총. 체코제 걸작 경기관총인 ZB.26을 영국군의 7.7밀리미터탄에 맞게 개조하여 라이선스 생산한 총으로 내구성과 신뢰성이 우수하고 다루기 편하여 광범위하게 활용되었고 걸프전쟁까지 사용되었다.

보고서에 포함한 다음과 같은 다섯 단어로 완벽하게 정리된다.

'오늘 우리는 약간의 수면을 취했다.'

그랬다. 선원들은 인간의 한계를 뛰어넘어 작전을 수행했고 일부는 그 후유증을 단시간에 극복하지 못했다. 그러나 혹독한 나날 동안 그들이 보여준 영웅심만큼 영국의 항해 전통을 잘 보여주는 예는 없다.

또다른 소형 내연증기선 '시퀘이서티'호는 'F. T. 에버라드 앤드 선스'사 소속으로 J. 맥도널드 선장의 지휘하에 있었다. 다운스에 며칠 정박 중이던 '시퀘이서티'호에 증기선 '유데일'호(823톤)와 함께 출항하라는 명령이 떨어진 것은 5월 27일 월요일 04시 정각이었다. 출항 전에 '시퀘이서티'호는 방어수단으로 브렌 경기관총 한 정을 탑재했다. 그리고 병사 2명과 에번스라는 이름의 젊은 수병 1명이 승선했다. 선원들은 에번스가 가져온 루이스 경기관총을 선교에 설치했다. 에번스는 그 경기관총으로 쉬지 않고 용맹하게 적과 맞섰으며 자신의 임무를 충실히 이행하여 맥도널드 선장의 찬사를 받았다.

칼레 근해까지는 모든 것이 순조로웠다. 그때부터 해안으로부터 날아온 포탄이 선수쪽으로 묵직하게 떨어지더니 점점 더 선박 쪽으로 접근해 왔다. 곧 포탄 한 발이 좌현 흘수선 지점을 관통하여 우현으로 빠져나갔다. 맥도널드 선장은 항해사에게 선원 몇 명을 데려가서 구멍을 막으라고 지시한 뒤 적군의 사거리에서 벗어나려고 했다. 그러나 다음 포탄이 기관실로 날아들어 보조기관을 박살냈고 배전반을 고장냈다. 이미 상황은 좋지 않았는데 설상가상 세번째 포탄이 조타실로 들어와 전부선창前部船艙을 지나 '시퀘이서티'호의 선저를 관통했다.

증기선 '유데일'호는 '시퀘이서티'호와 약간 거리를 두고 있었는데, 두 선박 모두 해안으로부터 점점 멀어지고 있었다. 그때 갑자기 나치 폭격기 11대가 나타나 두 선박을 폭격하기 시작했다. 젊은 수병 에번스는 루이스 경기관총을 쉴새없이 쏘면서 적기들을 물리치려고 최선을 다했다. 해안으로부터 날아든 또 한 발의 포탄이 이번엔 기관실 통풍벽을 폭파시켰다. 브렌 경기관총이 망가졌고 기관장이 부상당했다.

선장의 걱정을 가중시킨 것은 포탄 구멍들로 바닷물을 쏟아붓는 강풍과 마구 널뛰는 파도였다. 펌프가 고장난 상태라 침몰이 빠르게 진행되었다.

"나는 호각을 불어 증기선에 도움을 요청했어요." 선장이 말했다. "하지만 듣지 못하더군요. 그때 나타난 영국 전투기가 우리의 곤경을 알아채고 전방으로 날아가 신호탄을 떨어뜨렸습니다. 그제야 증기선이 상황을 파악하고 우리 쪽으로 방향을 돌렸죠. 우리는 구명보트를 띄웠고 우리 선박은 증기선 옆에서 침몰했습니다. 총탄과 폭탄이 빗발쳤지만 우리는 증기선에 승선하여 결국은 영국 남동부 항구에 도착했지요."

증기선은 위험에도 아랑곳하지 않고 다시 영국해협을 건너 덩케르크로 향했고 거기서 병사들 900명을 구조했다. 그러나 병사들을 싣고 고국으로 돌아오는 도중에 나치 폭격기들이 극악을 떨쳤다. 낮게 급강하한 폭격기들이 지친 병사들 7명을 죽였고 77명에게 부상을 입혔다. 항해사는 다리에 중상을 입었고 다른 선원들도 경상을 입었다. 해도실이 부서졌고 항해 장비들이 파손되었으며 선체에는 포탄으로 큰 구멍들이 생겼다. 하지만 이 용감한 선원들은 영웅적으로 맡은 임무를 수행했다. 게다가 공격해 오는 독일군 폭격기 한 대를 루이스 경기관총으로 격추시키기까지 했다. 그렇게 증기선에서 살아남은 병사들은 다행히 육지에 발을 디딜 수 있었다.

용감한 선장은 그가 보고 경험한 일들로 여전히 낙담해 있었지만, 자신의 증기선이 구멍이 나고 누수가 심하여 당국에서 추가 작전 투입을 허락하지 않을 거라고 생각했다. 그는 곧 선주들에게 전화를 걸어서 그 자신과 훌륭한 선원들의 이름을 걸고 부디 다른 선박을 타고 작전에 참여할 수 있게 해달라고 간청했다.

이들은 전투훈련을 받지 않은 상선 선원들이었다.

평화롭게 생계를 꾸리던 삶이 더없이 격렬한 전역의 한복판으로 급변한 상황은 모든 상선과 그 조종사들의 작업을 장엄하고도 고무적인 것으로 만들었다. 일상에서 배웠고 익숙했던 모든 것들을 갑자기 한쪽으로 치워놓고 관점을 재조정하는 것은 선원들에겐 단순한 노력 이상을 요구하는 것이었다. 상선 업무의 기본 원칙과 군함의 그것은 정반대이기 때문이다.

원래 여객선이든 화물선이든 주된 임무는 위험을 피하고 선주의 재산을 가장 좋은 상태로 보존하며 선박을 안전하게 항구로 가져오는 것이다. 선원들의 등뒤에는 신중함과 신뢰로 쌓아온 좋은 평판을 언제든 망칠 가능성이 도사리고 있다. 선장이 설사 '자격증'을 빼앗기지는 않는다고 해도, 적어도 선사의 승인을 받지 않은 사고나 판단 착오로 인해 치명적인 벌점을 받는다면 명예로운 경력에 종지부를 찍게 될 것이다.

그런데 '안전제일주의'에서 '모든 것을 걸고 위험을 감수'로의, 그것도 갑작스러운 명령에 따른 변화는 그들에게 완전히 새로운 경험이었다. 선원들은 종종 감상적이라고 비난받곤 한다. 그것은 그들의 일상적인 직업이 감정적인 현실주의자로 만들기 때문이다.

악천후 속에서의 항해, 거친 바다를 뚫고 선박을 운항하는 일, 불안한 환경에서 선체와 장비를 돌보는 일, 드디어 역경을 헤치고 항구로 들어오기까지의 요소들은 선박과 선원을 보기 드문 애착으로 결속한다. 그런 결속의 끊김, 집 이상의 의미를 지니는 선박의 파손은 아주 중대하고도 사적인 그 무엇이다.

그렇기에 아끼는 선박을 덩케르크 해변에 두고 오거나 북해의 연둣빛 바닷속에 수장하고 떠나와야 했던 선장과 선원들의 참담한 슬픔을 이해할 수 있을 것이다. 그것은 길고도 행복했던 결혼생활이 아무런 예고 없이 엉망이 되어버리는 것과 흡사하다.

습관상 사고방식을 바꾸기가 익숙하지 않은 중년 남자들에게 그것은 거대하고도 힘겨운 충격이었다. 상대적으로 젊은 고급선원과 일반선원들의 경우 이 새로운 환경은 개인의 성격에 따라 다른 반응을 빚어냈다. 항해마저 단조롭다고 여기며 거친 모험을 갈망해온 열정주의자들은 덩케르크에서 젊은 시절의 가장 행복한 일화를 발견했음이 분명하다. 내가 아는 사람 하나는 그 죽음과 전리품들이 뒤엉킨 혼란으로부터 무용담뿐 아니라 공짜 오토바이까지 가지고 돌아왔다. 그전까지는 소설에서만 찾을 수 있던 온갖 전율을 현실에서 경험한 그는 평범한 선원생활로 돌아가는 것을 달가워하지 않았다.

그러나 한 증기선의 주갑판 아래 기관부에서 일하던, 선원으로서 막 첫발을 내디딘 또다른 청년이 있었다. 맡은 일에 열심인 좋은 선원이었으나 천성적으로 예민했던 그에게는 솔직히 말해서 자신이 탄 배가 덩케르크 부두에 정박했을 때 쏟아지는 폭탄은 끔찍한 경험이었다. 폭격기의 굉음과 폭발음은 탁 트인 바깥보다 주갑판 밑에서 더 오싹하게 들려왔다. 그는 결국 견디지 못하고 정신이 나가 갑판으로 뛰어올라갔다. 시련들을 더는 참아낼 수 없었던 것이다.

막내 선원의 감정을 이해한 현명하고 사려 깊은 항해사는 상황을 정확히 인지하고 브렌 경기관총을 맡아보지 않겠냐고 제안했다.

어린 선원은 제안을 받아들였다. 그때 독일군 폭격기가 또다시 공격하기 위하여 날아오고 있었다. 청년은 폭격기를 조준하고 경기관총을 쏘기 시작했다. 그리고 믿거나 말거나 폭격기를 바다로 추락시켰다. 그 일은 예민한 청년의 의기를 되살려냈고, 다시 갑판 아래 자신의 일터로 돌아가 새삼 즐겁게 맡은 일을 하기 시작했다.

이런 사연들 중 일부는 아주 간결하지만, 우리는 상상력 없이도 선원들이 어떤 일을 겪었는지 글과 사진들 사이에 숨겨진 의미를 읽을 수 있다. '로열이글'호의 기관장 R. 헬리어는 철수 작전 경험에 대해 다음과 같이 있는 그대로의 사실을 평이하게 보고했다. 그러나 이 진술의 이면에는 큰 비극이 담겨 있다.

5월 29일 새벽에 출항하여 09시경 드판에 도착했다. 선박의 대공포가 하루종일 가동되었고, 낮에는 공습이 있었으나 선박은 무사하다. 해질녘에 회항을 시작하여 5월 30일 새벽 마게이트 부두에 도착했다. 800~900명의 군인을 하선시켰다.

30일 마게이트에서 출항하여 13시경 도착했다. 드판에 도착하기 전 해변 위쪽 끝에 있는 적군의 해안 포대로부터 포격을 받았으나 피해는 없다. 또다시 대공포를 가동했다. 낮 동안 공습이 있었으나 선박은 무사하다. 해질녘에 회항, 5월 31일 07시 30분 쉬어니스에 도착. 회항 중이던 야간에 적기의 기관총 사격을 다시 받았지만 우리에겐 후방 5킬로미터 거리에 있는 프랑스 구축함처럼 길잡이 역할을 했을 뿐이다.

드판 해변에 있던 군인들을 전부 데려와서 하선시켰다. 1800명 ~1900명. 부상자는 40명가량이다. 선박에 물과 기름을 공급하고 깨끗하게 청소했다. 램즈게이트로 이동했다가 6월 1일 덩케르크로 출항, 해질녘 해변 근해에 도착하여 밤새 대기했다. 밤새 포격이 거셌고 그 충격으로 선체 몇 군데가 약간 들어갔지만 별다른 피해는 없다.

프랑스 유자망 어선이 주로 프랑스군을 싣고 왔다. 한 시간 동안에만 부상병을 태운 보트 3척이 몹시 안 좋은 상태로 도착했다. 우리는 그 병사들을 모두 싣고 주간에 회항을 시작하여 6월 3일 18시 쉬어니스에 도착했다. 그날 20시에 철수 작전이 종료되었다.

소해정대 선도함으로서 포스 만의 그랜턴Granton에 정박하고 있던 '퀸오브태닛'함은 철수 작전 중인 목요일 덩케르크로 출항 명령을 받았다. 그들은 덩케르크에 도착한 후 독일군의 가공할 폭탄과 포탄 세례 속에서 다른 무수한 선박들과 함께 해변의 군인들을 태웠다. 적군의 빗발치는 공세 아래서도 '퀸오브태닛'은 수백 명의 군인을 태우고 마게이트 부두에 입항하여 하선시켰다. 점검 작업과 급유를 마친 후 최대한 신속하게 다시 덩케르크로 출항했다. 덩케르크에 도착한 것은 저녁이었고, 수백 명의 병사와 많은 부상자를 싣고 마게이트 부두로 회항하여 군대를 하선시킨 후 보급품과 식수를 싣고 또다시 덩케르크로 향했다. 영국해협을 절반 정도 지났을 때 심각하게 손상되어 위험에 처한 증기선 한 척을 발견했다. 폭격당한 증기선에는 병사 3000명이 타고 있었다. 접근하여 확인한 결과 선박은 런던 앤드 노스이스턴 철도회사의 우편선 '프라하'호였다.

구축함 한 척이 '프라하'호의 병사 500명을 옮겨 태웠다. 그때 '퀸오브태닛'함에 '프라하'호의 병사들을 분담해서 수송해달라는 무선 메시지가 들어왔다. 함장인 영국 해군 예비대 소속 할리벨 소령이 물었다. "프라하에 몇 명이 승선해 있나?"

답변이 돌아왔다. "2000명이다."

할리벨 함장이 대답했다. "그들을 승선시키겠다."

소수의 부상병을 포함하여 병사들은 모두 안전하게 승선했고, '퀸오브태닛'함은 또다시 마게이트 부두로 회항했다. 일요일이었다.

반면 적재 중량을 줄인 '프라하'호는 일요일 밤 자체 동력을 이용하여 조심스럽게 도버로 들어왔다. '퀸오브태넛'함은 다시 덩케르크로 향했고, 월요일 새벽 해변에 남아 있던 47명의 부상병을 포함하여 소수의 병사들을 구조했다. '퀸오브태넛'함이 구조한 병사들은 부상병 포함 모두 4000명이었다. 할리벨 소령은 중령으로 진급했다.

제8장

×

해변을 따라서

어떤 사람들이 늘 모험에 말려드는 것처럼, 장소들 중에도 그런 곳이 있다. 덩케르크는 수 세기 동안 여느 전장의 일부가 아니라 그 이상의 일을 겪었다. 550년 전에는 영국에 의해 불탔고 나중에는 스페인에 의해, 그다음에는 프랑스에 의해 그렇게 됐다. 듄 전투[1] 이후 덩케르크는 영국의 소유가 되었다가 나중에 찰스 2세가 프랑스에 되팔았다. 대부분의 사람들은 여전히 플랑드르 말을 사용했고, 제1차세계대전 동안에는 영불 연합군의 해군 기지로서 밤마다 독일군의 폭격을 받았다.

그래서 사람들은 덩케르크가 제2차세계대전에서 예전처럼 화

듄 전투(1658년)

염과 격전의 한복판으로 빠져들었다고 해도 그리 놀라지 않았다. '덩케르크'라는 명칭이 유래했다는 모래언덕의 가장자리 덤불이 또다시 역사의 배경이 될 수밖에 없었다는 데 놀라는 사람도 없었다.

머릿속에 그림을 그려보고 싶다면, 덩케르크에 앞과 뒤가 있다고 생각해보라. 앞에는 다소 단조롭지만 분주한 항구가 있다. 도크, 크레인, 운하, 들고 나는 화물선과 프랑스인들이 유독 성가셔한다는 뱃고동 소리.

그러나 그 앞을 따라서 간조기에는 마른 황금빛 모래톱이 0.8킬로미터에서 1.2킬로미터까지 펼쳐진다. 칼레에서 그라블린과 덩케르크를 거쳐 벨기에와 네덜란드까지 갈 수 있다. 그러나 당장 주의를 끄는 것은 덩케르크에서 말로레뱅카지노Malo-les-Bains casino를 지나 드판에 이르는 14킬로미터다. 이 지역에서 죽음의 드라마가 스스로 무대를 만들었다.

프랑스에서 영국 원정군의 철수가 결정되었을 때, 철수 작전이 가능한 곳은 덩케르크뿐이었다. 그러나 덩케르크의 도크와 창고는 독일군 공습의 주요 목표물이었기 때문에 유조차와 건물 들은 이미 불탔고, 도로들은 분화구처럼 움푹 파여 있었다. 그래서 승선 방법은 두 가지밖에 없었다. 소형 무개 보트를 연락선으로 활용하여 모래언덕과 수심이 깊은 곳에 정박한 선박 사이를 오가는 것 하나, 그리고 항구의 진입로이기도 한(조선소와 도크에 이르기 한참 전인) 2개의 부두 안으로 선박을 들여보내는 것이 다른 하나였다.

그러나 어려움이 한두 가지가 아니었다. 해변을 지나는 강한 조류가 노 젓기를 어렵게 만들었다. 게다가 2개의 부두는 승선을 목적으로 만들어진 것이 아니었다. 그저 그 사이로 초록빛 파도와 표류물이 지나가는 방파제에 불과했다. 간조기에는 가장 깊은 곳의 수심이 4.5미터에도 미치지 못했다. 그리고 부두 안쪽의 폭이 137미터 남짓이라서 1200톤급 구축함이나 폭이 넓은 외륜선은 접안하기도 거의 불가능한 공간이었다. 완전 소등 상태에서 어둠 속을, 그것도 폭탄과 포탄이 빗발치는 한복판에서 부두에 평행하게 접안한다는 건 매우 어려웠다.

그렇다보니 이 비좁은 부두에서 동시에 댈 수 있는 배는 두세 척 정도뿐이었고, 대포도 전차도 수송트럭도 어떤 종류의 군수물자도 배에 적재할 수 없었다. 실을 수 있는 것이라고는 병사와 그들의 소총 정도였다. 항구 입구는 북풍에 노출되어 있었고, 북풍에 난폭하게 부푼 파도가 부두를 지나 해변에 닿을 때는 위험할 정도였다.

무엇보다 큰 걱정은 충돌이나 어떤 사고로 인해 선박이 한 척이라도 부두 안에서 침몰하여 그 좁은 공간을 아예 막아버리는 것이었다. 다행히 그런 재앙도 철수 작전이 끝날 때까지는 부두를 완전히 막지 않았으며, 이 또한 덩케르크의 기적을 이룬 한 요소가 되었다. 승리를 가져온 원동력은 항해술, 혼란 속에서의 냉정한 대처, 부단한 경계와 집중이었다.

그러나 선원들에게 요구된 것은 그 이상이었다.

똑같은 폭격이 일부 선박과 사람에게는 흥미롭게도 전혀 다른 결과를 가져왔다. 영국의 전형적인 석탄선 한 척은 덩케르크에 두번째 들렀다가 포격을 당했다. 독일군의 해안 포대 아니면 정찰 중인 전차에서 날아온 포탄이었다. 첫 포탄이 갑판에 있던 선원 2명을 죽였고 1명을 부상 입혔다(그는 다음날 사망했다). 조타장치를 작동 불능으로 만들었다. 선장실에서 터진 두번째 포탄은 구급함을 부수었고 선교의 일부를 박살냈다. 세번째 포탄이 터진 곳은 기관실이었다. 기관사 2명이 사망했고, 여전히 더 많은 포탄이 선체 양쪽에 구멍을 냈다.

이 같은 학살과 손상에도 불구하고 선원들은 조타기를 놓지 않았고 망가진 곳들을 수리했다. 그리하여 석탄선을 자체동력으로 도버까지 안전하게 가져왔다.

한편 1000톤급 소형 화물선 한 척이 독일군 포로와 많은 영국군 장교들을 싣고 회항하고 있었다. 그런데 갑자기 독일군의 고속 어뢰정 한 척이 뱃전에 나타나더니 항복을 요구했다. 그에 대한 응답은 영국 장교들과 선원들의 지체 없는 톰슨 기관단총 사격이었다. 총격이 얼마나 강했던지 어뢰정은 항행 불능 상태가 되었다. 그리고 이 소식이 포로로 잡혀 있던 독일군 장교에게 전해지자 그는 이렇게 소리쳤다. "천만다행이군!"

요기를 하거나 휴식을 취할 짬도 없이 집중포화를 받으며 언제나 경계 태세를 취해야 하고 밤낮 구분 없이 어느 순간에나 죽음이 기다리고 있는 상황에서 몇 시간씩 계속되는 임무, 그것은 인간 신경과 신체의 모든 물리적 한계를 뛰어넘는 일이었다. 며칠간의 행군에 이어 헤엄쳐서 운하를 건너고 모래언덕에 토끼처럼 숨어야 했던 병사들의 피로와 용감하게 위험을 무릅쓰고 쉼없이 구조작업을 펼친 선원들의 피로는 어느 한쪽이 더하거나 덜하지 않았다.

영국 원정군의 첫번째 대규모 병력이 덩케르크에 도착한 것은 5월 26일 일요일이었다. 월요일 08시 30분부터 폭격이 시작되었고 시간이 가도 독일군의 공세는 누그러지지 않았다. 지칠 대로 지쳐서 부서진 가옥의 지하실이나 모래톱에 누운 병사들은 18시 직후까지 공습에 시달려야 했다. 그들의 지친 눈은 구축함 수 척과 병원선 1척, 트롤선 10여 척이 도착하는 것을 보고 기쁨으로 들떴다. 일몰 후 도크에서 불붙은 석유 탱크들이 화염의 장막을 하늘로 쏘아올리고 탄약 창고들이 연신 폭발하는 동안, 병사들은 부두를 향해 질서정연하게 이동했다. 덩케르크에서 말로까지의 해변은 불타는 건물들의 불빛으로 환히 물들었다.

그날 밤 5000여 명의 병사가 모래언덕을 따라 집결해 있었다. 짙은 연기 때문에 그들은 숨을 제대로 쉬기 어려웠다. 작은 보트들이 용골을 모래에 끌면서 접근했다. 들것에 실린 부상병과 걸을 수 있는 부상병들이 물가에서 보트에 실려 해변을 떠나갔다. 한 육군 장교가 보트 선원에게 물었다.

"몇 명이나 탈 수 있습니까?"

"8명."

그리고 곧 노들이 물살을 갈랐다.

더 많은 보트가 올수록 더 많은 병사가 대기했다. 은폐지에서 나온 군대들이 끝없이 긴 대열에 합류했다. 상공에서는 나치 항공기들이 마그네슘 조명탄을 투하하고 있었다. 발에 병이 나고 굶주린 병사들 여럿이 총탄에 쓰러졌으나, 가늘고 검은 줄은 화염을 배경으로 서서히 움직였다. 또 하루가 밝아서 더욱 거센 폭격을 받기 전에 어서 배를 탈 수 있기를 바라면서……

병사들이 생사의 갈림길에서 감내해야 했던 인고의 쓰라림을

찰스 어니스트 컨들(Charles Ernest Cundall), 〈덩케르크 철군, 1940년 6월〉

'불안'으로 묘사하기엔 그 단어가 너무 하찮은 것이다. 그곳엔 도망치느라 바쁜 겁쟁이들은 없었다. 모든 병사가 위험에 굴하지 않고 정해진 순서와 계획에 따라 바다로 향해 갔다.

그 병사들의 아버지들은 종종 몽스Mons[2]에서의 후퇴에 대해 질리도록 얘기해주었고, 삼촌들은 갈리폴리Gallipoli[3] 철군에 대해 생동감 넘치게 그려 보였다. 바로 그 후손들이 지난 3일 동안 독일군과 싸우며 120킬로미터를 행군해 온 것이다. 그중 일부는 일주일 내내 매일 50킬로미터를 이동했고, 그중 일부는 휴식 없이 밤낮으로 17일 동안 적과 교전했다.

그러나 이제 그들을 바다로 실어나르는 것은 해군의 특권이었다. 그리고 영국이 유일하게 장악하고 있는 것이 제해권이었으니 철수 작전은 자신 있게 수행될 것이었다.

육군과 공군이 전혀 개입하지 않은 선원들의 엄청난 모험은 모든 구조함대의 활약을 통틀어 완벽한 기록이나 마찬가지다. 우리는 그것을 부분적으로만 알고 있을 뿐, 나머지는 선박의 이름 하나 기록에 남기지 못한 채 최후를 맞았다. 혁혁한 전과의 대부분은 23시에서 03시 30분까지의 어두운 시간에 이루어졌다. 병사들의 승선이 야음을 틈타 진행되긴 했으나, 이 장엄한 작전이 항상 적군의 감시를 벗어나지는 못했다.

'링컨'사의 길버트 시드니 존스가 보여준 부단한 노고도 여기에 소개할 만하다. 길고 험난한 노정에도 불구하고, 그는 6월 1~2일 밤 동안 가슴까지 차오르는 덩케르크의 바닷속에 서서 병사들이 보트에 타는 걸 도왔다. 모두가 지쳐서 비틀거렸고 사방에 포탄이 떨어졌다. 무기와 젖은 군복의 무게를 감당해야 했던 병사들은 물속에서 마지막 힘을 내기도 어려웠다. 존스가 거기 없었더라면 병사들은 그대로 익사하고 말았을 것이다.

불안한 밤이 시간의 자락을 끌고 가는 동안 증기선들이 속속 난바다의 정박지에 도착하여 병사들을 가득 싣고 서둘러 떠났다. 보트들도 연달아 병사들을 싣고 해변을 떠났으나, 여명이 밝아오면서 하늘을 가득 메운 독일 폭격기들 아래 병사들을 노출시킬 수는 없었다. 그래서 존스는 전멸의 위험 속에 대기 중인 병사들을 해변 한구석으로 급히 데려갔다. 그들은 그곳에 몸을 숨긴 채 기나긴 주간 공격이 끝나고 또다른 밤이 오기를 기다렸다. 마침내 그는 병사들을 죽음의 포옹에서 떼어내 배에 승선시킬 수 있었다. 존스는 수훈장을 받았고 그럴만한 자격이 충분했다.

필자는 덩케르크에서 구조된 한 푸알뤼⁴로부터 비행기 부족이 연합군의 약점이었다는 말을 들은 적이 있다. "파 다비옹(비행기가 없어)!" 하지만 그의 주장은 부정확한 것이었다.

실상은 연안방위사령부 소속 항공기가 영국 해군과의 긴밀한 공조를 통하여 지속적인 초계 임무를 수행함으로써 철군을 도왔다. 그런 초계 임무가 없었더라면 영국과 프랑스 사이의 수송 경로는 플랑드르 모래둑과 덩케르크 모래언덕 사이의 물에 잠긴 좁은 회랑回廊지대만큼이나 위험했을 터이다. 그 덕분에 치열한 교전 속에서 많은 적기들이 격추되거나 크게 손상되어 무게를 줄이기 위해 폭탄을 버려야 했으며 그로 인해 수많은 선박과 생명이 안전하게 통과할 수 있었던 것이다. 영국군은 독일군 전투기들을 대부분 칼레와 덩케르크 사이에 묶어두었고, 그곳의 하늘은 하나의 기나긴 전투 장면으로 바뀌었다.

영국의 한 조종사가 말했듯이, 하늘은 온갖 종류의 비행기들로 가득해서 저무는 여름날 몰려든 모기떼를 방불케 했다. 5월 30일 목요일에는 짙은 안개가 꼈다. 독일군에게 큰 골칫거리였던 안개는 선박과 해변에 천연의 장막을 드리움으로써 일시적이나마 적기의 공세를 현저히 누그러뜨렸다. 그러나 이틀 동안 최고의 역할을 해준 것은 북서풍이었다. 북서풍은 바람이 몰아치던 해안을 흰 포말이 접근할 수 없는 무풍지대로 바꿔놓았다.

한동안 상황이 나빠지고 귀중한 시간이 야금야금 사라져가기도 했다. 독일 지상군의 공세가 급격히 강해지고 있었으며 곧 저항이 불가능해질 터였다. 독일 지상군이 덮치기 전에 배로 실어 보내야 할 병사들이 여전히 많이 남아 있었다. 전멸의 위협이 현실화되었다. 때로는 모든 상황이 악화일로에 접어든 것처럼 보였다. 강력한 구축함조차 마분지로 만든 모형처럼 부서져 침몰했고 보트들은 인간 화물을 실은 채 전복되었다. 빈 구명대가 조류에 떠다녔고, 병원선들은 부두로 진입하기도 전에 산산조각이 났다.

이 모든 장면들은 문명사의 가장 슬픈 사건을 암시했다.

그러나 그것은 사태의 겉모습에 불과했다. 영국군의 사기는 그 어느 때보다 높았으며, 비록 군복은 찢겼을지언정 전의는 온전했기 때문이다.

한 번의 숙면. 천천히 음미하는 한 잔. 한 끼의 푸짐한 식사.

그리고 나서, 팔에 붕대를 감고 망가진 철모를 쓴 병사들은 운명과 반역에 방해받은 그들의 임무를 끝내고자 다시금 출정 준비에 돌입했다.

제9장

×

바지선단이 출정하다

보조기관을 갖춘 바지선 '퍼지'호가 징발된 것은 5월 29일 밀월Millwall 도크의 바깥에 계류 중일 때였다. 틸버리로 예인된 '퍼지'호는 3일치 식량을 적재하고 거대한 모험에 뛰어들 준비를 끝냈다.

예인선 '오션콕'호는 다음날 '퍼지'호 외에 3척의 바지선 '도리스', '에나', '톨스버리'를 도버항까지 예인했다. 바지선 4척은 프린스오브웨일즈 부두Prince of Wales Pier에 나란히 정박했다. 5월 31일 08시 30분, 바지선의 선장들이 모두 육지로 호출되어 한 해군 장교의 설명을 들었다.

"덩케르크로 갈 지원자를 뽑습니다. 누구에게도 강요하지 않겠지만, 여러분이 참여해준다면 대단히 감사하겠습니다."

그 순간 도버항에 와 있던 바지선은 총 17척이었고, 용감한 선장들은 그 자리에서 한 명도 빠짐없이 그들의 배를 몰고 덩케르크로 가겠다는 뜻을 밝혔다. W. W. 제이컵스의 인기 있는 단편 소설을 읽거나 돛을 내리고 조류에 실려 런던의 교각 밑을 지나가는 검은 선체를 본 것 말고는 바지선에 대해 잘 모르는 사람들에겐, 템스강 바지선들의 기원이 흔치 않은 자부심과 품격을 지녔던 17세기 네덜란드 선박까지 거슬러올라간다는 것을 상기시켜야 하겠다. 약간 개량된 것을 제외하면 바지선의 삭구는 대대손손 거의 변화가 없을만큼 보수적 성향을 고수해왔으며, 그림 같은 바지선의 초콜릿색 돛들은 템스강 하구의 배경 일부를 이룬다.

그러나 고도로 전문화된 이 선박에 대해 착오가 없도록 해야겠다. 바지선은 대부분의 선원들이 이르지 못하는 아주 특별한 항해술을 요구한다. 거친 물결을 헤치고 울리치Woolwich를 지나는, 또는 풀오브런던Pool of London 바로 아래의 분주한 수로에서 화물 증기선과 예인선 사이를 누비는 바지선의 선장을 한번 보라. 그 일이 진정한 예술가에게만 허락될 만한 능력을 요구한다는 사실을 애써 설득하지 않아도 알게 될 것이다.

바지선의 어려운 항해술은 거의 모든 뱃사람에게 온갖 악몽보다도 두려운 대상이다. 성공의 비결은 오랜 경험에 있다. 동쪽 해안의 조류와 모래톱에 대한 지식이 있어야 하고, 템스강과 메드웨이의 지형에 익숙해야 하며, 에섹스의 소만小灣과 램즈게이트나 도버 같은 항구들을 속속들이 알고 있어야 한다. 바지선은 간혹 라이Rye와 뉴헤이븐에 들르는 외에 일반적으로 서쪽으로는 운행하지 않는다.

런던 리버에서 하리치Harwich와 입스위치Ipswich 같은 북부 항구들까지 상당한 화물들이 오간다. 소협곡과 같은 지형을 지나가고 악조건 속에서 계류지를 옮기며 대부분의 선박은 곧바로 나쁜 결과에 직면하게 될 얕은 수심에서도 아무 문제가 없어야 한다면, 그런 면에서 바지선은 타의 추종을 불허한다.

그런데 런던 바지선들을 있게 한 이 진기한 능력이 바로 영국 해협 너머에서 덩케르크 해변의 절규가 들려왔을 때 꼭 필요한 조건이 되었다. 정말 너무도 기이한 얘기가 아닌가! 해전은 신기하고 놀라운 일을 만들어내곤 한다. 제1차세계대전에서 세상은 부정기 화물선과 스쿠너선들이 무기를 숨기고 '큐보트'로서 출격해 유보트와 대적했다는 놀라운 소식을 들었다. 그로부터 20여 년도 더 지난 제2차세계대전 시에 해군이 실제로 바지선들의 작전 참여를 요청한 것이다. 믿을 수 없는 일이었다. 그것도 역사를 통틀어 가장 기계화되었다는 시대인 만큼 더욱더 놀라웠다.

도버의 방파제 안에 집결해 있던 바지선 17척 중에서 보조기관을 갖춘 바지선 3척 '퍼지', '레이디로즈버리', '티라'가 선택되었다.

윌리 스토워, 〈군대 수송선을 격침시키는 유보트〉

곧이어 '도리스' '더치스', '에이치에이씨'도 선택되었는데, 이 3척은 모두 돛 외에 다른 동력을 갖추고 있지 않았다.

덩케르크 작전 전반기에, 선택된 선박의 기쁨과 탈락한 지원자의 쓰라린 슬픔보다 더 의미심장한 것은 없었다. 일부 지원자들은 '처음엔 아주 훌륭한 소형 선박이라 선택했는데 마지막 몇 분을 남겨두고 당국에서 계획을 변경하는 바람에 최종적으로 거부되었다'는 통보를 받았다. 마음 상한 어느 선장은 너무도 쓰디쓴 좌절감에 그만 울컥해 울음을 터뜨리기도 했다. 덩케르크의 드라마는 그 선장이 동참하지 않은 가운데 시작됐고 끝이 났다.

작전에서 제외된 그 선장과 선원들은 이삼 주 후 평소처럼 무

제1차세계대전 시에 '큐보트'로 활약한 HMS '타마리스크'

역 항해를 계속했지만 너무도 혹독한 운명을 맞았다. 정확히 무슨 일이 일어났는지는 알 수가 없다. 선박은 기한이 지나도 나타나지 않았고 텅 빈 구명정만 발견되었다. 공중폭격이었을까? 아니면 유보트의 어뢰? 둘 중 하나로도 충분했을 것이다. 그러나 만약에 온갖 공포가 집약된 덩케르크에서 그와 똑같은 운명을 맞았더라면, 그 선장과 선원들로서는 훨씬 기꺼운 일이었을지도 모른다.

대형 예인선 '세인트파비언'호는 3척의 바지선 '퍼지', '도리스', '레이디로즈버리'를 튼튼한 18센티미터 와이어로 예항하여 덩케르크로 향했고, 선원들은 자신들의 행운을 자축했다. 선원들은 무엇을 해야 하는지 지침을 받았다. 예인선이 바지선들을 덩케르크 동쪽 3킬로미터 해상까지 끌어다놓으면 그때부터 선원들은 각각의 바지선으로 직접 해변의 최대한 얕은 수심까지 접근하기로 되어 있었다. 그다음엔 병사들이 물속을 헤치고 승선할 수 있도록 모든 노력을 다해야 했다.

같은 날 같은 방식으로 '티라'호와 '에이치에이씨'호가 예인선 '세인트앱스'호에 예항되어 도착했다. 다만 '더치스'호는 도중에 와이어가 끊어져서 표류하다가 해군 선박의 도움을 받아 덩케르크 해안까지 안전하게 도착했다.

영국해협은 지금까지 이런 기이한 행렬을 본 적이 없었다. 바지선단이 그 같은 짜릿한 모험을 경험한 적도 없었다. 이 엄청난 모험은 콜체스터의 '켄타우로스'호가 도버까지 예항되었다가 예인선으로부터 분리된 채 부두에 충돌하여 부두와 해당 선박 둘 다 손상을 입었을 때 이미 시작되었다. 이로써 바지선은 16척으로 줄었다.

모든 선원은 자체 동력을 이용하는 데 익숙한 선박들을 예인하는 과정에서 생기는 불가피한 문제들을 인정할 것이다. 도버 해협은 더없이 잔잔한 날에도 너울의 지배를 받고, 이 너울은 예인용 밧줄과 장비에 심각한 압박을 가한다. 바지선의 낮은 건현[1], 거친 바다에서의 운행방식, 너울 위로 솟구쳤다가 떨어질 때의 격렬한 요동, 이런 요소들은 그리 신중하게 고려되지 못했다. 바닥이 평평한 이 선체들이 해협을 건너 드판이나 덩케르크에 가기까지 시간이 촉박했기 때문이다. 죽음에서 여러 차례 간신히 벗어나 이제 녹초가 된 병사들은 해변까지 무사히 접근할 수 있다면 어떤 선박이든, 아니 모양만 선박이라도 상관없으니 무엇이든 그들을 싣고 만조를 이용해 떠나주기를 기다리고 있었다.

그렇다보니 도버로부터 신속하게 나아가는 것이 우선적인 고려 요인이었고, 바지선들은 끊어질 듯 팽팽해지는 예인용 밧줄에도 불구하고 서둘러 덩케르크로 출항해야 했다. 앞에서 언급한 바지선 외에도 곧이어 리언시[2]의 '글렌웨이'와 '라크', '스퍼전', 그린하이트[3]의 '에셀에버라드'와 '로열티' 그리고 '톨스버리', '비어트리스모드', '바버라진', '에나', '에이디'가 덩케르크로 향했다. 그리고 16척 모두가 덩케르크의 지옥으로 갔다가 그중에서 8척만이 돌아온 것은 그들이 감당해야 했던 시련의 일면을 보여준다. 나머지는 적군의 공격으로 침몰했거나 퇴선의 운명을 맞았다.

대부분의 불빛을 소등한데다 부표 위치는 불확실하며 물결이 아주 거센 조건에서, 그것도 전시에 외부인들이 덩케르크항으로 가는 길은 결코 쉽지 않았다. 여러 곳의 모래톱 외에도 결코 위험이 덜하지 않은 기뢰밭에 유념해야 했다. 예인선 '세인트파비언'호는 육지에서 가까운 수로를 찾는 데 큰 어려움을 겪었다. 선장이 그 지역을 몰랐고 해도도 가지고 있지 않았기 때문이다. 그러나 동틀 녘(6월 1일 토요일) 그 배는 '퍼지'호, '도리스'호, '레이디로즈버리'호를 덩케르크 입구 동쪽으로부터 5킬로미터 해상까지 끌어다 놓았다. 옅은 여명에 갈색 모래톱의 검은 점들이 파리떼가 아니라 무수한 병사들임이 드러났다. 그리고 함성 소리가 그들이 아직 살아 있음을 증명했다.

만조는 08시 30분경, 높아지는 조류를 이용해 바지선으로 서서히 해변 가까이 접근할 수 있는 상황이었다. '세인트파비언'호의 선장은 구축함 한 척과 협의를 한 후, '레이디로즈버리'호를 향해 보조기관의 시동을 걸고 군대가 기다리는 해변으로 '도리스'호를 끌고 가라고 지시했다.

그 지시가 이행된 직후 '퍼지'호가 시동을 걸었는데, 그 순간 선장 W. 왓슨과 항해사 A. 홀은 무시무시한 폭발을 감지했다. 그들이 해상으로 시선을 돌렸을 때 어디에도 '세인트파비언'호는 존재하지 않았다. 폭파된 것이다. 아마 기뢰에 당한 듯했다.

왓슨 선장은 지체 없이 '퍼지'호의 구명보트를 내리고 노를 저으며 아직 깜깜한 주변을 살폈고 드디어 한 사람을 발견했다. 예인선 기관실에서 일을 하다가 갑작스러운 폭발에 어느 구멍을 통해 바닷속으로 밀려나간 화부였는데 한쪽 다리가 부러진 상태였다.

화부가 구명모트로 끌어올려지는 동안, 또 한 사람(예인선의 항해사)이 보트로 기어올랐다. 그 두 사람이 '세인트파비언'호의 유일한 생존자였다. 왓슨 선장이 당시를 회상했다.

"나는 또다른 구명보트가 접근해 오는 것을 보고 그쪽으로 소리쳤어요. '도리스'호와 '레이디로즈버리'호의 선원들이었죠. 두 척의 바지선도 그 폭발로 침몰한 겁니다. 그들은 바지선들이 침몰하기 전에 가까스로 구명보트를 띄웠다고 했어요. 모든 일이 너무도 빠르게 지나가서 전부 기억하기는 어렵지만, 적어도 내 바지선은 무사히 떠 있는 것 같았어요."

'퍼지'호가 최초의 항해 말미에 홀로 남게 된 것은 경악스러운 일이었다. 게다가 폭발의 충격 때문에 누수가 심각해서 계속 남아 있는다고 해도 할 수 있는 일이 없었다. 구축함 한 척이 부상당한 생존자들과 함께 '퍼지'호를 영국으로 데려가라는 명령을 받고 그대로 수행했다. 다행히 8킬로미터가량 이동했을 때 또다른 대형 예인선 한 척이 '퍼지'호를 인계받아서 정오가 되기 전에 램즈게이트로 회항했다.

6월의 영광스러운 첫날! 6월 1일이라는 날짜는 영국 해군 역사와 묘한 인연을 맺고 있다. 24년 전 이날은 유틀란트 해전이 막바지로 치닫고 있었다. 그리고 1940년의 이날엔 절박한 덩케르크의 드라마가 아직 절정에 오르지 않은 상태였다. 05시경 '세인트앱스'호가 '티라'와 '에이치에이씨'를 끌고 도착한 뒤 예인용 밧줄을 풀었다. 배 두 척은 덩케르크 해변으로 접근해 갔다. '티라'호의 선장 E. W. 필리는 이렇게 말했다. "우리 바지선에 프랑스 병사 11명이 탔어요. 나머지는 영국이 아니라 프랑스로 가고 싶다며 승선을 거부하더군요."

독일군의 맹렬한 폭격과 함께 날이 밝았다. 바지선 선원들은 철모나 변변한 보호장비 하나 없이도 매우 씩씩하게 움직였다. 그들은 모래 해변에 차근차근 바지선을 고정시켰는데, 그곳엔 보급품을 싣고 온 '글렌웨이'호와 '라크'호 역시 조수가 빠진 후 프랑스군에게 보급품을 전달하는 것이 좋겠다는 생각으로 계류하고 있었다. 그러나 독일군의 공세가 거세지는 상황이라 '글렌웨이'와 '라크'의 선원들은 승선해 있던 영국군 8명과 함께 당장 보급품을 전달하라는 명령을 받았다.

'티라'호는 '에이치에이씨'호에 승선한 병사들을 포함하여 많은 사람을 구조했으나, 그것은 너무도 괴로운 경험이었다. 숨막히는 9시간 동안 필리 선장은 매 순간 이것이 마지막일지 모른다는 생각을 했다. 그는 메드웨이 항해와는 차원이 다른, 긴장과 공포가 집약된 전장 한복판으로 뛰어들어 있었다. 05시부터 14시까지 해변 가까이서 작전을 수행했던 '티라'호는 그동안 줄곧 독일 폭격기의 폭탄과 기관총에 집중표적이 된 것 같았다. 정오 무렵에 영국 공군 전투기 10대가 출격해 독일군 폭격기 30대를 쫓아내고 그중 4대를 격추시켜 적기의 공격이 주춤해지지 않았더라면 아주 긴 불안의 시간이 이어졌을 터였다.

믿기 어렵고 거짓말 같겠지만 '티라'호는 적군의 폭탄과 총탄을 한 발도 맞지 않았다. 그러나 더 오래 머물렀더라면 바지선에 있던 28명 전원과 선박까지 모두 무사하지 못했을 것이다. 예인선들을 여럿 잃은 상황에서 필리 선장은 생존자들과 함께 덩케르크를 빠져나가는 것이 그의 임무라고 생각했다.

그러나 돌아오는 길은 또 어떠했는가! 적기들은 여전히 상공에서 바다에 떠 있는 것은 크기와 종류를 가리지 않고 무엇이든 침몰시키려고 집요한 공세를 계속하고 있었다. 그리 멀지 않은 해안에 있던 한 트롤선 근처에 폭탄 다섯 발이 떨어졌다. 이번에는 파멸을 막을 수 없을 것 같았지만, 실제로 폭탄들이 떨어진 지점은 트롤선과 '티라'호 가운데의 아슬아슬한 위치였다. '티라'호는 그 폭발력 때문에 수면에서 30센티미터나 솟구쳤다가 떨어졌다.

마침내 영국까지 절반을 왔을 때 조우한 예인선 '엠파이어헨치먼'호가 '티라'호를 예항하여 자정이 되기 전 도버항에 도착했다. 긁히고 쪼개진 선저, 손상된 엔진, 무리한 예인 작업으로 흔들거리는 계선주에 이르기까지 '티라'호가 도버항까지 올 수 있었다는 건 그야말로 행운이었다. 한편 표류하다가 다행히 덩케르크 인근에 도착했던 바지선 '더치스'호의 이야기도 흥미롭다.

이날 6월 1일 토요일은 남동 해안의 바지선 선원들에겐 결코 잊지 못할 날이 될 것이며, 런던 리버 소속의 선박들이 런던 대화재를 목격한 이래 가장 중요한 날로 남을 것이다. 02시 30분, 간조기에 덩케르크 해변에 닿은 '더치스'호는 날이 밝자 최소 90명의 병사들을 승선시켰다.

여명과 함께 미풍이 불어오던 05시경 '더치스'호는 모래 해변을 벗어나 영국으로 향했다. 카키색 군복을 입은 병사 무리와 적황색 돛이 만들어낸 기이한 대조를 누구든 상상해볼 수 있을 것이다.

이 두 색의 대조는 선원들이 상상할 수 있는 가장 기묘한 조합이 아니었을까? 설혹 그중에 범선을 타본 병사가 있었다 해도, 자기들이 그런 식으로 수송될 것이라고 예상한 이는 몇이나 됐을까?

사태를 복잡하게 만들려고 작정이라도 한 것처럼, 바지선은 바람이 멈추어 잔잔한 바다에 남게 되자 좀처럼 앞으로 나아갈 수 없었다. 주돛대를 비스듬히 가로지르는 묵직한 스프리트가 이리저리 흔들렸고, 도르래들은 삐걱거렸으며, 밧줄들은 한가로이 서로 부딪히고 있었다. 예기치 못한 상황에 처한 90명의 병사들은 다음에 무슨 일이 벌어질는지 의아해했다. 독일군과 싸웠고 프랑스 운하들을 헤엄쳐 건넜으며 전투기와 전차의 학살을 겪은 그들이었지만, 바다에서의 뱃멀미는 지금까지의 고난보다도 더 나쁜 것이었다.

다른 선박이 나타났다. 뱃머리가 뾰족한 선박 한 척이 매끈하고 잔잔한 수면을 헤치고 빠르게 '더치스'호를 향해 다가오고 있었다.

"구축함이다!"

속도를 늦춘 구축함이 목제 바지선 옆에 댔다. 구축함장이 높은 선교에서 바지선의 타륜을 잡고 있던 H. 와일디시 선장에게 소리쳤다.

"우리가 병사들을 맡겠습니다. 해변으로 돌아가서 병사들을 더 데려오십시오."

많은 일을 겪을 만큼 겪고서 지쳐 있던 병사들은 이제 바다 위의 돛단배에서 증기선으로 갈아타는 새로운 경험까지 더하게 되었

영국해협의 하얀 절벽, 도버 화이트 클리프

다. 게다가 그들은 '더치스'호에 승선했을 때 이미 지치고 병이 난 것 이상으로 나쁜 상태였다. 갈증과 허기에 시달리던 그들은 식수와 2인분밖에 되지 않는 제한된 식량까지 싹 비웠기 때문에 바지선에는 식수와 식량이 바닥나 있었다. 다행히 구축함에서 풍족한 물자를 전달해주었고, 그후 두 선박은 정반대 방향으로 멀어졌다. 병사들은 빠른 군함으로 옮겨 타고 기분이 훨씬 좋아졌다. 머잖아 영국의 하얀 절벽이 그들을 맞이할 터였다.

그러나 인간의 삶이 얼마나 우연적이고 변화무쌍하던가! 배와 인간 앞에 놓인 그 불확실성이란!

병사들을 비운 '더치스'호는 다시 위험한 해변으로 항로를 잡았고, 와일디시 선장은 불어오는 산들바람 덕에 돛을 조절하기가 수월해졌다. 그는 그날 밤에도 유럽에서 가장 치열한 격전장에 있을 터였다. 그러나 구축함은……

나치 조종사들이 바지선에서 구축함으로 옮겨 타는 카키색 군복의 병사들을 눈여겨본 것이 분명했다. 나치 폭격기들이 구축함을 향해 급강하하더니 무자비하게 폭탄을 투하했기 때문이다. 그 영국 구축함이 마지막으로 목격된 것은 침몰하고 있는 상태에서였다. '더치스'호에게는 똑같은 운명이 또 얼마나 빨리 닥칠 것인가?

모래 해변에 도착한 '더치스'호는 위치상 덩케르크와 드판의 중간에 있었고, 다른 세 척의 바지선인 '에이디', '에셀에버라드', '로열티'와 함께였다. 그 세 척은 탄약을 적재하고 있었으나, '에이디'와 '에셀에버라드'는 독일군의 맹렬한 공습을 견디지 못하고 그대로 버려져 있었다. 와일디시 선장이 다급히 '로열티'호의 선장과 의논한 결과 당시 해변에는 병사가 없는 것으로 보였기 때문에, 당장 할 수 있는 유일한 일은 '더치스'호와 '로열티'호까지 전부 포기하는 것이었다.

그들이 잠시 망설이는 동안 모터보트 한 척이 주변을 지나갔다.

"우리를 끌고 갈 수 있겠소?"

그러나 모터보트에서 돌아온 답변은 엔진이 고장났다는 것이었다.

08시경에는 남은 대안이 없었다. 선원들이 모두 내린 두 바지선은 곧 폭파되었고, 선원들은 '더치스'호에 있던 로우보트에 몸을 실었다. 곧 예인선 '세르비아'호가 로우보트를 예항하기 시작했다.

이 한 주 동안 역사상 처음으로 병사들이 탄 소형 범선이 공중 폭격을 당했고 영국-네덜란드 전쟁 이래 처음으로 구식 범선이 전투에서 활약했다는 사실을 기억해두자. 이런 사례가 앞으로 또 있을 것 같지는 않다. 지리적 상황뿐 아니라 바지선들에 독특한 기회가 주어지는 등 여러 요인이 결합된 특수한 사례이기 때문이다.

그러므로 기억들이 흐려지고 개인적인 기록들이 사라지기 전에 그 부분을 좀더 자세히 살펴봐도 무방할 것이다. 내연기관이 급속도로 보편화되고 있는 지금 바지선들이 과거의 범선처럼 바다에서 사라지지 않을 것이라고 누가 장담할 수 있겠는가?

덩케르크는 진정으로 바지선들이 싸우는 방식의 정점을 보여주었다. 바지선들은 소형 연안운항선들이 그랬듯 귀중한 군수물자를 표나지 않게 영국에서 프랑스로 실어날랐다. '에셀에버라드'호는 5월 31일 금요일 오후 도버항에서 출항했을 때 포탄과 소화기 탄약 같은 위험한 화물을 적재하고 있었다. '에셀에버라드'호와 또 다른 바지선 '톨스버리'호가 동시에 같은 예인선에 예항되었다.

그들은 그날 23시 30분경 그라블린 근해에 도착했고, 그곳에서 신경을 갉아대는 기나긴 시간을 독일군 전투기의 기관총과 폭탄에 시달렸다. 간조기를 앞둔 토요일 01시 직후 바지선들은 해변으로 접근을 시도했다. 덩케르크 부두 동쪽 1.5킬로미터 해상에서 예인선으로부터 분리된 '에셀에버라드'호는 서서히 이동하여 해변에 상륙했다. 이 작전이 까다로웠던 이유는 적기의 공습뿐만 아니라 연신 선미를 쳐서 뱃전을 휘젓는 큰 파도까지 겹쳤기 때문이었다.

'에셀에버라드'호에는 부사관 1명과 병사 5명이 타고 있었다. 그들은 해변에 병사들이 있는 것을 알아채고 소리쳐 불렀다. 군수물자 하역을 도와주러 온 병사들이 틀림없다고 생각했던 것이다. 그런데 예상과 달리 그들은 철군을 위하여 행군해 온 무수한 병사들 중 일부였다.

그들은 지체하지 않고 바지선에 승선했고, 첫 요구는 그야말로 절실했다.

"선장님, 물은 어디에 있습니까?"

식수는 '더치스'호에서 그랬던 것처럼 금세 동이 났다. 다행히 인근에 있던 포함에서 커터⁴를 보내서 굶주린 병사들을 데려가 배불리 먹였다. 한 시간도 채 지나지 않아서 폭격이 심해지자, 포함은 더이상 머물수 없게 된 해변에서 바지선들의 선원 전부를 태워오기 위해 보트를 보냈다.

"여러분은 배를 포기해야 합니다." 한 해군 장교가 바지선 선원들에게 말했다. "우리는 여러분의 배를 불태울 겁니다."

그 결정이 전달되기 직전, 포함의 대공포 세 발이 상공으로 발사되었고 적기 2대가 한 쌍의 죽은 새처럼 격추당했다. 포함이 덩케르크 방파제 안쪽으로 이동하면서 적기 4대를 추가로 격추한 이후 시시각각 저절로 열기가 고조되었다. 영국 해군의 공세 덕분에 선박들은 해변의 병사들을 싣고 영국으로 회항할 시간을 충분히 벌 수 있었다.

바지선 선원들은 용기와 기략이 넘쳤다. 방탄 대피소는커녕 엄폐물 하나 없고 살인적인 공습에 대항하기 어려운 상황에서도 그들은 보란듯이 바지선들을 모래톱에 올려놓았다. '로열티'호가 탄약과 보급품뿐만 아니라 군대에 줄 식수를 담은 깨끗한 석유통을 싣고 덩케르크 근해에 도착한 것은 토요일 08시경이었다. 화물 하역을 감독하기 위하여 병사 6명이 함께 왔다. '로열티'호는 덩케르크 항구 동쪽 3킬로미터 해상에서 예인선으로부터 분리되어 해변 상륙 작전을 위한 만반의 준비를 끝냈다. 독일군은 그 순간 '로열티'호를 표적으로 골랐다.

"우리는 이번 작전을 위해 중간닻을 펼치고 있었어요." '로열티'호의 선장 H. 밀러가 말했다. "그때 엄청나게 많은 독일군 전투기들이 나타나더니 다짜고짜 우리를 향해 폭탄을 떨어뜨리고 기관총을 쏘기 시작했어요. 해변에 도착해서 닻을 내리는 동안에도 공격은 여전했고 갑판에는 계속 총알이 튀었어요."

아무도 보급품을 가지러 오지 않기에 '로열티'호는 보트를 내렸다. 선원과 6명의 병사들이 보트를 저어서 예인선 '세르비아'호로 다가갔다. 이번에도 퇴선이 불가피했고, 그나마 '세르비아'호를 임시 보금자리로 삼을 수 있으니 다행이라면 다행이었다. 그런데 예인선이 이동할 즈음 병사와 선원 25명을 실은 론치 한 척이 그들을 소리쳐 불렀다. 배는 이미 부서진 상태였으나 탑승객들은 구조되는 행운을 누렸다. 예인선과 거기에 탄 사람들은 육지와 평행으로 움직였는데, 그러다가 이번에는 바지선 '톨스버리'호와 조우했다. 선장은 갑판에 서 있었으나 그의 배는 이미 빠르게 채워지고 있었다. 선원들은 바지선의 노를 저어 해변으로 갔고 병사 200명을 실었다. 그런 다음에는 바지선 선원들이 말하듯 '활대를 세워서' 즉 바지선의 돛을 펴서 물에 띄웠다.

그런데 역풍이 불어온데다 유속이 겨우 3노트에 불과했기 때문에 '톨스버리'호는 최선을 다했음에도 좀처럼 나아가지 못했고 그러다 결국 닻을 내리고 말았다. 다행히 구축함 한 척이 '톨스버리'호의 곤경을 알아보고 빠르게 접근해 와 바지선의 병사들을 옮겨 태웠다. 그 직후에 무시무시한 공습이 이어졌고, 구축함은 서둘러 피해야 했다.

또다른 구축함 2척이 '톨스버리'호를 보호하러 용감하게 다가왔으나 두 척 모두 침몰하고 말았다. 여전히 사방에 폭탄이 떨어지는 상황에서도 '톨스버리'호는 무사했다. 바로 이 무렵에 예인선 '세르비아'호가 나타나 '톨스버리'호의 선상으로 예인용 와이어를 보냈다. 격한 동요와 죽음의 미사일 한복판에서 시급한 목표는 속히 출발하는 것이었다. 예인선이 너무 급하게 출발하는 바람에 '톨스버리'호의 윈치가 갑판에서 떨어져나갔다. 그러나 다른 와이어는 튼튼하게 버텨서 결국 영국에 도착할 때까지 무사했고, 바지선과 론치를 탔던 사람들 그리고 '톨스버리'호까지 모두 구사일생으로 재앙을 피할 수 있었다. 병사들은 하선했고 '세르비아'호는 '톨스버리'를 예항하여 그레이브젠드로 향했다.

'더치스', '레이디로즈버리', '라크', '에셀에버라드', '로열티', '도리스', '바버라진', '에이디'의 손실을 포함하여 손에 땀을 쥐게 하는 주말이었다. '글렌웨이'호와 '비어트리스모드'호는 덩케르크 철군을 지원한 후 고향으로 돌아갔으나 수리를 받아야 했다. 덩케르크 인근에서 버려졌던 '에나'호는 손상에도 불구하고 이후 딜 근해에 도착했고 수리를 받도록 영국 중동부의 입스위치로 보내졌다.

제10장

위험 속의 유람선단

한 나라의 해군력을 말할 때 단지 전함과 순양함, 항공기와 구축함, 잠수함과 수면을 미끄러지는 고속정만을 의미하는 것이 아니다.

운송선단과 어선단에 속해 있는 인적 자원, 그리고 선박의 거대한 집합이다. 역사적으로 그것이 해군 전투력을 확보하고 유지하는 원천이었기 때문이다. 비교적 최근까지, 다시 말해 증기선이 도입된 이후 오랫동안 일반 시민들은 임무가 있는 경우를 제외하곤 바다로 나가지 않았다. 항해를 한다는 것은 매우 위험한 시도였기에, 바다 건너 인도나 미국으로 가려는 승객이라면 일단 자리를 잡고 앉아서 단단히 마음을 먹어야 했다.

조선공학의 발달과 더불어 빅토리아 시대를 지나는 동안 증기선들은 더 커지고 빨라지고 안전해졌다. 숙박 및 편의 시설도 크게 개선되어서 바다를 향한 옛 시절의 경외감은 사라졌고 사람들은 기꺼이 바다 여행을 선택하게 되었다. 항해와 관련된 과학기술도 비약적으로 발전하여 해외 무역이 지구 구석구석으로 확장되었고 '정기선'이라는 새로운 자극까지 보태졌다. 정기선 운항은 먼저 미국에서 그다음 캐나다에서 번창했고, 수에즈 운하를 통한 인도·호주·뉴질랜드로의 교역량 증가는 마침내 바다가 위험하다는 오랜 편견에 마침표를 찍었다.

그래서 상선들은 선박을 최신 상태로 유지하고 신형으로 교체하며 대규모 발전을 거듭해온 동시에 큰 위기 상황이 닥치면 언제든 국가를 위해 복무할 만반의 준비를 해왔다. 보어 전쟁 당시에 이런 상선들은 수송선으로 사용된 반면, 1914년 8월 제1차세계대전이 발발한 직후에는 1급 여객선 다수를 무장상선으로 전환함으로써 해군 속의 해군을 형성했다.

다시 말해서 해군력은 특별한 노력 없이도 유사시 가장 유용한 방식으로 확대될 수 있었다. 증기 트롤선단 또한 평소에는 아이슬란드 근해에서 고기잡이를 하는 데 익숙하지만 경우에 따라서는 소해함, 초계함, 호위함 등 국가에서 요구하는 어떤 일이든 수행할 준비를 하고 있었다.

선박과 항해자로 이루어진 방대한 예비 선단이 모두 같은 목적을 가진 것은 아니었다. 증기선들은 종류를 막론하고 병사와 탄약을 수송하는 데 필요했고, 상대적으로 작은 화물선들은 영국 해군에 유류와 물자를 보급해야 했다. 해상에 있는 수많은 병사를 먹이는 문제 하나만 해도, 그 목적에 맞는 소형 선박을 다수 확보하지 못한 경우 무엇보다 심각한 부담 요인이 되기 때문이다.

그러나 지난 100년 동안 민주적인 방식 속에서 자연히 드러난 영국의 항해정신을 선조들은 결코 믿어 의심치 않았다. 일상에 얽매인 바쁜 시민들은 연안 여행에서 현대의 삶이 요구하는 여가와 위로를 발견하기 시작했다. 지난 50년, 그중에도 특히 지난 20여 년 동안 선도적인 스포츠로 자리매김한 요트 항해는 열정적이고 능력 있는 아마추어를 다수 양산해냈을 뿐 아니라 유사시 최단시간 내에 해군성을 위한 조직으로 전환 가능한 조선소들을 부양해왔다. 한편 멋진 설비뿐만 아니라 고성능과 훌륭한 갑판 공간을 갖춘 유람선과 모터보트 들은 바다로 나가기를 더이상 주저하지 않는 대중의 새로운 열기에 힘입어 모든 연안에서 크게 번창하였다.

그래서 독일이 제2차세계대전을 시작한 1939년 9월 무렵의 영국 해군력은 빅토리아 시대에 예측한 것보다 훨씬 더 강력한 수준에 도달해 있었다. 영국의 해상 장악력은 선박과 인력 모두에서 상상을 초월하는 수준으로 증강되었던 것이다. 요트가 대잠수함 작전 같은 임무에 투입된다면, 여름철마다 도시민들에게 건강과 휴

덩케르크 철수 작전에 투입된 유람선을 비롯한 소형 선박들

식을 찾아준 대중 유람선들은 군대 수송과 기뢰 제거 등에 활용될 수 있을 터였다.

그런데 이 유람선들은 애초에 그런 임무를 위하여 건조했다고 할 수 있을 만큼 덩케르크 작전에 딱 들어맞았다. 눈앞에 닥친 문제를 생각해보자. 접안 능력, 병사들을 수용하기 위한 갑판, 적절한 흘수, 빠른 방향 전환.

이것은 군대를 멀리 야외극장으로부터 철수시키는 것이 아니라 북해의 남쪽 해안으로부터 철수시키는 사안이었다. 그래서 선실보다는 갑판에 넉넉한 공간이 있는 선박, 빠르게 방향 전환이 가능하고 같은 임무를 반복할 수 있는 선박이 필수조건이었다.

유람을 장려할 목적으로 설계되고 건조된 외륜선이 오히려 전시에 최고의 존재감을 발휘하다니 우습지 않은가! 템스강, 사우스 코스트, 브리스틀 해협, 메드웨이, 클라이드강 등지의 행락객들에게 익숙했던 목조 갑판들이 카키색 군복의 병사들을 가득 태우다니 이상하지 않은가! 브라이턴 부두에서 당일치기 여행객을 실어 나르던 증기선들이 적군의 포화 속에 침몰할 것이라고 그 누가 예상이나 했겠는가? 대개 휴일의 행복을 전해주던 맨 섬의 정기선들이 해군 작전에 참가할 거라고 누가 상상이나 했겠는가? 혹은 란디드노가 덩케르크의 무공과 관련될 줄을 그 누가 알았겠는가?

분명한 교훈은 이렇다. 전적으로 해군력에 의존하는 섬나라 대영제국은 언제나 항해와 관련된 모든 분야를 개발하고 장려해야 한다. 항해와 관련해선 아무리 작고 하찮은 것이라 해도 무시할 수 없다. 그 모든 요소 중에도 바다에 대한 근본적인 애정을 열렬히 유지해야 한다. 독일인이 '즐거움을 통한 힘'에서 영감을 얻었다면, 영국의 국가적 의무는 자국민에게 언제든 어떤 방법으로든 해상으로 나갈 수 있고 여행의 경이를 체험할 수 있는 기회를 제공하는 것이다.

영국의 조선소들이 등한시되는 비운을 또다시 겪게 해서는 안 된다. 선박이 놀고 있어서 상선과 그 종사자들이 본연의 일을 포기하고 육지에서 일거리를 찾아 배회하는 일이 또다시 벌어지게 해서는 안된다. 해양 기질! 이 기질을 새로이 되살려야 한다. 무역해

운업을 지원하고, 선원들에겐 안정된 종신재직 생활을 보장하며, 해상 모험의 매력을 젊은이들에게 좀더 박력 있게 제시해야 한다.

그리고 만약 정부 보조금이 필요하다면, 이보다 더 보람 있게 공적자금을 사용하는 길이 또 어디 있겠는가? 영국의 지나간 역사와 다가올 미래는 여전히 해양에 좌우될 것이기 때문이다. 혹독한 날들을 경험한 덩케르크는 바로 이 사실을 빛나는 명료함으로 강조하고 있다.

적절한 시간에 적절한 일을 수행함으로써 전멸 위기에 처해 있던 영국 원정군을 구조하는 데 기여한 유람선단의 공훈을 일일이 열거하기에는 지면이 부족하다. 앞 장에서 바지선이 보인 활약을 통해 알 수 있듯이, 특별한 업적을 이루고자 한다면 그 목적을 위하여 최선을 다해야 한다.

이런 '이류급' 선박 170척 이상이 작전에 참여했고 그중 10퍼센트 이상이 침몰 당하였다. 다음과 같이 다양한 종류의 선박들이 손실됐다는 것은 더이상 비밀이 아니다. 증기 요트 '그리브'('나르키소스'로 더 많이 알려진), 외륜선 '브라이턴벨', '브라이턴퀸', '그레이시필즈', '웨이벌리', '메드웨이퀸', '크레스티드이글', 트롤선 '폴리존스턴', '토머스바틀릿', '튀링겐', '칼뱅', '스텔라더라도', '아가일셔', '블랙번로버스', '웨스텔라', 유자망 어선 '걸파멜라', '팩스턴', '보이로이', 무장 증기선 '킹오리', '모나스퀸', '컴퍼트' 그리고 예인선 '세인트페이건'.

일부 선박회사는 소유한 선단의 상당수를 군사작전, 특히 덩케르크 철군을 위하여 해군성에 양도했다. 이를테면 위에서 언급한 무장 증기선 두 척은 맨 섬 기선회사의 소유였는데, 이 밖에도 같은 회사의 선박인 '레이디오브맨', '벤마이크리', '틴월드', '피넬라', '맨크스먼', '바이킹' 6척이 모두 덩케르크 작전에 투입되었다. 그중에서 '피넬라'호는 적군에 격침되었다.

7척의 해군 함정도 침몰했다. HMS '그래프턴', '그레네이드', '웨이크풀', '바실리스크', '키스', '해번트' 등 구축함 6척과 소해정 HMS '스킵잭'이다.

이전에 기뢰 제거 작전에 투입된 적이 있던 '브라이턴퀸'호가 새벽녘 덩케르크 인근에 도착하여 해변으로부터 병사들을 실어 오기 위해 보트들을 보냈다. 그다음에는 좌초되어 있던 기선 한 척을 돕기 위해 접근했다. 기선을 성공적으로 예인한 '브라이턴퀸'호는 독일군 폭격기의 공습을 받았으나 용케 병사들을 영국으로 데려올 수 있었다.

'브라이턴퀸'호는 다시 덩케르크로 돌아왔고 더욱 혹독한 맹공에 시달리면서도 루이스 경기관총으로 적군을 궁지에 몰아넣기도 했다. 또한 전보다 더 많은 병사를(주로 프랑스군과 알제리군) 태우고 공해상으로 나갔다. 이번에는 행운이 '브라이턴퀸'의 편이 아니었다. 역시나 독일군 폭격기들이 지독한 증오를 분출하면서 '브라이턴퀸'호를 집중 폭격했고, 결국 이 유람선은 침몰하고 말았다. 다행히 선원과 병사 대부분은 구조되었다.

'웨이벌리'호는 제1차세계대전에 참전하여 전시 4년간 기뢰 제거에 전력을 다한 베테랑이었다. 1899년에 진수되고 수리를 거쳐 클라이드강으로 돌아온 후 로스시 등지를 취항하면서 많은 사람들에게 추억을 선사했다. '웨이벌리'호의 비극적인 최후는 5월 29일에 찾아왔고, 이 유람선을 알고 있던 대부분의 사람들에게 평생 잊지 못할 상실감을 주었다. '웨이벌리'호는 재앙을 몰고 온 나치 폭격기 12대에 대항하여 쉬지 않고 자신의 소총으로 응사했던 영국군 병사들과 더불어 장렬한 최후를 맞았다.

SS '세인트세이리올'호는 이 유람선들이 갖추고 있던 집념과 용기의 좋은 본보기다. 영국 북부지역의 행락객들은 란디드노에서 출항하던 '세인트세이리올'의 행로를 알 테지만, 이 유람선이 덩케르크를 오간 일곱 번의 여정에 더 관심을 가질 것이다. 그것은 덩케르크 작전을 통틀어 최고의 활약에 속했다. 고급선원과 일반선원들이 혼연일체가 되어 움직였다. 잠깐의 휴식조차 없이 적기의 맹습에 시달리면서, 그들은 보통 사람으로선 상상할 수 없을 육체적·정신적 탈진 상태에 빠졌다.

60세가량에 탄탄한 체구와는 한참 거리가 먼 일등항해사는 자기 나이보다 절반 밖에 안 되는 혈기왕성한 젊은이들도 기진맥진하게 만들 모진 상황에서 밤을 새웠다. 유람선에 있던 구명보트 중세 척이 폭격에 박살났다. 일등항해사는 침몰하는 선박에서 생존자들을 구조하기 위하여 사투를 벌였고 150명 이상을 구해냈다. 항구에 도착했을 때 그의 하체는 부분적으로 마비된 상태였으나, 그가 요청한 것은 한 번만 더 덩케르크로 보내달라는 것뿐이었다.

'세인트세이리올'호에서 갑판장 직을 대행했던 R. 토머스는 5월 29일까지 세 차례나 덩케르크에 갔다고 말했다. 일등항해사, 이등항해사, 갑판장이 각각 보트 한 척씩을 책임지고 그 공포의 해변으로 접근하여 '빗발치는' 폭탄 속에서 보트 한 척당 평균 47명의 병사들을 구조했다고 한다. 병사들은 인근에 계류 중인 구축함이나 유자망 어선으로 옮겨졌고, 곧 '세인트세이리올'호 자체도 병사들로 가득찼다. '세인트세이리올'호가 이런 식으로 일곱 번에 걸쳐 덩케르크에서 켄트주의 항구로 데려온 병사들은 회당 평균 900명에 달했다. R. 모리스 선장은 휘몰아치는 폭탄 공세 속에서도 심지어 덩케르크 부두 안으로 선박을 대는 걸 주저하지 않았다. 그러나 나중에는 오히려 부두에서 약간 거리를 두고 닻을 내리는 것이 병사들을 승선시키기에 좋다는 것을 깨달았다.

일부 선박들이 불운했던 것에 비하여, '세인트세이리올'호는 침몰하지 않은 것이 기적에 가깝긴 해도 비교적 운이 좋은 편이었다. 독일군 전투기 10여 대가 한꺼번에 몰려와 주위를 선회하면서 영국 상선들을 폭탄으로 조준 타격하고 갑판에 기관총을 난사하는 일이 다반사였다. 특히 기관총탄은 쉴새없이 선체에서 되튀어오르거나 목재로 된 부분을 쪼개놓았다. 몇 차례씩 연속해서 이런 공격이 쇄도할 때면 실로 인간의 한계를 시험하는 것 같았다. 이런 상황에도 불구하고, 벌어진 지옥구덩이를 간발의 차로 빠져나온 병사들과 배를 잃고 해상에서 구조해달라고 외쳤던 선원들 대다수는 놀라우리만큼 침착함을 유지했다. 부상을 당한 생존자들도 매우 낙천적인 인생관을 보여주었다.

'세인트세이리올'호의 선원들은 화부들까지 포함하여 모두 지친 병사들에게 마른 옷을 벗어주거나 잠자리를 양보하겠다고 경쟁을 벌였으며, 식사 담당 선원들은 병사들에게 먹을 것을 제공하느라 분주히 움직였다. 모리스 선장은 내게 자신의 선원들이 '계속되는 맹폭에도 불구하고 놀라운 영웅심을 보여주었다'고 말했다. 그러나 그가 잊고 있는 것이 있었으니, 일부 선원들이 정신적으로 충격을 받긴 했으나 모두 별다른 부상 없이 무사히 돌아올 수 있었던 주된 이유는 바로 선장 자신의 뛰어난 선박 운행 능력이었다는 점이다.

당시 리버풀 앤드 노스웨일스 증기회사가 소유 중이던(증기선 '세인트터드노'와 모터보트 '세인트실로'와 함께) '세인트세이리올'호는 처음부터 최고로 유용한 선박으로 꼽혔다. 5월 21일 화요일 칼레 입항을 시도했던 '세인트세이리올'호는 거듭된 폭격에도 불구하고 부두에 성공적으로 접안했다가 20시 30분에 무사히 빠져나왔다.

5월 27일에는 모터보트 '퀸오브더채널'호와 함께 덩케르크에 도착했다. 처음에는 부두에 정박했다가 나중에는 해변 인근에서 대기했다. 이 당시에 R. D. 도브 선장과 J. 맥나미 일등항해사 체제였다. 구명보트들은 해변에서 병사들을 실어오는 데 더없이 유용했다. 첫번째 구명보트는 이등항해사와 갑판원과 화부가, 두번째 보트는 갑판원과 통신원이 책임졌다. 그러나 세번째는 트롤선의 선원이 감독했다.

해안에서 불타는 건물들이 해변을 비추고 있어 병사들을 해변으로부터 가장 가까운 정박지에 계류 중인 구축함까지 옮기기가 나아지긴 했으나, 그래도 몹시 어두운 밤이었다. '세인트세이리올'호는 인력이 줄어든 상황에서 부두에 접안하라는 지시를 받았고, 구명보트들이 아주 유능하게 임무를 수행하도록 놔둔 채 부두로 향했다. 육지로부터 직접 승선시킨 병사들이 680명, 도버로 회항하기 시작한 시간이 자정 무렵이었다.

그날 밤 '퀸오브더메드웨이'호가 독일 폭격기의 공습으로 격침되었다.

5월 29일 오후 도버에서 덩케르크로 향한 '세인트세이리올'호는 처음엔 '피넬라'호와 함께 부두에 접안했다. '피넬라'호가 '크레스티드이글'호와 나란히 정박 중이어서 '세인트세이리올'호는 해안에 대기가 어려웠다. 그래서 해변에서 연락선 역할을 하는 소형 보트들로부터 병사들을 옮겨 승선시키는 것이 더 효과적이라고 판단하고 부두를 빠져나왔다.

'피넬라'호

공중에서 천지가 폭발하는 듯하던 한밤 중에 이루어진 모험이었다. 일등항해사 맥나미의 표현을 빌리자면, 이미 손상된 항구와 부두 양쪽에서 침몰 중인 선박들을 뒤덮듯이 '전투기들의 퍼레이드'가 쇄도했다. '피넬라'호가 격침된데다 석유 연료를 사용하는 '크레스티드이글'호는 단 한 번의 직격에 용광로처럼 타올랐다고 해도 그리 놀랄 상황은 아니었다. '크레스티드이글'호는 고의로 좌초했고, '세인트세이리올'호는 하나 남은 구명보트를 내려 무시무시한 공습 속에서도 150명을 구조하여 선상에서 응급처치했다. 그러나 상당수는 화상을 입었거나 반익사 상태였다.

'크레스티드이글'호의 손실은 그것을 지켜본 모든 사람들의 가슴속에 깊은 인상을 남겼다. 이 선박이 불길에 휩싸인 동안 많은

덩케르크 철수 작전 과정에서 격침되는 '피넬라'호

사람들이 배 밖으로 몸을 던지는 모습이 목격되었고, 해변에 좌초했을 때 배는 무엇으로도 끌 수 없는 화염 덩어리나 마찬가지였다. '세인트세이리올'호의 선원들은 최대한 가까이 접근하여 그 무시무시한 대참사에서 인명을 구하려고 최선을 다했다. 알몸으로 구조된 사람들에겐 담요를 덮어주었고, 생존자 모두 음식물을 제공받는 등 선원들로부터 친절한 보살핌을 받았다. '크레스티드이글'호의 생존자 중 두 명은 결국 영국에 도착하기 전에 숨을 거두었다.

한편 일등항해사 맥나미는 영국 원정군을 구조하기 위하여 보트를 몰고 해변으로 향했다. 병사들은 힘겹게 보트들로 접근해 오고 있었다. 그는 거기서 장교들이 보여주는 지도력과 놀라운 군기를 발견했다. 아주 짤막한 질문과 답변으로 충분했다.

"보트에 몇 명까지 태울 수 있습니까?"
"이번엔 10명입니다. 곧 돌아와서 좀더 많이 태우도록 하죠."

해변에 남은 병사들이 힘껏 밀어준 덕분에 만원 보트는 수월하게 해변을 떠났고, '세인트세이리올'호는 드디어 닻을 올려 고국으로 향했다. '세인트세이리올'호의 선원들이 5월 27일과 29일의 여정에서 보여준 비범한 용기와 끈기는 해군 당국에 큰 인상을 심어주었다. 그러나 항해의 여파는 꿋꿋한 선원들에게도 극심한 피로감과 동요를 일으켰다. 도버에 도착한 그들을 진료한 군의관은 선장을 포함해 선원 전원이 계속 항해하기 어렵다고 결정했다. 그들은 휴식을 위하여 각자의 집으로 보내졌고, 그 유람선과 떼려야 뗄수 없을 것 같은 임무를 계속하기 위하여 또다른 선원들이 바통을 넘겨받았다.

최고의 유람선들이 대학살 현장에서 희생되어야 했으니 슬프고 애통한 일이다. 런던 시민들은 템스강을 오간 선박 중 가장 아름다운 선체를 지녔던 '크레스티드이글'을 파괴한 나치를 쉽게 용서하지 않을 것이다. 아마도 평시에 클랙턴까지 서둘러 여행하던 사람들은, 많은 요트와 구축함을 진수한 것으로 유명한 '카우스'사의 생산품인 이 선박을 미처 제대로 평가하지 못했을 것이다.

'템스강의 그레이하운드'라고도 불렸던 이 '크레스티드이글'호가 3500마력의 전속력으로 물살을 가르던 모습은 어떤 선박 애호가의 눈에도 참으로 아름다운 광경이었다. 한편 자매 선박인 '로열이글'은 템스강 유람선을 통틀어 가장 크고 가장 호화로웠다. 1538톤급으로 최대 2000명의 승객을 싣고 램즈게이트까지 19노트의 속력을 낼 수 있었다. 이런 '로열이글'이 영국 원정군을 다급히 철수시켜야 하는 작전에서 놀라운 활약을 펼친 것은 당연한 일이었다. 제너럴 증기선 운항회사와 그 관련사인 '뉴 메드웨이' 증기 우편선 회사 소속의 선박 최소 10척이 덩케르크 작전에 투입되었다. 그 선박들의 이름을 열거하면 '크레스티드이글'과 '로열이글' 외에도 '골든이글', '로열소버린', '로열대퍼딜', '퀸오브더채널', '퀸오브태넛', '메드웨이퀸', '아부키르', '불핀치'다.

긴박한 작전 과정에서 이들 선박들이 펼친 활약상에 대해서는 나중에 자세히 언급하겠지만, 일단 훈장 수여자들을 간략히 짚고 넘어가보겠다. 영군 해군 예비대 소속 J. C. K. 다우딩 중령('모나스 아일'호의 함장), 영국 해군 예비대 소속 A. T. 쿡 대위('메드웨이퀸'호의 함장), A. 패터슨('로열대퍼딜'의 일등항해사), J. H. 화이트웨이('틴왈드'의 선장).

어차피 전쟁은 추한 사업이라지만, 트윈 스크루 터빈의 2756톤급 '모나스퀸'처럼 아름다운 선박을 진수한 지 6년 만에 침몰시켰다고 해서 독일군을 치하할 수는 없는 노릇이다.

유람선이라니? 이런 명칭은 얼마나 아이러니한가! 이 배들이 만들어진 목적과 실제 성과의 극명한 대조라니! 평소 6월이면 즐거운 여행객들에게 휴식과 여흥을 주던 선박들이 예정된 운명 앞에서 불안에 시달리던 숱한 병사들을 구출해냈으니 말이다!

임무를 다한 선원과 해군들은 너무도 지친 나머지 말조차 제대로 할 수 없었고, 일부는 곯아떨어져 25시간 동안 인사불성이었다.

그럼에도 불구하고 한 선박회사는 다시 가서 더 많은 병사를 데려오고픈 간절함에 해군의 지시를 기다리지 않고 자사의 선박을 출항시키기도 했다.

우리는 종종 '퀸오브더채널'호가 맞아야 했던 운명을 얘기하곤 한다. 어떤 일이 벌어졌던 것인지 살펴보자. '퀸오브더채널'호는 단순히 한마디 언급하고 넘어가기엔 사람들의 뇌리에 너무도 생생히 남아 있으니 말이다. 이 배는 1940년 1월 8일 팔Fal강에 정박 중일 때 군대 수송선으로써 정부의 동원령을 통보받았다.

'퀸오브더채널'호는 1월 15일 도버에 입항하여 수송 목적에 맞게 정비를 받았다. 모든 준비 작업이 끝난 것은 2월 20일, 나침반 조정은 23일, 첫 임무는 23일 군인 492명을 태우고 불로뉴까지 갔다가 귀항하는 것이었다.

이 선박은 이후 3월과 4월 정기적으로 군대 수송 임무를 맡아서 한 번에 평균 500명가량, 총 1만 3000명의 병력을 수송했다. 군대 수송 임무가 중단된 5월 1일경부터 18일까지는 우편선 역할도

했고 특파부대들을 실어나르기도 했다. 영국근위보병 제4연대가 불로뉴항의 마지막 방어를 위하여 급파되었고, 영국의무부대 파견대가 5월 22일 도버로 귀환했다.

5월 19일, 덩케르크로의 특별한 항해가 시작되었으나 '퀸오브더채널'호는 그라블린에 기착했다가 결국 덩케르크로 가지 않고 도버로 돌아왔다.

5월 23일, 다운스 계류장으로 이동했다가 24일에 도버로 돌아와 27일 아침까지 외항에 정박했다. 이 선박의 루이스 경기관총이 적군 항공기를 향해 발사된 것은 23일과 26일 밤이었다.

5월 27일 05시, 덩케르크로 출항 준비를 하라는 명령이 떨어졌다. '퀸오브더채널'호는 식료품과 식수를 싣고 14시에 출항했다. 20시경 덩케르크에 도착해서 동쪽 방파제로 빠르게 이동했다. 그곳에서 50명가량의 병사를 승선시킨 후 해변 인근에 닻을 내리고 보트들을 해변으로 보내 병사들을 실어오라는 명령을 받았다. 보트를 네 척 보냈고 해변까지 수차례 왕복한 끝에 200명가량의 병사들을 선박에 태웠다.

다시 동쪽 방파제로 돌아가라는 명령을 받고 그대로 이행했다. 어두워서 찾을 수 없었던 한 척을 제외하고 모든 보트들을 선상으로 회수했다. '퀸오브더채널'호가 회항을 시작한 것은 5월 28일 02시 55분, 구조한 병사는 총 920명가량이었다.

덩케르크에 있는 동안 독일군의 공습이 계속되었다. 짙은 연기를 뚫고 수많은 폭탄이 마구잡이로 떨어졌고, 조난당한 선박과 사람들을 향해 기관총이 난사되었다. 다행히 '퀸오브더채널'호 가까이에는 폭탄이 떨어지지 않았다.

일출 30분 전인 04시 15분경 항공기 한 대가 약 600미터 상공에서 우현 쪽으로 접근해 오는 것이 목격되었는데, 그 식별 부호를 판독하기가 불가능했다. 항공기는 선박 주위를 선회하더니 좌현 쪽으로 강하하기 시작했다. 선박의 루이스 경기관총이 불을 뿜었지만 서너 발의 폭탄이 떨어졌다. 큰 돛대 뒤쪽에 타격이 있었고, 시한식 작동을 하는 폭탄 때문에 상승 폭발이 일어나 선미가 부서졌다. 우현 프로펠러의 샤프트와 방향타가 파손됐고 선미가 물에 잠겼다. 무선 안테나 역시 떨어져나갔고 5번 보트도 부서졌다.

루이스 경기관총은 최대 유효거리에서 사격을 계속했다. 항공기가 다시 선회하다가 좌현 선수 쪽으로 접근하면서 선박 반경 30미터 거리에 더 많은 폭탄을 투하했다. 선박에서 예광탄을 발사하자, 항공기는 예광탄의 빛줄기 사이를 지나가는 것처럼 보이더니 이내 동쪽으로 사라졌다.

배는 안테나를 다시 올리고 구조신호를 보냈다. 선내에 남았던 보트 네 척은 한쪽으로 쏠렸고, 병사들은 확성기를 통해 선미의 무게를 최대한 줄일 수 있게 선수 쪽으로 이동하라는 지시를 받았다.

식당칸에서 경미한 전기선 화재가 발생했으나 곧 진압되었다. 양수기가 작동하기 시작했다. 격실 네 곳에 빠르게 물이 들어오고 있다는 보고가 이어지자, 보트들을 내리고 병사들을 옮겨 태우라는 지시가 내려졌다. 이 모든 과정은 일사불란하게 진행되었다.

덩케르크로 이동하던 군수물자 수송선 '도리엔로즈'호는 구조 신호를 받고 대기하다가 '퀸오브더채널'호 옆으로 접근했다. 두 선박은 병사들이 한쪽으로 쏠려서 '퀸오브더채널'호가 기우는 것을 막기 위해 각각의 좌현 선수와 우현 선수를 연결했다.

병사들은 난간을 넘어서 '도리엔로즈'호로 이동했는데, 구명보트들이 여분의 통로 역할을 하여 이 과정은 순조롭게 진행되었다.

05시 20분에는 모든 병사들이 '도리엔로즈'호로 옮겨 탔다. 그동안 '퀸오브더채널'호의 저장실과 기관실에 물이 차고 뱃머리가 물 밖으로 올라가 있었다. 퇴선 결정이 내려졌다. 비밀문서들을 선별한 뒤, 05시 25분 '퀸오브더채널'호는 완전히 비워졌다.

'도리엔로즈'호는 도버로 향했고 14시 30분에 입항했다. 항해 중에 더는 불운한 일을 겪지 않았고 어느 지점부터는 구축함 한 척의 호위를 받기도 했다. 구명보트 네 척은 또다른 공격을 받을 것에 대비해 끌고 왔으나 항해 중 두 척이 부서지거나 유실되었다.

'도리엔로즈'호는 카디프의 '리처드 휴스' 선박회사가 소유한 1350톤급 증기선으로, 그보다 며칠 전에 덩케르크 접근을 시도한 적이 있었음을 부언해야겠다. 다운스에서 출항했던 이 배는 덩케르크시가 화염에 휩싸인 것을 목격했고, 항구를 빠져나오던 선박 세 척 중 하나로부터 항구에 가까이 접근하면 위험하다는 신호를 받고서 뱃머리를 돌려 회항했다.

하지만 5월 28일 03시 여명을 앞두고 '도리엔로즈'호는 또다시 덩케르크로 향했으며 한낮에 미들케르케 근해에 도착했다. 그때 독일군 전투기의 공습을 받았으나 맹렬히 반격하여 물리칠 수 있었다. 그러다 제너럴 증기선 운항회사 소유의 모터보트 '퀸오브더채널'호가 침몰 중이라는 위급한 소식을 접하고 항로를 변경하여 구조에 나선 것이다.

병사와 선원 들을 옮겨 싣는 과정에서도 독일 전투기들은 계속 공격을 시도했으나 '도리엔로즈'의 기관총들이 이를 격퇴했다. 갈아타는 과정이 모두 끝나고 무사히 도버에 돌아온 '도리엔로즈'호는 다음날 밤 다시 덩케르크로 출항했다. 그러나 03시경 새로운 형태의 공격에 봉착했다. 고속어뢰정으로 더 잘 알려진 이보트[1]들이 '도리엔로즈'호를 포위하고 기관총을 난사했던 것이다.

그러나 이런 공격도 '도리엔로즈'호가 평소대로 '받은 만큼 돌려주는' 것을 막아내지는 못했다. 결국 이 배는 덩케르크에 무사히 도착하여 후방부대를 위한 귀중한 보급물자를 하역한 뒤 병사 590명을 구조하여 포크스턴으로 돌아왔다.

[1] **이보트**E-boat: 독일의 신형 고속어뢰정으로, 원래 이름은 Schnellboot(S-boat)인데 연합군은 이보트라고 불렀다. 베르사유 조약으로 더이상 대형 군함과 잠수함을 건조할 수 없던 독일 해군은 적의 수상함을 공격하기 위하여 가볍고 빠른 고속어뢰정을 생산하였다. 최고 속도 43노트에 중량은 70~100톤, 그리고 533밀리미터 어뢰 2발을 탑재하였다. 작전반경은 1500킬로미터에 달하여 소형 고속정치고는 원양항해가 가능하였다. 주로 해안 순찰, 치고 빠지는 기습작전 등에 활용되었으나 현실적으로 무장이 빈약한 상선이라면 몰라도 구축함과 같은 대형 군함을 상대하기에는 역부족이었다. 연합군을 상대로 악명을 떨친쪽은 결국 신형 유보트들이었다.

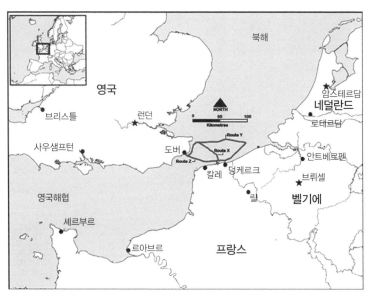

덩케르크 철수 작전에 사용된 세 개의 항로

히틀러(좌), 만슈타인(중), 구데리안(우)

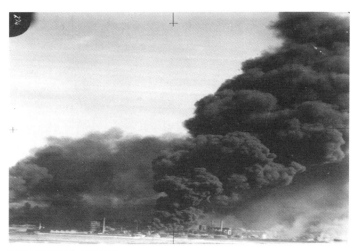

덩케르크의 불타는 유조탱크

독일군 슈투카의 폭격 속에서 연합군 병사들을 구조하는 영국 선박들

외륜선이 덩케르크 철수 작전에서 사용한 소형 선박들을 예인하고 있다.

덩케르크의 해변에 버려진 영국군 대공포

덩케르크 해변을 가득 메우고 있는 연합군의 철모들을 확인하는 독일군

폭격을 피해 덩케르크에서 철수하는 영국군

병사들을 태운 채 덩케르크 해역에서 침몰하는 프랑스 구축함 브라스크(1940.5.30)

소형선박을 이용해 탈출하는 병사들

해변에 줄 서서 승선을 기다리고 있는 영국 병사들

대기 중인 구축함을 향해 헤엄쳐오는 병사들

덩케르크에서 철수중인 영국군

구명보트를 타고 덩케르크에서 탈출하는 영국군

구조되는 영국군

구조되는 영국군

영국 어부가 연합군 병사들을 구조하고 있다.

영국 어부들이 연합군 병사들을 도와서 트롤선에 태우고 있다.

영국 선박에 구조된 프랑스군

영국 선박에 구조된 프랑스군

덩케르크에서 구조된 후 기뻐하는 영국군

덩케르크에서 승선 중인 영국군

도버항에서 하선 중인 영국군

덩케르크 철수 병력을 실은 기차가 사우스이스트 런던의 한 다리 밑을 지날 때 시민들의 격려를 받고 있다.(1940.5.26~29)

덩케르크 철수 작전으로 도버에 도착한 영국군

French soldiers are given tea after evacuation from Dunkerque

England
June 1940

덩케르크 철수 후 차를 제공받는 프랑스 병사들. 한 병사가 자기는 철모에 달라며 농담을 던진다.

덩케르크 철수 작전의 주역인 윈스턴 처칠 수상과 버트럼 램지 제독

제11장

구명정

덩케르크 철수 작전에 투입된 온갖 종류의 선박 중에서도 해상 인명구조라는 목적에 맞게 특수 설계되고 건조된 것이 있었다. 그러나 이 특수 선박들을 같은 목적으로 집단 운용한 시도는 한 번도 없었다.

5월 30일 목요일 오후까지는 그랬다. 그날 오후 영국 왕립인명 구조협회는 해운부로부터 전화 한 통을 받았다. 램지 제독의 지휘하에 즉시 작전에 투입할 수 있는 구명정을 최대한 많이 동원해달라는 요청이었다.

'즉시'라는 단어가 노퍽만큼 먼 북쪽 지역과 도싯만큼 먼 서쪽

버트럼 램지 제독(좌)과 영국 원정군 총사령관 고트 경(우)

지역을 모두 포함하는 것이라면 그것은 아주 무리한 요구였다. 하지만 모터의 도입으로 구명정이 노와 돛의 시대엔 상상할 수 없었던 독립적인 이동성과 가동 반경을 갖춘 것은 사실이다. 목요일이 거의 끝나가는 시점이었음에도 불구하고, 목요일과 금요일 도버항에 집결한 구명정이 17척 이상이었던 것으로 미루어 영국 왕립인 명구조협회가 훌륭한 조직이라는 것은 충분히 증명되었다.

또하나의 거대한 선단이 출현하는 순간이었다!

구명정들은 다음과 같은 항구로부터 모였다. 그레이트야머스, 골레스턴, 로스토프트, 올드버러(2척), 월턴앤드프린턴, 클랙턴, 사우스엔드온시, 월머, 하이드, 던지니스, 헤이스팅스, 이스트본, 뉴헤이븐, 쇼어햄, 풀. 총 16척이었으나, 마침 캐드귀스에서 사용될 목적으로 방금 진수를 마친 동력 구명정 한 척이 로헤지의 조선소에서 도버로 곧장 급파되었다.

집결항에 도착한 구명정들의 선원은 수병으로 교체되었다. 다만 해군 장교들이 직접 관할하는 램즈게이트와 마게이트의 구명정들은 자체 선원들을 그대로 두었다. 이후 구명정들은 곧장 덩케르크로 향했다. 도버항의 구명정들은 덩케르크로 가지 않았는데, 도버항 자체의 업무가 많아서 그 작업에 배당하기로 이미 해군성에서 결정했기 때문이다.

이 구명정들이 수행한 역할이 기록으로 남아 있지 않다는 건 애석하다. 그러나 그 활약상은 당시에 보고된 것 이상으로 중요했다. 필자는 당시 구명정을 지휘했던 장교들과의 대화를 통하여, 짙은 연기 장막에 휩싸인 덩케르크 항구의 어둠 속에서 선박들이 뒤엉킨 채 서로 충돌을 피하려고 안간힘 쓰던 아비규환이 그들의 가장 생생한 기억이라는 인상을 받았다. 그리고 선박들을 향해 하늘에서 폭탄이 쏟아지는 비극적인 광경, 그 속에서도 놀라운 군 기강을 보여주며 배에 오르던 병사들…….

덩케르크는 각양각색의 이질적인 사람과 선박 들이 연식을 따지지 않고 출정했던 특권인 동시에 완벽한 다국적 조합을 보여주었다. 이삼 주 전만 해도 네덜란드 국기를 달고 본업에 종사했던 네덜란드의 '슈이츠'[1]가 이제는 영국 해군 소속 젊은 장교들의 지휘하에 영국 군함기를 나부끼고 있었다. 영국의 지원 요청으로 오스탕드에서 급파된 벨기에 트롤선, 프랑스의 소형 어선, 에식스에서 온 굴 채취선.

그러나 영국인에게는 익숙한 파란 선체의 구명정들도 외국 해역에서는 더없이 낯선 방문객처럼 보였다. 램즈게이트와 마게이트의 두 구명정에 승선한 선원들의 나이를 합하면 600세였으나, 이 '노년'의 남자들이 위대한 작전에서 과연 얼마나 공헌했는지는 곧 판단할 수 있을 것이다.

5월 30일 14시 20분, 램즈게이트의 구명정이 나룻배 8척을 끌고 영국을 떠났다. 덩케르크 근해에 도착하자 나룻배들이 해변으로 접근하여 식수통들을 하역하고 병사들을 실어나르기 시작했다. 병사들은 구명정으로 옮겼다가 다시 인근에서 계류 중이던 모터보트로 갈아탔다. 그런 식으로 그날 밤 구조된 병사가 총 800명이었다. 그런데 모터보트의 엔진에 문제가 생겨서, 램즈게이트 구명정의 선원 두 명이 승선하여 모터보트를 영국의 남동 해안으로 운항하는 데 도움을 주었다. 한편 인력이 줄어든 구명정은 계속 덩케르크 근해에 머물면서 5월 31일 주간과 야간 내내 마지막 나룻배가 파괴될 때까지 철수 작전을 계속했다.

독일군의 맹공 속에서 임무를 수행한 구명정은 램즈게이트 항으로 회항했다. 무사 귀환이 행운이라고, 또는 뛰어난 항해술이라고, 아니면 둘 다라고 해도 무방했다. 그런데 램즈게이트 구명정의 선원 중 단 한 명도 부상을 입지 않았고 구명정 선체는 약간 긁히기는 했으나 말짱한 수준이라는 놀라운 사실이 알려졌다. 이 구명정이 구조한 병사는 총 2800명이었다. 구명정이 '때 빼고 광을 내기'가 무섭게 6월 5일 새벽, 소형 선박 두 척이 해상에서 위험에 처해 있다는 보고가 들어왔다. 그리하여 램즈게이트 구명정은 다시 출동했다. 그들이 발견한 것은 소형 모터보트 한 척이 노 젓는 배 한 척을 거센 조류를 헤치며 간신히 끌고 가는 모습이었다. 6월 4일 06시에 덩케르크에서 탈출한 프랑스 병사 68명은 식량도 식수도 없는 상황이었고 최소한의 항해 지식을 지닌 사람도 없었다. 그들은 탈출하기 직전까지 나치와 교전을 벌이느라 몹시 지친 상태였고 항해의 불확실성에 겁을 먹고 있었다. 다행히 누군가가 모터보트의 시동을 거는 데 성공했지만, 그들을 본 영국 구명정 선원들은 두 선박 모두 굿윈샌즈에 난파되고 말았을 거라고 말했다.

마게이트 구명정도 5월 30일 목요일 오후 덩케르크로 향했다. 해변과 대기 중인 구축함들 사이를 예닐곱 차례 오가면서 600명 가까운 병사들을 실어날랐다. 그러나 다음날 07시 15분경 바람이 거세지고 해변으로 큰 파도가 치면서 병사들을 수송하기가 불가능해졌다. 그래서 마게이트로 회항을 결정했는데 이것이 또 한번의 귀중한 생명을 구하는 기회가 되었다. 도중에 선원과 병사 17명이 탄 소형 보트 한 척을 발견했는데, 그들은 거친 파도에 휩쓸려 언제 죽을지 모를 운명에 처해 있었다. 다행히 파란색 구명정이 그들을 곤경으로부터 구해냈다.

그 무렵 영국의 남동 해안에서 바라보고 있노라면, 온갖 종류의 선박이 낮과 밤을 가리지 않고 어느 시간에나 항해하는 것을 볼 수 있었을 것이다. 도버와 덩케르크를 오가던 무수한 선박들은 종종 수송선을 놓치고 보트에 실려 표류하고 있는 낙오자들과 조우하곤 했다. 도버의 구명정은 두 차례에 걸쳐 유용성을 입증하면서 본연의 목적을 충실히 이행해나갔다. 그 첫번째는 6월 2일 밤, 굿윈샌즈 방면으로 무력하게 표류하던 고장난 모터보트 한 척을 구조한 것이었다. 15명의 지친 영국 병사들은 구명정에 고마움을 표할 이유가 충분했다.

그로부터 3일 후 이른 아침, 도버 구명정은 병사 15명을 더 구조하여 항구로 데려왔다. 병사들은 전날 덩케르크를 탈출해 노를 저었으나 체력이 고갈된 상태였다. 그중 두 명은 벨기에인, 열세 명은 프랑스인이었다. 그들이 구조되어 한낮에 본 '신뢰할 수 없는 앨비언[11]'의 하얀 절벽만큼 세상에서 아름다운 것은 결코 없었을 것이다.

영국 육군의 생존을 기적에 의존해야 했던 덩케르크 철수 작전과 같은 사례를 비용으로 따질 수는 없다. 인간의 생명, 품격, 국가의 안위는 금전적 가치로 평가할 수 없기 때문이다. 이 거대한 선단에 들어간 비용은 해군 선박의 순수 운용비나 귀중한 선박의 손실을 제외하더라도 어마어마한 액수에 달할 것이다. 연료, 음식, 장비에 들어간 비용과 부대비용만으로도 회계사들을 깜짝 놀라게 만들 것이다.

이 거대한 작전의 극히 일부만 예로 들어도, 영국 왕립인명구조협회가 지출한 금액은 하이드 구명정 손실, 장비와 보급품 교체, 수리 등의 비용을 포함하여 8000파운드에 육박했다. 물론 협회는 국가로부터 단 1페니도 지원받지 않고 모든 비용을 자체 해결했다. 이스트본 구명정은 크게 손상되어 버려졌지만 이후 귀항에 성공하여 조선공들의 손에 넘겨졌다. 사실 모든 구명정이 크고 작은 손상을 입었다.

그러나 유럽의 자유를 위한 긴 싸움에의 대가로서 그 정도는 얼마나 적은 것인가! 훗날 우리가 정당한 승리를 거두었노라고 말하게 될 때 그 대가는 얼마나 가볍게 느껴질지!

이 작전이 그토록 혹독하지 않았더라면 혹자는 영국해협을 건너는 수많은 선박들을 하나의 거대한 레가타2로 비유했을지 모르겠다. 군함, 상선, 어선, 요트가 총출동하여 누가 가장 많이 왕복하고 가장 많은 사람을 실어나르는지 경쟁하는 경기 말이다.

건전한 경쟁은 당연히 좋은 것이다. 구축함 한 척은 5회 연속으로 포탄과 폭탄 세례를 뚫고 덩케르크를 왕복했으나, 6번째는 기관실 내부의 손상으로 속력이 절반으로 줄었다. 이런 악조건에도 불구하고 그 구축함은 7번째 왕복에 성공했다. 게다가 7번째는 무수한 독일군 폭격기로부터 세 번이나 급강하 폭격을 받고도 성공한 것이었다.

이런 구축함과는 대조적으로, 70세 노인이 아들과 함께 자신의 모터보트를 타고 느릿느릿 덩케르크로 향하기도 했다. 전직 해군으로 산전수전 다 겪은 노익장은 병사들을 사지에 남겨두고 온다는 생각을 견딜 수 없었고, 포탄이 빗발치는 덩케르크를 3일 밤낮으로 왕복했다. 노익장의 작은 배는 7번째 항해에서 두 방파제 사이에서 다른 선박들의 프로펠러에 쓸려오는 바닷물과 파도를 고스란히 감당하다가 결국 큰 파도에 휩쓸려 침몰했다. 현장에 있었던 한 장교의 표현을 빌리자면, 어둠 속에서 그 입구는 악몽 자체이며 마치 양쪽에서 급행열차가 달려오는 상황에서 철로를 건너는 것이나 마찬가지였다고 했다.

선박들이 덩케르크항에 머물렀던 긴 시간을 마음속으로 그려보면 볼수록 경이로움은 커져만 간다. 구조작업에 투입된 선박들은 처음부터 끝까지 위험에 첩첩이 포위된 것과 같았다. 용케 기뢰를 피한다 해도 해안 포열에서 포탄이 날아왔다. 운이 좋거나 민첩하다면 포탄까지 피할 수 있으나, 그다음은 급강하 폭격기다. 작은 선박들조차 손상을 입고 심지어 침몰하기도 했다는 건 놀랍지 않다. 상대적으로 큰 선박은 공습으로부터 살아남은 예가 극소수였다. 간담이 서늘해지는 위험 없이 임무를 수행한 선박은 단 한 척도 없었다.

유틀란트 해전에서처럼 덩케르크에도 '위험지대'가 있었다. 작전이 펼쳐진 10일 동안 선박들이 항로를 변경해야 하는, 그리고 그렇게 함으로써 적군의 집중포화를 받게 되는 기피 지점 말이다. 독일군은 목표물을 정조준하여 정확하고도 리드미컬하게 포격을 가해 왔다. 째깍째깍 시간이 가고…… 쾅. 째깍째깍 또 시간이 가고…… 또다른 포탄. 관찰력이 예리한 지휘관이라면 속력을 줄이고 섬광이 작열할 때까지의 시간을 계산했을 것이다. 그러고는 갑자기 속력을 최대로 높여서 포격과 포격 사이를 틈타 위험지대를 빠져나갔을 것이다.

제1차세계대전 동안 부자들이 소유했던 증기 요트 다수가 해군성에 징발되어 유럽의 여러 지역에서 특히 대잠 임무를 수행했다. 그러한 요트 중 하나인 '나르키소스'호(영국의 한 퇴역 해군장성이 지휘한)는 어느 가을날 독일제국 해군의 UBIII형 잠수함 'UB-49'에 큰 타격을 가하여 스페인 군항 카디스로 향하게 만들었다. 1939년 제2차세계대전이 발발했을 때 증기 요트의 수는 줄어 있었다. 일부는 해외로 팔렸고 일부는 파손되었으나, 역전의 '나르키소스'호는 아직 물살을 가르고 있었고 심지어 다시 영국 군함기를 달았다. 이번에는 HMS '그리브'로 이름이 바뀌었으나(영국 해군항공대 소속 보급선으로서), 그 역량만큼은 예전 그대로였다.

'나르키소스'호를 지휘했던 해군 퇴역장성은 이미 오래전에 사망했으나 고인만큼 용감한 또다른 퇴역 장교가 바통을 이어받았다. 그가 바로 캐번 경의 형제이자 수훈장을 받은 명예 대령 라이어널 램버트다. 중위였던 그는 포격 훈련 중 사고로 두 발의 발가락을 전부 잃었고 한쪽 다리를 완전히 절단해야 했다. 모진 고통에도 불구하고 그 젊은 장교는 불평 한마디 없이 시련을 감당하면서 해군의 길을 계속 걸었다.

퇴역한 후에도 그는 여전히 두려움과 인내의 한계를 모르는 유명한 폴로 선수였다. 얼마 후 비행기 조종을 배우기 시작했고, 대부분의 사람들이 한층 조용한 삶을 선택하는 60세 나이에 항공기 조종사 자격증을 땄다. 용기 있고 온화하며 음악을 사랑하는 한편 어떠한 자기 과시도 질색했던 그는 67세에 다시 해군으로 돌아와 HMS '그리브'호를 지휘했다. 816톤의 이 요트에서 그는 위대한 임무를 수행했다. 눈코 뜰 새 없었던 3일 동안 낙후되고 좁은 선박으로 2000명 이상의 영국 원정군을 구조한 것이다. 그러나 이 배는 네번째 덩케르크행에서 독일군에 격침되었다. 이때 살아남은 영국 해군예비대 소속 마일스 중위가 수훈 십자장을 받기도 했으나, 승조원 43명 대부분은 선박과 운명을 같이했다.

덩케르크 철수 작전에 투입된 네덜란드 선박들도 훌륭히 맡은 몫을 해냈는데, 그중에도 '도저스뱅크', '혼스러그', '트벤테', '힐다'를 지휘한 영국 해군 장교들은 훈장의 영예를 안았다. 네덜란드 해군은 덩케르크 작전에서 전력을 다했다고는 할 수 없지만 그래도 자국의 선박 한 척을 잃는 등 분투했다.[3]

'선원은 국적에 상관없이 서로 돕는다'는 옛말이 있는데, 여기엔 일부 북독일 선원들(정치 지도자들은 제외하고)도 포함된다. 제2차세계대전이 발발하기 1년 전, 나는 외국 해역에서 한 북독일 선원으로부터 호의와 환대를 받은 기억이 있다. 물론 나치 공군이나 육군도 인간적이라는 것을 인정하기 위해선 좀더 뚜렷한 증거가 필요하겠지만 말이다.

그러나 대영제국훈장을 받은 영국 랭커서 플리트우드의 세 어부보다 더 자기희생적인 행동을 보여주긴 힘들 것이다. 그들은 트롤선 '가바'호를 타고 낚시 여행을 끝낸 뒤 플리트우드로 돌아온 즉시 덩케르크 작전에 자원했다. 그중 아무도 참전 경험이 없었지만 그들은 두려워하지 않았다. '가바'호는 소총 1정과 브렌 경기관총 1정으로 무장했다.

어부와 같은 배를 타는 동료가 된다면, 그들이 소총 1정만 있어도 적군을 혼쭐내고 자기네의 배짱을 보여줄 수 있다며 아주 행복하고 자신만만해하는 것을 알게 될 것이다. 드디어 덩케르크 해안에 도착한 '가바'호는 나치 조종사들이 생각만큼 창공의 영리한 제왕이 아니라는 것을 입증해 보였다. 이 선원들은 독일 전투기들을 정확히 조준하여 3대를 격추시키고 1대에 큰 타격을 입혔다.

정규 전함이라 해도 그 정도의 포격이면 크게 자랑스러워할 것이다. 그러나 '가바'호는 만족하지 않았다.

'가바'호는 덩케르크 부두에 접안하고 프랑스 병사 376명을 태웠다. 그런데 외항 정박지에 있던 프랑스 구축함 한 척이 침몰 중이었다. 생존자들을 구조하는 일이 시급했다. '가바'호의 세 선원은 그 바다에서 죽을지도 모른다는 위기감을 느꼈지만 그럼에도 지체 없이 옷을 입은 채 바다로 뛰어들었다. 이 젊은이들은 존 존스(23세, 갑판선원), 해리 곤(27세, 갑판선원), 아서 던(27세, 통신사)이었다. 그들의 용맹한 노력 덕분에 프랑스 병사들은 거센 조류에도 불구하고 죽음의 문턱에서 기사회생할 수 있었다.

그들이 주시한 것은 구축함의 생존자 123명을 구조한 또다른 무장 트롤선이었다. 그 트롤선이 침몰 위기에 처해 있었던 것이다. '가바'호는 트롤선의 프랑스 병사 123명과 선원 3명까지 126명을 구조함으로써 기존 376명을 합쳐 총 499명을 승선시켰는데, 이는 동일 크기의 선박이 세운 최고 기록일 것이다.

우리의 걱정에도 불구하고 상황은 저절로 우리 생각보다 훨씬 더 좋은 방향으로 흘러가곤 한다는 건 참 이상한 일이다.

항구의 입구가 비좁고 수심이 비교적 얕아서 접근이 제한적인 덩케르크를 활용한다는 결정이 내려졌을 때, 많은 사람들은 한 번에 5000명가량을 실어나를 수 있는 대형 수송선을 아예 운용할 수 없으니 철수 작전은 길고도 더딘 과정이 되겠다며 불안해했다. 그런데 돌이켜보면 군인들을 대형 선박 몇 척에 몰아넣는 것보다 다수의 소형 선박에 나누어 수송한 것이 천만다행이었다.

실제로 독일군 전투기가 십중팔구 명중시킬 몇 척의 거대한 표적보다는 셀 수 없이 많은 소형 선박을 배치하는 것이 훨씬 효과적이었다. 한 장교는 내게 5월 31일 밤 덩케르크항으로 들어갔을 때 매캐한 연기는 방해물이 아니라 보호막임을 깨달았다고 말했다. 바람에 연기가 해안을 따라서 수평으로 자욱해졌기 때문이다.

제너럴 증기선 운항회사 소유의 모터보트 '불핀치'(433톤)의 H. 벅스턴 선장이 작성한 보고서도 의미심장하다. '불핀치'호는 작전에 투입되기 전까지 주로 프랑스 북부와의 교역에 이용되었다.

1940년 5월 28일 22시 20분. 스몰다운스에 정박 중이던 '불핀치' 호는 즉시 드판 해변으로 출항하라는 명령을 받음. 해변 도착 시각은 5월 29일 04시 50분. 해변은 병사들로 가득했지만 소형 선박 수 척이 적은 수의 병사들을 수송하는 수준이었음. 해변으로 접근하라는 명령에 따라 닻을 올리고 서서히 해변으로 향함.

05시 43분경 해변에 상륙. 그러나 닻을 내리지 않은 상태에서 선미가 동쪽으로 급선회하여 선박이 해변에 이리저리 부딪힘.

적재인원 일부가 승선한 뒤 한 병사가 밧줄을 가지고 해변으로 헤엄쳐 감. 13센티미터 밧줄 2개가 선박을 해변으로 강하게 끌어당김. 간조기에 병사들이 물속을 걸어와 선박의 사다리로 승선함. 계속해서 1300명가량이 승선했고 그동안 밸러스트 탱크의 평형수를 배출함. 적재인원이 모두 승선한 뒤 사다리를 올림.

병사들이 가져온 브렌 경기관총 2정은 갑판 양쪽에 설치함. 선박에 탑재된 루이스 경기관총에도 사수가 배치됨. 공중 폭격이 하루종일 계속됨. 불안한 시간이 지난 후 17시 30분부터 18시 15분까지 항해 준비를 하고 출항함.

독일 항공기가 우리 선박을 지속적으로 공격함. 덩케르크를 지날 때 폭탄 수 발이 선미 가까이 떨어짐. 그 충격으로 회로차단기가 작동하여 조타장치 불능. 엔진이 정지했으나 기관사들이 성공적으로 수리를 함으로써 다시 항해를 시작함.

급강하 폭격기 3대가 선미로부터 공격해 옴. 브렌 경기관총 사수 중 한 명인 쿡 병장이 폭격기 1대를 격추시킴. 곧이어 또다른 폭격기 3대가 이번에는 선수 쪽에서 공격해 오자 쿡 병장이 또 1대를 격추시킴. 반복적으로 공격을 시도하던 독일군 폭격기들은 결국 스핏파이어[2] 편대에 쫓겨감.

스몰다운스에 도착한 '불핀치'호는 램즈게이트 항구로 이동하라는 명령을 받았다. 램즈게이트에서 병사들은 신속하게 하선했다.

폭발의 충격으로 나침반 두 개가 모두 고장난 것은 나중에야 발견되었다. 한차례 기총 공격도 받았으나 부상자는 병사 한 명에 그쳤다. '불핀치'의 선장은 효과적인 사격으로 선박을 구한 브렌 경기관총 사수를 극찬했다.

'골든이글'호는 원래 여객선이었고, 바로 그 이유 때문에 프랑스에서 영국으로 군대를 수송하는 데 최적의 선박으로 꼽혔다. 먼

스핏파이어

훗날 지금의 우리들 대부분이 죽고 세상에 널리 알려진 선박들이 부서진 후에도 사람들은 여전히 그 배들을 몰고 섬뜩한 죽음의 회오리 속을 넘나들었던 선원들의 진솔한 이야기를 알고 싶어할 것이다. 바로 그렇기에 '골든이글'호의 기관장 F. 반스의 말을 여기 소개해야 하는 것이다.

우리는 덩케르크에서 약 2000명의 병사를 데려왔어요.

첫번째 항해에는 당시 폭침 중이던 '웨이벌리'호의 생존자들을 구조했어요. 생존자들은 바다에 빠졌고 선박이 침몰한 후엔 기총 공격도 받고 있었어요. 부상을 입고 탈진한 많은 사람들을 구조하여 마게이트로 돌아왔지요.

다음 항해에는 08시에 덩케르크 동쪽 해변에 도착해서 21시에 회항했어요. '골든이글'호가 가지고 있는 보트 두 척만으로 병사들을 해변에서 실어 오자니 속도가 더디었지요. 독일 폭격기들의 쉴새 없는 공격을 받았지만 기관총으로 영국 전투기들이 올 때까지 그럭저럭 버틸 수 있었어요. 결국 독일군의 중포 공격 탓에 선박 위치를 변경할 수밖에 없었어요. 독일 항공기 한 대가 포대에 목표물의 위치를 알려주고 있었으니까요. 마침내 우리는 항구로 진입하여 병사들을 가득 실었어요. 승선 인원이 1500명가량 됐거든요. 항구 안에 있는 동안 약 50대의 폭격기가 공격해 오더군요. 부두에 있던 그 많은 선박 중 폭탄이 명중한 것은 한 척도 없었어요. 그래도 폭탄들이 불안할 정도로 가까이 떨어졌지요.

마지막 항해 때는 덩케르크에 도착한 시간이 한밤중이었어요. 01시에 동쪽 부두에 접안하라는 명령을 받았지요. 당시에 우리는 덩케르크 근해에 도착했으나 03시까지 항구로 진입하지 못했어요. 항구로 진입하여 가져올 수 있는 것은 다 실어 오라는 지시를 받고 이동하려는데, 02시 50분에 다시 원위치를 고수하라는 명령이 떨어졌거든요. 아무튼 항구로 진입하여 접안하고 보니 아무도 없더군요. 그때 폐색선들이 입항하여 우리더러 나가라고 했어요. 포격이 얼마나 무시무시하던지 우리가 무사한 게 천운이라는 생각 밖에 들지 않았어요. 스폰슨⁴의 용수철 하나가 떨어져나가 좌현타에

끼었어요.

우리는 그 용수철을 빼내려고 밖으로 나갔어요. 그런데 용수철이 밴조banjo를 칭칭 감고 있어서 제거하는 데 한참 걸렸어요. 그때 정박지에 있던 선박은 구축함 한 척과 우리 '골든이글'호 단 두 척뿐이더군요. 다른 선박들은 전부 사라지고 없었어요. 동이 트면서 포탄이 점점 더 가까이 떨어졌고, 이제 한 발 맞는 건 시간문제구나 싶더라고요. 타륜에서 소음이 많이 났고 윤활유관은 파손된 상태여서 회항 시에 밴조가 좀 뜨거웠지만, 그래도 그 녀석 덕분에 우리가 돌아올 수 있었지요.

---

[1] **앨비언**Albion: 옛날에 잉글랜드 섬을 가리키던 말로, '하얀 나라'라는 뜻이다. 유럽인들이 해협을 건너 영국으로 접근했을 때 가장 먼저 보이는 도버 부근의 눈부신 하얀 절벽에서 기인한 말이다. '신뢰할 수 없는 앨비언'이란 유럽에서 영국을 적대시하여 쓰던 표현이다.

[2] **수퍼마린 스핏파이어**Supermarine Spitfire: 제2차세계대전 당시 영국 공군을 상징하는 전투기로 보다 구형인 허리케인 전투기와 함께 덩케르크와 영국 본토 항공전에서 독일 공군을 상대로 크게 활약하였다. 1936년 3월에 첫 비행을 했으며 최고 속력은 시속 595킬로미터에 달했다.

제12장

연락선

덩케르크와 도버는 연락선으로 네 시간이면 닿을 정도로 가깝다. 그러니 도버에서 칼레, 뉴헤이븐에서 디에프, 포크스턴에서 불로뉴 또는 홀리헤드에서 아일랜드까지 빠르게 오가는 철도 연락선 같은 선박들이 영국 원정군의 철수 작전에 제격이었다는 점은 쉽게 이해가 될 것이다.

공간, 속도, 적절한 흘수선이 필수조건이었다. 이 조건을 완벽하게 만족시키는 21노트의 도버-칼레 우편선은 해군 작전에 이상적인 선박이었다. 이것은 실전에서 입증되었다. 구축함 한 척이 최대 1200명의 병사를 발 디딜 틈 없이 실상 서서 잠을 잘 정도로 빽

영국 병사들이 폭격당한 덩케르크 거리를 지나 항구로 향하고 있다.

빽하게 태워야 했던 반면, 도버-칼레 철도 연락선은 평균 2000명 이상을 승선시켰고 횟수가 거듭될수록 승선 인원도 늘어갔다.

풍부한 기략과 강한 인내력을 지닌 연락선 선장들은 최고의 찬사를 받는 데 결코 부족함이 없다. 특히 예기치 않게 정규 항로를 벗어나 낯설고 변덕스러운 바다를 항해할 때는 더더욱 그렇다. 철수 작전이 최고조에 달했던 기간 동안 이들의 전형적인 항해를 한 가지 골라서 보여준다면 그 노련함을 충분히 이해할 수 있을 것이다.

사우샘프턴 항에 정박 중이던 'L. M. 앤드 스코틀랜드' 철도회사의 증기선 '스코셔'호는 19시 30분 징발 통지와 함께 2시간 안에

'전속력으로' 도버로 출항하라는 명령을 받았다. 21시 30분경에 출항한 '스코셔'호는 5월 28일 07시에 도버에 도착했다. 그리고 당일 17시 정각 잔잔하고 안개 낀 기상조건에서 다운스를 출항하여 덩케르크로 향했다.

덩케르크항 접근로에는 많은 영국 구축함이 계류 중이었고 독일군의 진지로부터 쉴새없이 포탄이 날아들었다. 경험이 풍부한 항해자들에게도 인상적인 현장이었다. 밤이 깊어지자 덩케르크 도심 전체가 화염에 휩싸였고 짙은 연기가 항구를 가렸다. 내항에서는 격렬한 폭발이 잇따랐고, 독일군의 해안 포대로부터 불을 뿜는 중포가 귓전을 때렸다.

자정이 지나고 01시 5분 전 '스코셔'호에 쿵 하는 충격이 전해졌다. 뭔가 묵직한 것이 좌현 뒤쪽 기관실을 때린 듯했다.

상황 파악에 나섰지만 물이 새는 곳은 없었다. 기적이었다! 선박의 만곡부 용골[1]이 기뢰와 충돌했으나 다행히 폭발하지 않았던 것이다.

"덩케르크는 안전한가요?" W. H. 휴스 선장이 소형 스쿠너선을 향해 소리쳤다.

그렇다는 답변이 돌아온 시간은 01시 30분이었다. '스코셔'호는 동쪽 부두의 등대 가까이에 정박했다. 카키색 군복의 기진맥진한 병사 3000명이 대기 중이었는데 상당수가 다리를 끌 수조차 없을 정도로 무기력했다. 36시간 동안 쉬지 않고 임무를 수행해온 탑재 장교들 역시 병사들만큼이나 지쳐 있었다.

'스코셔'호가 다시 항로에 올랐을 때는 옅은 여명 속에서 새날이 슬픈 장면들을 드러내며 밝아오고 있었다. 구축함 한 척이 격침당했고, 수송선 한 척은 좌초되어 퇴선한 병사들이 소형 선박 여러 척으로 옮겨 타고 있었다.

'스코셔'호는 적재한계 이상으로 병사들을 싣고 6시간 후에 도버항으로 진입했다. 그러나 하선하려고 조바심을 내는 병사들이 선박 한쪽으로 몰리는 바람에 접안하기가 몹시 어려웠다.

쉬어니스항에서 간단히 정비를 마친 '스코셔'호는 더 큰 전율을 향해 다시 항해에 올랐다. 선박들이 덩케르크 해역에 대기하고 있었다. '강풍 주의.' 지나가던 구축함에서 경고 신호를 보내왔는데, 슬루프선 한 척이 선수에서 선미까지 연기에 휩싸인 모습으로 그 경고를 생생히 입증하고 있었다. 얼마 지나지 않아서 슬루프선은 침몰했다.

독일군 폭격기 10대가 '스코셔'호를 향해 곧장 날아오는 것이 보였다. 그러나 '스코셔'호의 선미루 갑판에서 브렌 경기관총이, 항해선교에서 루이스 경기관총이 불을 뿜었다.

그와 동시에 휴스 선장은 전속력으로 노련하게 선박을 조정함으로써 폭탄을 모두 피할 수 있었다. 나치 폭격기들이 교전을 피하려는 것처럼 보여서 이상했는데 알고 보니 접근 중인 영국 전투기들 때문이었다. 적기들은 신속하게 자취를 감추었고 그 자리를 영국 전투기들이 지나갔다. "우리는 그때부터 덩케르크로 접근했습니다." 휴스 선장이 말했다. "잔해물을 피하기 위해 수로 표시 부표 안으로 진입했어요. 잔해물과 부표를 피하려고 전력을 다했지요. 입구로 접근하면서 속력을 줄였는데 바로 그때 독일군 폭격기가 또 폭탄 두 발을 떨어뜨리지 뭡니까. 한 발은 좌현 뒤쪽 30미터 거리, 또 한 발은 전방 15미터 거리였지요."

'스코셔'호가 웨스트몰에 도착한 시각은 낮 12시였고, 나치의 해안 포대에서 두세 차례 일제포격을 가한 것 외에는 조용했다. 그러나 불필요하게 시간을 낭비하고 있을 여유가 없었다. 30분도 채 되지 않아서 프랑스 병사 2000명이 승선했고 '스코셔'호는 뱃머리를 돌렸다.

상황은 물론 순조롭게 진행 중이었다. 물론이다. 그러나 독일군은 지금을 절호의 기회로 생각했다.

선미 쪽에서 4대씩 1개 편대를 이룬 독일군 전투기 12대가 저공비행으로 돌격해 왔다. 바깥쪽 전투기 2대가 기총사격을 퍼부었고 안쪽 2대는 각각 네 발씩 폭탄을 투하했지만 이번에도 표적을 놓쳤다. 두번째 편대는 선교와 굴뚝 그리고 전방의 수면에 대고 무차별 기총사격을 가했다. 폭탄 한 발이 선미 기관실의 우현 방향에 떨어졌고, 또 한 발은 선미루 갑판에서 폭발했다. 세번째 편대가 저공비행으로 접근했고, 이번에는 또 한 발의 폭탄이 믿기지 않는 굉음을 내면서 선미 쪽 굴뚝을 무너뜨렸다. 두번째 폭탄은 선미를 충격했다.

문제가 매우 심각했다.

선장은 지체 없이 긴급 구조신호를 보내고 한 차례 더 긴급 타전을 지시했다. 하지만 무선 통신실이 박살이 났다. 통신사는 부상을 입진 않았으나 기절 직전에 있었다. 아! '스코셔'호는 심각한 손상을 입고 우현으로 기울어진 채 선미부터 침몰하기 시작했다. 엔진도 멈췄다.

"퇴선하라!"

평소 탑재하고 있던 구명보트 10척 중 3척은 폭격으로 파손된 상태였다. 게다가 흥분한 프랑스 병사들이 영어 명령을 이해하지 못하고 무작정 구명보트로 뛰어들기 시작했다. 그런 상황 때문에 영국인 선원들은 구명보트를 내리는 데 무척 애를 먹었다. 게다가 '스코셔'호가 우현 쪽으로 기울어진 상태여서 좌현의 구명보트는 더더욱 다루기 힘들었다. 급기야 프랑스군 장교 한 명이 일등항해사의 머리에 권총을 겨누었고, 일등항해사는 선장의 지시를 이해시키기 위하여 최선을 다했다.

프랑스 병사들은 영어보다는 손짓발짓을 더 잘 이해했다. 그래서 휴스 선장은 호루라기와 손짓으로 그들을 진정시키고 구명보트에서 내릴 수 있게 한쪽으로 비켜서도록 이끌었다.

한편 덩케르크에 정박 중이던 HMS '에스크'의 R. J. H. 카우치 소령은 긴급 구조신호를 받고 전속력으로 '스코셔'호 구조에 나섰다. '스코셔'호는 급격히 기운 채 침몰 중이었다. 구명보트를 설치하는 단정갑판은 물에 잠겨 있었다. 상황은 점점 악화되고 있었다. 소령은 노련하게 구축함의 선수를 '스코셔'호의 선원 선실 쪽에 가까이 대고 조난된 사람들을 여럿 구조했다. 그리고 영리하게 '에스크'함의 선체 중앙이 '스코셔'호의 우현에 가도록 조정하여 이번에는 구축함의 선수가 단정갑판으로 향하게 했다. 그동안에도 더 많은 생존자 구조작업이 진행되었다.

철도 연락선이었던 '스코셔'호는 이제 끔찍한 상태에 빠져 있었다. 전방 굴뚝과 돛대가 해수면에 닿을 만큼 오른쪽으로 기울어진 상태였다. 그때 독일군 항공기 2대가 침몰하는 선박에 또다시 폭탄 네 발을 투하했고, 불안하게 헤엄치거나 잔해물을 필사적으로 붙잡고 있던 조난자들에게 기총 세례를 퍼부었다. '에스크'함은 구조작업에 여념이 없었지만 일단 함포 사격으로 나치 항공기들을 쫓아냈다. '스코셔'호의 좌현은 만곡부 용골이 보일 때까지 기울어진데다 그쪽에 수많은 프랑스 병사가 한데 모여 공포에 휩싸여 있었다. 악화일로의 상황에도 불구하고, 카우치 소령은 또 한번 탁월한 항해술을 선보이며 프랑스 병사들에게 밧줄을 던져 붙잡게 하거나 바다로 뛰어들어 구축함으로 오도록 유도했다.

또다시 독일군 폭격기들이 비열한 임무를 계속하기 위하여 돌아왔고, 또다시 '에스크'함은 함포 사격으로 1대를 격추시켰다. 이처럼 적기에 나타난 해군의 도움으로 생존자는 네 명을 제외하고 모두 침몰선에서 구조되었다. 아직 구조되지 못한 네 명은 '스코셔'호의 조리부 선원과 두 명의 프랑스 병사(이 세 명은 중상을 입은 상태였다) 그리고 휴스 선장이었다.

모든 것이 극한 절망에 빠졌을 때 영국의 항해 정신은 최후까지 명예로운 전통을 다시 한번 증명했다. 휴스 선장은 구축함에서 던져준 밧줄을 부상으로 고통스러워하는 조리부 선원의 몸에 감았다. 그리고 선원을 구명보트에 태워 수면과 충돌하지 않도록 조심스럽게 내렸다. 그렇게 중상자 세 명 중에서 최소 한 명을 구축함으로 보낼 수 있었다.

"아주 심각한 부상을 입었어요. 그런데도 그 친구는 누구보다 강한 인내력을 발휘했고 군소리 한번 하지 않았어요." 선원들의 믿음직한 선장은 그렇게 말했다. 다만 그 불쌍한 친구는 나중에 다리를 절단해야 했다.

프랑스 부상병 두 명도 비슷한 방식으로 구조되었다. '스코셔'호에 생존자가 남아 있지 않은 것을 확인한 휴스 선장은 그제야 '에스크'함의 보트 활대 하나를 붙잡고 승선했다. 다른 구축함들도 구조를 도왔고 또다른 수송선에서도 역시 구명보트를 보냈다. 구조된 병사와 선원 들은 급히 영국으로 후송되었으며, 최종적으로 '스코셔'호의 선원 28명이 실종되고 2명은 병원에서 숨졌다. 그리고 병사 300명이 사망했다.

카우치 소령은 훗날 청동 수훈 십자장을 받았다. '스코셔'호의 일등항해사 E. R. 프리처드가 공황상태에 빠진 프랑스 병사들을 진정시키면서 보여준 기지는 훌륭한 것이었다. 애석하게도 맡은 임무에 헌신했던 기관장은 '스코셔'가 침몰할 때 목숨을 잃고 말았다.

"내 선원들은 그 어느 때보다 잘해주었어요." 휴스 선장은 경의를 표하면서 말했다.

선원들도 그들의 선장에 대해 못잖은 찬사를 보냈다. 바로 이런 것들이 영국 상선을 구성하는 요소였다.

독일이 일으킨 1914~1918년의 제1차세계대전은 영국 상선과 해군을 상호 교감의 끈으로 연결했고 서로에게 존경심을 갖게 했다. 그후로 이 두 종류의 항해자들은 형제처럼 서로를 이해하고 배려했다. 그러나 제2차세계대전은 그 이상의 의미를 남겼다. 상선과 해군은 단순한 형제애를 뛰어넘어 서로 분리할 수 없는 단일체가 된 것이다. 이들의 협동작전이 국익에 이처럼 공헌한 예가 없었고, 숭고한 목표를 위하여 서로를 이처럼 공고히 도운 예도 없었다.

여기에도 공동의 적 독일이 크게 이바지했으니 고마움을 전해야 하겠다.

여기서 '안전제일주의'의 철도 연락선들이 더없이 위험한 임무에 투입되었던 예를 하나 더 살펴보겠다. 누구보다도 모범적인 기록에 자긍심을 가진 연락선 선장들에게 그 어느 때보다 위협적이었던 환경에서 말이다.

5월 28일 18시 30분, 런던 앤드 노스이스턴 철도회사 소속의

'프라하'호는 맨 섬 기선회사 소속의 '맨크스먼', 서던 철도회사 소속의 '패리스'와 함께 다운스에서 출항했다. 영국해협을 횡단하는 여행객들에게 '패리스'는 따로 설명이 필요 없을 정도로 익숙한 선박이었다. 제2차세계대전에서는 병원선 역할을 하면서 선박의 표식도 그에 맞게 변경했지만 말이다. 이 점을 기억해두자. 모든 국제조약을 무시했던 나치는 병원선의 적십자 표시마저 존중하지 않았다.

이슬비가 내리고 안개가 낀 밤이었다. 덩케르크행 항로는 쥐트코트 패스를 경유하는 것으로 결정되었다. 그 수로를 항해해본 사람이라면 수심이 꽤 얕고 조류가 강하다는 것을 알고 있다. 날씨가 맑고 평시라면 비교적 식별이 잘 되지만, 야간에 그것도 전시라면 그곳의 남서쪽 끝이 덩케르크항 입구와 아주 가깝긴 해도 웬만해선 가기 어려운 항로였다.

'프라하'호의 흘수선이 4.8미터를 넘고 나머지 두 선박은 그보다 약간 낮다는 것을 알고 있던 백스터 선장은, 일렬종대로 늘어서는 단종진單縱陣 진형으로 신중하게 항해하는 현명한 결정을 내렸다.

그날 밤의 기상조건은 쥐트코트 패스를 이용하는 선박들에겐 분명 호의적이지 않았다. 그러나 명령은 명령이었다. 시계가 매우 불량했고, 쥐트코트에 가까이 접근했을 때는 부표 대부분의 불이 꺼져 있었다. 백주대낮이었다면 별문제가 되지 않았을 것이다. 쥐트코트의 남쪽 해안 끝에 눈에 잘 띄는 긴 건물이 있어서 언제나 훌륭한 경계표 역할을 하기 때문이었다.

그러나 어둠 속에서 '맨크스먼'과 '패리스'가 좌초했고 '프라하' 는 바닥이 살짝 닿았다. 무사고 기록과 그들만의 특별한 '주행거 리'에 익숙했던 선원들이 선박을 그런 위험에 빠뜨렸으니 얼마나 큰 당혹감과 불안감을 느꼈을지 상상하고도 남는다. '패리스'는 곧 위험에서 빠져나왔지만 '맨크스먼'은 몇 시간 동안 꼼짝도 하지 못 했다. '프라하'의 백스터 선장은 일단 니우포르트항으로 기항했다 가 해수면이 1~2미터 상승할 때까지 정박하기로 결정했다. 그의 신중한 결정에 '맨크스먼'의 선장도 이후 동참했다.

일출을 1시간 앞둔 03시 55분, 다시 항로에 오른 세 선박은 이 번에는 어려움 없이 쥐트코트 패스를 지나서 덩케르크에 도착했 다. 덩케르크항의 만조기는 05시 16분이었다. 만약에 동일한 항로 로 회항하려고 한다면 '프라하'호는 시간을 지체하지 말아야 했다. 그래서 동쪽 부두에 안전하게 접안한 '프라하'호는 즉시 군대를 승선시켰다. 승선이 끝났을 때는 '프라하'호의 만재 흘수선보다 40센티미터가량 초과한 상태라 물이 더 빠지기 전 07시 35분에 출항했다.

'프라하'호는 다행히 쥐트코트 패스를 순조롭게 항해했고 5시 간 30분 만에 소중한 화물을 무사히 포크스턴에 하선시켰다. 그리 고 다음날 낮시간을 석탄과 물 보급에 쓴 뒤 그날 밤 다시 덩케르크로 출항했다. 출항할 때는 안개가 짙었지만 덩케르크 해역은 청명했다. 이번에도 간조기에 흘수선 3미터 이하만 작업이 가능한 동쪽 부두에 접안한 터라 급히 승선을 진행했다. 그런데 이날 5월 30일에는 병사들을 가득 태우고 출항 준비를 했으나 해수면이 많이 낮아져서 움직일 수 없을 것 같았다. 사방에 포탄이 떨어지는 가운데 엔진 두 개를 모두 최대 출력으로 가동하고 예인선 두 척의 도움을 받고서야 항구를 빠져나올 수 있었고, 이번에도 무사히 포크스턴에 도착했다.

그후 '프라하'호의 행운은 뒤집히고 말았다.

6월 1일 한번 더 덩케르크로 향한 '프라하'호는 07시 조금 넘어서 목적지에 도착했다. '프라하'호와 같은 대형 기선은 온갖 난파선과 잔해물 그리고 소형 선박으로 혼잡한 항구에서 우뚝 솟아나 있었다. 만조기가 가까워지면서 '프라하'호의 선체는 지표면 위로 솟구쳐 뱃전에 걸쳐놓는 일반적인 현문으로는 승선할 수 없었다. 그래서 병사들은 널빤지와 나무 사다리를 이용하여 가까스로 배에 올랐다.

물론 독일군 전투기들의 괴롭힘은 여전했다. 특히 '프라하' 같은 대형 선박이 갑문과 가까운 외항의 서쪽에 계류(고난도의 기술이 필요했다) 중일 때는 더욱 그랬다. 그러나 '프라하'호는 전투기들의 폭격에도 굴하지 않고 루이스 경기관총과 브렌 경기관총으로 대항하면서 2시간 만에 프랑스 병사 3000명을 승선시킨 뒤 영국을 향해 출항했다. 항상 그런 것은 아니지만 대체로 항구의 서쪽에서는 프랑스 병사가, 동쪽에서는 영국 병사가 승선했다. 그러나 당시에는 어느 나라 병사를 승선시키든 의미가 달라지지 않았다.

'프라하'호는 회항하는 도중에 그라블린의 독일군 포대로부터 맹렬한 포격을 받으면서 큰 곤경에 처했다. 그처럼 좁은 수로에서 '프라하'호의 지그재그 항법은 불가능했다. 그래도 그들은 근처에 위험천만하게 포탄이 떨어지는 상황에서 전속력으로 위기를 모면하기 위해 최선을 다했다.

잠시 후 뤼팅겐 인근에 이르자 이 선박을 곱게 보내주고 싶지 않았던 독일 폭격기들이 맹폭을 가해 왔다. 폭격기 6대가 급강하하기 시작했고, 게다가 구름 속에 있다가 갑자기 모습을 드러낸 폭격기 한 대가 주변을 선회하더니 '프라하'호를 향해 돌진해 왔다. 그때가 10시 25분이었다.

폭격기가 폭탄 세 발을 한꺼번에 떨어뜨렸을 때 백스터 선장은 우현으로 급변침했다. 배가 좌현으로 기우는 순간 폭탄들이 선미 가까이에 떨어졌고, 그 충격이 얼마나 강했던지 선체가 거의 수면 밖으로 들어올려질 정도였다.

확인한 결과 선미에 심각한 손상을 입긴 했으나 폭탄에 맞진 않은 것으로 드러났다. 선미가 가라앉기 시작했고, 우현 샤프트가 심하게 덜컥거려서 그쪽 엔진을 정지시켜야 했다. 모든 방수 밀폐 문들을 (전시 관행에 따라) 미리 닫아놓긴 했으나, 폭발의 충격으로

문들이 상당히 뒤틀리고 벌어진 상태였다. 그 결과 선미 기관실 격벽으로 들어온 바닷물이 주갑판 높이까지 차올랐다. 화부 한 명이 실종됐는데 폭발로 인해 선체 밖으로 팅겨나간 것 같았다.

그런 상황에서도 '프라하'호는 굴하지 않았다. 좌현 엔진 하나만으로, 게다가 물이 차는 상황에서도 계속 전진했다. '프라하'호는 긴급 구조신호를 보냈고, 선원들을 구조하기 위하여 구축함 한 척이 달려왔다. 슬루프선 한 척과 외륜선 한 척을 이끌고 도착한 구축함 HMS '시카리'가 '프라하'호에 접근하여 구조작업을 시작했다. 아직 운항 중인 '프라하'호를 멈추게 하는 것은 바람직해 보이지 않았다. 이 선박은 손상을 입었지만 사실상 자체 최고 속력으로 다운스를 향해 가고 있었던 것이다.

병사 3000명 대부분이 단계적으로 선박 세 척에 옮겨 탔다. '프라하'호는 13시 30분 다운스항 근해에 도착하여 유명한 예인선 '레이디브래시'호를 호출했다. 예인선은 '프라하'호를 단단히 묶었다. 그리고 그날 오후 조심스럽게 '프라하'호를 딜의 북부로 예항하여 닻을 내리게 했다. '프라하'호는 6일 동안 양수작업과 임시 수리를 마친 후 다시 '레이디브래시'호에 예인되어 정밀검사를 위해 웨스트인디아 도크로 들어갔다.

결국 독일군은 자신들의 먹잇감을 빼앗긴 셈이었다.

영국군이 덩케르크 철수 작전에서 세운 위대한 수훈과는 별도로, 대중이 특히 유람선의 적응력과 소형 요트 및 보트 들의 다양성에 열광한 것은 당연한 일이다.

그러나 해협을 횡단하는 연락선들 역시 덩케르크의 부두와 해변에서 펼친 수송 작전을 빼놓는다면 이 또한 잘못된 것이다. 그런 선박들은 적절한 흘수선과 높은 유용성을 갖춘 동시에 크기도 상당했다. 접안 시 시간을 절약하려는, 또는 상대적으로 수심이 얕은 항구에서 출항을 용이하게 하려는 목적으로 설계되고 건조되었기 때문이다.

그러나 각별한 주의를 요한 것은 인력이었다. 덩케르크 탈출은 몇 시간이 아니라 며칠 동안 지속되어야 했기 때문이다. 고출력 터빈엔진이나 디젤엔진은 숙련자에게만 맡길 수 있고, 한편 정규 기관실 선원들에게는 반드시 일정한 휴식 시간을 보장해야 한다. 다양한 선원 협회들이 이 하나의 큰 목적을 위하여 힘을 보탠 것도 바로 그런 이유에서였다. 이를테면 선주들을 대변하는 해운연맹은 선원 인력 공급을 책임지는데 이런 경우 전국 선원조합과 보조를 맞춘다. 항해장과 기관장은 선주들에게 고용되는 반면, 선원 고용은 경우에 따라서 해운동맹의 도움을 받기도 한다. 그래서 모두가, 선주든 고급선원 또는 일반선원이든 각자의 조직을 덩케르크 철군이라는 특별한 상황을 위해 성심껏 빌려주었다.

그러나 해협횡단 연락선들은 별도의 독립된 조직을 갖추고 있었다. 평소에는 일반적으로 종착지 사이에서 정기적으로 인력을 교대 배치했다. 전쟁 초반에 프랑스로 군대 수송이 점점 빈번해지면서 선박과 인력이 함께 차출되었다. 덩케르크 특수 작전이 시작된 직후 선원들은 거의 상상을 초월하는 육체적·정신적 압박을 요구받았고, 사상자 발생은 피할 수 없었다. 교대 인력을 증원해야 했고, 이와 관련한 해운부의 요구에 즉각 응할 수 있었던 것이 바로 해운연맹이었다.

평소 도버항은 영국해협을 횡단하는 일에 집중되고 승무원들은 계속 한 선박에서 일한다. 반면 전시였던 당시는 해군 당국에 협조 중이던 무어 선장에게 고급선원을 보내야 할 필요가 생겼다. 그래서 런던 등지로부터 각각의 연락선에 교대할 인력을 적절히 데려와야 했다. 곧바로 승선하여 일을 시작할 수 없는 경우에는 일단 임시 숙박을 제공하면서 대기하도록 했다. 그러나 탈진 또는 부상으로 더는 승선할 수 없는 선원들을 각각 대등한 직책의 인력으로 교체하는 것은 보통 일이 아니었다.

훌륭한 착상을 보여준 좋은 아이디어였지만 막상 실천하기는 대단히 어려웠다. 덩케르크로부터 군대를 수송하는 일에는 영국으로 회항한 후 다시 병력을 실어 오기 위해 출항하기까지 거의 시간 여유가 주어지지 않았다. 완전히 지쳐버린 선장과 고급선원 그리고 일반선원들은 더는 항해하지 못하고 배에서 내릴 수밖에 없었고, 그러면 해운연맹 직원이 해당 선박의 항해에 필요한 최소 인력을 서둘러 다시 배치하곤 했다.

선원들은 대개 런던에서 모집되어 가장 신속한 방식으로 도버로 보내졌다. 일반 열차는 차량 전체를 운행하는 상황이어서 군용 지원이 불가능했다. 따라서 짧은 시간 내에 버스와 자가용을 징발해야 했고, 도버에서의 선원 공급도 심각한 차질을 빚었다.

터빈엔진을 맡길 수 있는 고도의 숙련된 기관사를 어떻게 구할 수 있을까? 짧은 시간 내에 교대 인력들을 어떻게 모집할 것인가?

적절한 인력들이 즉시 나타남으로써 전국적 조직들의 영향력이 입증되었다. 수많은 기계공장에 지원자를 모집한다는 호소문이 퍼지자 뜨거운 호응이 이어졌다. 항해 경험이 있는 엔지니어들이 고용주들의 열렬한 지원에 힘입어 일터를 떠나 심지어 집에 들르지도 않고 자원했다. 그들은 모자를 쓰고 버스에 올랐다.

더 놀라운 이야기는 지금부터다. 상점과 공장에서 나와 곧장 선박에 오른 그들은 기관실로 내려가 엔진을 가동시켰다. 그렇게 선박들은 병사들이 기다리고 있는 덩케르크로 힘차게 출항했다. 한 가지 사례를 들려주겠다.

6월 2일에는 모든 선박의 선원들이 극도의 피로에 몰렸다. 교대 인력을 도버로 신속하게 보내달라는 긴박한 요청이 전해졌다. 일요일 오후에는 런던 도크 지역들에서 샅샅이 선원을 찾아다녔고 여러 사업장으로 택시가 보내졌다. 그리고 19시 30분경 상사 한 곳에서만 고급선원 11명과 일반선원 76명이 모집되어 전용 버스로 모두 도버에 도착했다. 매우 위험한 작전에 투입된다는 것을 알고서도 자원한 사람들이었다. 일손을 놓고 기꺼이 도우러 달려온 그들에게 국가는 물론 군대도 감사를 표함이 마땅했다. 결론적으로 인력이 부족해 지체된 상선은 한 척도 없었다. 물론 이는 모든 선원에게 필요한 휴식을 제공하지 못했다는 의미이기도 하지만 말이다. 파멸이 임박했음이 명확한 상황에서도 선원들이 불굴의 정신으로 배에 올랐다는 게 놀라울 따름이다.

자기를 돌보지 않고 임무의 성공에 크게 이바지한 이 자원자들의 도움을 결코 잊어서는 안 되겠다.

제13장

배들은 계속 항해한다

대규모 작전으로는 이론상 백 퍼센트 실행 불가능했던 덩케르크 철수 작전이 전 국민의 기도에 직접 화답하듯 이루어졌다. 기적 없이는 절대로 불가능한 일이었다.

그러나 우리는 이 거대한 작전에서 보여준 해군의 놀라운 무공에도, 그에 버금가는 상선 선원들의 공헌에도 제대로 감사할 시간을 갖지 못했다. 특히 상선 선원들에게 기억이 사라지기 전에 고마움을 전해야 할 것이다. 배들이 침몰할 때까지, 선원들이 장렬히 산화할 때까지, 아니면 인간의 정신력으로 더는 감당할 수 없는 지경에 이를 때까지 희생한 사람들에 대한 작은 추모를.

훈련받지 않은 사람들이 본연의 업무와는 거리가 먼 군사작전에 기꺼이 그리고 완벽하게 적응하여 임무를 수행한 것은 기적이었다. 그들은 직업과 수년간의 경험에 의지하여 전혀 익숙하지 않고 생소한 일을, 그것도 낯선 수역에서 해내야만 했다.

많은 선원이 다년간의 항해에서 늘 대비했고 실제로 맞닥뜨리기도 했던 그 어떤 사례보다도 완벽한 성공이었다고 인정하는 이 작전을 어떻게 설명해야 할까? 안개와 태풍, 항해의 난관과 같은 것들이 선원들에게 덩케르크가 요구했던 자질을 심어놓은 것일까? 선장들은 모든 노력에도 불구하고 침몰하는 자신의 배를 애통하면서도 용감하게 지켜보았다. 까다로운 항로뿐 아니라 온갖 방해물까지 겹쳐 항해를 어렵게 만들었으나, 그럼에도 그들은 한번 또 한번 바다를 왕복했다.

이 일을 다른 각도에서 보면 어떨까? 이처럼 가용할 수 있는 선박과 선원 들이 없었다고 가정한다면, 영국해협을 횡단하는 정기 연락선들이 존재하지 않았다고 가정한다면 과연 덩케르크 철수 작전이 가능했을까? 연안무역선과 외륜선이 없었더라면, 유럽의 가장 절박한 궁지에서 수많은 병사들을 구조하는 작전에 과연 그 누가 도움의 손길을 줄 수 있었을까?

우리는 그날 이후로 상선의 가장 단순한 노력에 대해, 가장 하찮은 종류의 부정기 화물선이나 유람선에 대해 생각할 때조차 마음 깊숙이 우러나오는 찬사와 격려를 떠올려야만 한다. 우리는 예부터 그들에게 의존해왔고, 그 선원과 선박 들이 훗날 어떤 방식으로든 간에 항해의 국가적 임무를 수행해주기를 기대하고 있다. 평시에 그들이 우리를 위해 헌신해온 일들을 우리는 얼마나 가벼이 받아들였던가! 얼마나 안일하게 야간 기선에 올랐으며, 아침이면 우리를 목적지에 데려다주는 그 항해술을 얼마나 등한시했던가!

철수 작전이 최고조에 달했던 5월 30일, 런던 미들랜드 앤드 스코티시 철도회사의 기선 '프린세스모드'호는 도버에서 출항하여 최단 항로로 전속력을 내고 있었다. 항해를 완수하기 전까지 과연 어떤 운명과 마주할는지 불확실하기만 했다.

안개 때문에 시계가 3, 4킬로미터로 제한된 상황에서는, 그라블린 근해에서 프랑스 국적의 기선 한 척이 해변에 좌초되어 있는 모습 자체가 '프린세스모드'호를 향한 경고였다. 얼마 후 선미 쪽에서 들려오는 폭발음에 '프린세스모드'호 선원들은 주위를 두리번거렸다. 선미루 갑판에 설치되어 있던 5번 구명보트가 감쪽같이 사라지고 없었다. 그라블린의 독일군 포대가 쏜 일제포격 네 발에 구명보트가 날아가버렸던 것이다.

H. 클라크 선장은 육지로부터 멀리 침로를 변경하고 포격의 사정거리에서 벗어나고자 했지만, 그전에 또다른 포성이 들려온 데 이어 우현 기관실의 흘수선 지점을 포탄 한 발이 직격했다. 수 발의 포탄이 선박 주위로 사방에 떨어졌다. '프린세스모드'호는 심각한 손상을 입었고 선원 네 명이 부상당했다.

일단 사거리에서 벗어난 '프린세스모드'호는 덩케르크로 향했고, 그동안 선원들이 선박의 피해상황을 점검하고 부상자들을 응급처치했다. 선박의 피해는 가볍게 넘길 수 없을 정도로 심각했다. 클라크 선장의 말에 따르면 '기관실에 뚫린 구멍 크기가 약 1제곱미터였고 그곳으로 물이 쏟아져 들어오고' 있었다.

매트리스로 구멍을 틀어막아 침수를 상당 부분 막을 수 있었으나, 그 상태로 항해를 계속하는 건 가망 없는 일이었다. 선장은 구명보트들을 버리는 등 선박의 균형을 잡으려고 모든 수단을 강구했으나 목적지까지 가는 것 자체가 절망적인 상황을 초래할 터였다. 그래서 그들은 영국해협에 떠다니는 온갖 잔해와 부유물 그리고 숱한 선박들을 피해 가며 도버항으로 회항했다.

그것이 16시 직후였다. 그의 선원들은 훌륭하게 대처했다. '프린세스모드'호는 회항 도중에 침몰했어도 이상할 것이 없었다. 그러나 선원들을 비롯한 많은 사람이 밤낮없이 주말 내내 작업에 몰두한 결과, '프린세스모드'호는 6월 3일 완벽하게 수리된 모습으로 20시에 도버항에서 출항했다. 이는 큰 과업에 모든 노력을 집중했을 때 어떤 결과를 이룰 수 있는지 보여준다.

'프린세스모드'호는 옅은 안개 속에서 밤새 항해를 계속한 끝에 여전히 놀라우리만큼 큰 화염에 휩싸여 있는 덩케르크를 발견했다. 자욱한 연기구름이 서서히 서쪽으로 흘렀고, 더 멀리 서쪽으로 5~6킬로미터 거리의 독일군 포대에서 포탄과 함께 악마의 혼성곡을 쏘아올렸다. 혼잡한 해상에는 그 일대를 밝히기 위한 예광탄까지 떨어져 '프린세스모드'호의 전진을 방해했다.

선장과 선원은 한목소리로 해안이 비좁은데다 잔해물이 가득한 것을 애석해했다. 수많은 구축함과 그 주위를 빠르게 오가는 소형 선박들이 장사진을 이루고 있었다. '안전제일주의'를 추구하는 소형 선박의 민간인들이 가장 위험한 항해를 시도하고 있었다. 무리한 항해는 시도하지 않는다는 평소 관행과 정반대의 상황이 연출되고 있었던 것이다. 혹여 외륜선의 잔해물 같은 것이 수로를 막고 있으면 그들은 만조기에 그 위로 지나가며 최선의 상황을 기원해야 했다. 부두 사이를 지나는 입구 상황은 더 나빴다. H. 클라크 선장은 당시 상황을 이렇게 설명했다.

"항구 곳곳에 침몰한 선박의 잔해가 널려 있었고, 불빛이라고는 포탄의 폭발 화염과 간헐적으로 확 일어나는 화재의 섬광이 다였어요." 그 정도로도 항해를 방해받기에 충분했으나 그렇다고 입구 근처에서 부두가 비기를 기다리는 것은 매우 위험했다. 잔해와 다른 선박과의 충돌을 피해야 했고, 사방에서 쇄도하는 듯한 포탄을 피해야 했다.

어둠이 옅어지기 시작했으나, '프린세스모드'호는 외항으로 향하는 한 프랑스 국적의 수송선에 우현 뒤쪽을 들이받혔다. 설상가상으로 12분 후에는 프랑스 트롤선에 좌현 뒤쪽을 선박이 뒤집힐 정도로 들이받히는 바람에 계속 지체할 수밖에 없었다. 드디어 동쪽 부두 맨 끝에 '프린세스모드'호가 접안할 만한 공간이 생겼다. 현문을 사용할 수 없는 상태라 병사들은 사방으로 승선하기 시작했다. 심지어 순종과 잡종을 가리지 않고 개들까지 용케 배에 올랐다. 벨기에와 네덜란드에서 집을 잃고 영국 병사들과 친해진 개들이었다. 그러나 데리고 갈 수 없었기에 개들은 모조리 총살되고 말았다.

6월 3일, 철수 작전의 마지막 밤은 잊기 힘들 것이다. 다음날 일찍 폐색선들을 수장함으로써 덩케르크는 봉쇄 조치될 예정이었기 때문이다. 6월 4일 01시 50분, 병사들을 가득 태우고 그들의 자리를 마련하기 위하여 밧줄까지 전부 던져버린 '프린세스모드'호는 웬일인지 움직이지 못하고 있었다. 방금 빠져나온 접안 공간에 포탄이 떨어졌고 그 여파로 선체가 제자리를 맴돌고 있었던 것이다.

'프린세스모드'호는 어둠 속에서 항구를 나오다가 대기 중이던 폐색선들과 충돌할 뻔했다. 상황이 더 꼬인 것은 "짙은 안개 속으로 뛰어들었기 때문이었지만, 어떤 면에선 오히려 다행이었다." 무엇이 다행이었다는 걸까? 안개로 선박 통행이 줄어서? 그렇긴 했다. 그럼에도 불구하고 '프린세스모드'호는 굿윈 인근에서 닻을 내리기 위해 두 시간을, 그리고 병사들을 하선시키기 위해 날이 밝을 때까지 기다려야 했다.

그레이트웨스턴 철도의 증기선들은 어떻게 됐을까 궁금해하는 사람들이 많았다. 전시보다 행복했던 시절에 관광객들은 그 증기선들을 타고 웨이머스에서 채널 제도까지, 채널 제도에서 다시 생말로까지, 아니면 피시가드에서 아일랜드까지 오가곤 했다. 그 증기선 일부는 군대를 수송하는 수송선이 되었고, 또다른 일부는 선명한 적십자 표식을 달고 병원선과 환자 후송선으로 활용되었다. 그러나 나치 범죄자들은 적십자 표식까지도 무시하는 처사로 문명세계에 충격을 주었다.

적십자 마크가 눈에 잘 띄던 그레이트웨스턴 철도회사 소속 '세인트앤드루'호는 덩케르크 작전과는 상관없이 5월 20일 네틀리에서 불로뉴로 보내졌다. 불로뉴 도심과 항구에 밤낮으로 공습이 시작됐으나, '세인트앤드루'호는 기지 병원에서 부상자들을 태우고 사우샘프턴을 향해 속력을 높였다. 이후 불로뉴항을 더는 사용할 수 없게 되자 5월 22일에는 프랑스 서북부의 셰르부르로 가서 더 많은 환자를 태웠다. '벤로어스'호가 칼레항에 입항한 5월 24일 그리고 다음날 어떤 일이 벌어졌는지는 이미 언급했다. 이번에는 '세인트앤드루'호의 이야기를 들을 차례다.

다운스에 정박 중이던 그 선박은 5월 24일 06시 환자들을 구조하기 위하여 칼레로 출항했다. 칼레항은 온통 연기와 화염으로 뒤덮인 섬뜩한 모습이었다. 서쪽 부두에 세 개의 닻줄을 던지는 순간, 기다렸다는 듯이 해안 포대에서 협차 사격[1]을 가했다. '세인트앤드루'호는 입구에서 물러날 수밖에 없었다. 한 시간 후 다시 접안을 시도하는 과정에서 이번에는 집중포격을 받았다. 병원선의 적십자 표식이 선명하게 눈에 띄었지만 나치는 그런 것은 안중에도 없었다. 제1차세계대전에서 독일군이 병원선들을 무차별 공격했으며 그리하여 '앵글리아'호와 동명의 또다른 '세인트앤드루'호 그리고 병원선 17척이 격침되었다는 사실을 우리는 너무 쉽게 잊었던 것인지도 모른다. 그들을 독일군으로 부르건 나치로 부르건 속은 똑같다는 뚜렷한 증거다.

'세인트앤드루'호는 빗발치는 포화 속에서 임무를 수행 중인 수송선 한 척을 발견했다. 독일군은 '세인트앤드루'호를 그 좁은 입구에 격침시켜서 다른 선박들의 입항을 봉쇄하려고 했다. 그래서 '세인트앤드루'호는 공세가 누그러지기를 기대하며 다시 입구에서 거리를 두고 물러나야 했다. 많은 사람들이 알고 있듯이 그곳의 수로는 좁아서 큰 폭의 항로 변경은 불가능했다. 따라서 '세인트앤드루'호가 수송선에 접근했을 때 해안 포대에서 맹렬한 포격이 쏟아지자 두 선박 모두 위험에 처했다. 놀랍게도 두 선박 모두 아무런 피해도 입지 않았다.

수송선이 위험에서 벗어나자 '세인트앤드루'호는 다시 접근을 시도했다. 그러나 독일군 포병들이 가만히 보고만 있을 리 없었다. 결국 '세인트앤드루'호는 도버로 회항했다.

이 같은 시련은 '세인트앤드루'호의 자매선이며 역시 그레이트 웨스턴 철도 소속인 '세인트헬리어'호의 항해에도 찾아왔다. 이 선박은 5월 22일 간조기에 칼레에 입항했는데 부두뿐 아니라 항구 전체가 텅 비어 있었다. 2000명의 병사를 구조할 계획이었으나 부두에 접안을 시도하는 동안 불과 300미터 상공에서 적기 3대의 공습을 받았다. 가까이의 파괴된 건물 속에서 프랑스 병사 몇 명이 뛰쳐나와 선박의 접안을 도우려고 했으나 사태는 호전되지 않았다. 승선할 군인들이 나타나지 않는데다 보름달이 뜬 밤하늘에서 공습이 점점 더 거세지자 '세인트헬리어'호는 도버로 회항을 결정했다.

그래도 이 선박 두 척은 이후 덩케르크에서 더욱 큰 활약을 했다. 무엇보다도 '세인트헬리어'호는 5월 23일에 영국 병사뿐 아니라 프랑스 병사까지 총 1500명을 도버로 데려왔다. 연료를 공급받은 후 다시 덩케르크로 향했다가 일단 다운스에 닻을 내렸다. 덩케르크 해안으로부터 포격을 받고 침몰하는 선박들이 속출하고 있었기 때문이다. 그러나 다음번에는 '세인트앤드루'호와 '세인트줄리언'호까지 함께 오스탕드를 경유하여 덩케르크로 접근했다.

'세인트헬리어'호는 공습을 받았으나 피트먼 선장은 용케 폭탄을 피해 갔다. 그 지점은 전에도 공습을 받은 곳이었고 거기서 격침되면 항구 입구를 봉쇄할 위험이 있었기에 그 배는 공습이 끝날 때까지 항구로 진입하지 않았다. 재차 접안을 시도하는 동안 수송 장교는 '세인트헬리어'호에게 잠시 부두를 벗어나 있으라고 명령할 수밖에 없었다. 배가 외항에서 대기하고 있을 때 독일군 전투기들의 집중 폭격이 시작되었고, 결국 도버로의 회항이 결정되었다.

반면에 '세인트앤드루'호는 독일군의 악랄한 공세 속에서도 부상자들을 구조할 수 있었다. 병원선 '세인트줄리언'호의 L. T. 리처드슨 선장은 곧장 부두로 향했다. 다행히 조류는 잔잔한 편이었고 폭탄은 6미터 바깥에 떨어졌지만 그래도 선체가 크게 흔들릴 정도였다. 리처드슨 선장 또한 프랑스 병사들을 소리쳐 불렀지만 별 소용이 없자 승선을 포기하고 도버로 돌아왔다. 독일군 전투기 17대가 폭탄을 쏟아붓는 현장은 참으로 견디기 힘든 지옥이었다.

도버 회항 2시간 후 '세인트줄리언'호는 '세인트앤드루'호와 다시 덩케르크로 출항하라는 명령을 받았다. 그러나 칼레 인근부터 포격이 시작되었다. '세인트줄리언'호는 환자들을 승선시켜 뉴헤이븐으로 후송했다. 하지만 다음날은 극한의 노력에도 불구하고 독일군의 포격 때문에 다이크 등대선을 지나지 못했고 지그재그 항법으로 간신히 위기를 벗어났다.

선원들 모두가 굉장한 압박감과 피로에 시달렸으며, 병원선을 보호할 생각이 전혀 없는 독일군의 행태는 그야말로 최악이었다. 5월 27일에는 '세인트줄리언'호가 선두에 서고 '세인트헬리어', '키노', '로열대퍼딜'[1], '세인트앤드루'가 뒤따랐다. 미들키르케 부표 인근에서 구축함 두 척의 호위를 받았음에도 불구하고, 폭격과 포격 탓에 그들 네 척은 회항해야 했다. '세인트앤드루'호와 '세인트줄리언'호는 하루 전에 이미 독일군의 그라블린 포대로부터 포격을 받았다. '스코셔'호[2]가 독일군 소형 'E' 어뢰정의 공격을 받는 모

영국 우편선 '킹 오리'

습도 목격했다. 그러나 5월 27일 월요일의 큰 위기는 바로 다음의
사건이었다.

수송 장교는 포격으로 이미 안벽이 붕괴되는 상황이니 어떤 선
박이든 입항하지 말라고 경고했다. 혹시라도 입항하는 배가 침몰
하여 항구를 봉쇄함으로써 이후의 모든 노력을 수포로 돌릴까봐
걱정한 것이다. 따라서 피호송 선단을 다시 꾸려야 했고 그들 대부

분은 다운스로 되돌려보내졌다. 5월 29일에 이르러서는 부담이 점점 버거워지고 있었으나, '세인트헬리어'호에 수병과 루이스 경기관총을 지닌 육군 병사 20명이 승선하면서 피트먼 선장은 크게 기뻐했다. '세인트헬리어'호는 짙은 안개 속에서 출항하여 덩케르크에서 병사 2000명을 승선시켰다. 기상조건으로 전투기들의 시계가 가려진 덕에 그들은 안전하게 임무를 수행할 수 있었다.

'세인트줄리언'호는 또다시 출항했으나 니우포르트 북쪽에서 독일 폭격기들의 공격을 받았다. 게다가 해상에는 종류와 크기가 각양각색인 온갖 소형 선박들이 혼잡하게 엉켜 있었다. 같은 날 맨섬 기선회사 소속의 '킹 오리'호는 덩케르크 부두에 접안하려다가 거센 공습을 받고 격침되었다. 리처드슨 선장의 말을 빌리면, 원래 그가 "접안하려던 지점에서 '킹 오리'호가 격침되었다."

한편 그레이트웨스턴 철도 소속으로 조이 선장이 지휘하는 '세인트데이비드'호는 조물주가 강제로 개입하여 선원들이 더는 못 버티게 되었을 때까지 덩케르크에서 훌륭하게 임무를 수행해왔다. 제일 먼저 이등기관사가 쓰러지더니 기억상실증 증세를 보였으며, 의료 담당인 삼등항해사는 해상 업무 부적격 판정을 받았다. 그리고 5월 30일에는 급기야 조이 선장까지 쓰러져서 일등항해사 멘더스가 선장이 되었다. 계속되는 작업, 선원들의 자부심인 항해에서 겪는 온갖 어려움, 어둠 속에서의 초조한 경계태세, 무엇보다도 쉬지 않는 폭격은 엄청난 부담이었다. 그토록 많은 선원이 쓰러지기 직전까지 각자가 맡은 일을 끝까지 해냈다는 건 기적이었다. 리처드슨 선장이 '세인트줄리언'호에 병사 20명이 증원된 것에 기뻐했던 이유도 바로 그의 훌륭한 선원들이 한계를 드러내기 시작했기 때문이었다.

'세인트앤드루'호의 경우에는 덩케르크에 도착했을 때만 해도 부두에 선박이 꽉 차서 접안할 곳이 없었다. 그런데 병원선들이 폭격을 받은 후인 6월 1일에 부두는 텅 비어 있었다. 아니, 망자들과 함께 침묵에 잠겨 있었다. 부상병들이 아직 살아 있다고 해도 그곳에서 그들을 승선시키는 것은 불가능했다.

물이 빠지기 시작하고 날이 저물면서 항구를 떠나다가 수중의 물체와 충돌할 위험이 커졌다. 서글픈 순간이었다. 독일군은 빠르게 진격해 와서 이미 덩케르크시 외곽까지 도달해 있었고 부두를 방어불능 상태로 만들어버렸다. 어디서나 큰 불길이 치솟았고 매캐한 연기구름이 자욱했으며 부두의 앞쪽 끝에서는 선박들이 혼잡하게 뒤엉켰다. 정말로 암울한 상황이었다.

항해 부표가 턱없이 부족하여 소형 선박들이 항로를 벗어날 위험이 매우 높았다. 항해가 끝난 뒤에도 휴식 가능성은 제로였다. 게다가 그 2주일 동안 대부분의 시간은 경계를 두 배로 강화했고 선실에서 쉴 여건이 되지 않는 등 이미 위험 수위를 넘어선 상태였다. 그러나 극소수의 예외를 제하고는 고급선원과 일반선원 모두 선의와 불굴의 헌신으로 맡은 임무를 수행했다. 그리하여 덩케르크 부두에서 숨졌을 수많은 병사들을 그 해변으로부터 구조해낼 수 있었던 것이다.

5월의 마지막날, 덩케르크의 서쪽으로 8킬로미터 거리까지 진격한 나치는 거의 쉬지 않고 방파제에 집중포격을 가하기 시작했다. 그 때문에 선박 조정이 매우 힘들어졌다. 예를 들어 '세인트헬리어'호는 대공포로 독일군 폭격기 한 대를 격추시키고 1600명에서 2000명에 이르는 병사들의 승선을 재개했으나 어둠 속에서 좀처럼 항구를 빠져나가지 못했다. 그 당시 독일군의 포격을 피해 가는 것은 어떤 항해자에게도 불가능한 일이었다.

835톤 소해정 HMS '샤프슈터'가 '세인트헬리어'호의 선미와 부딪쳤고, 쇠가 으그러지는 무시무시한 굉음이 들려왔다. '샤프슈터'의 함장은 격벽에 가해지는 하중을 줄이기 위해 '세인트헬리어'호의 선장에게 엔진을 하나만 가동하여 절반의 속력으로 계속 이동해달라고 요청했다. 매우 용감한 해군 장교 한 명은 내게 말하길 10일 동안 수 명의 목숨과 소형 선박 세 척을 잃었다고 말했다. 그리고 자신도 매캐한 연기 때문에, 또한 아수라장 속에서 고함을 치느라 그날 이후로 한동안 목소리를 잃었노라고 말이다.

예인선 한 척이 결국 '샤프슈터'함을 도왔다. 그런데 그 과정에서 '프린세스엘리노라'호가 '세인트헬리어'호의 우현선수를 들이받았다. 그 충격으로 '세인트헬리어'호는 침몰선의 잔해와 부딪쳤다. 그래도 병사들을 태우고 무사히 도버로 돌아오긴 했지만 말이다. 피트먼 선장은 한낮에도 온갖 시련을 다 경험해야 했다. 그는 6월 1일 15시 30분 신속하게 병사들을 태웠고 역시 신속하게 항구를 빠져나왔다. 그런데 그때 중상을 입은 부상자들이 부두로 오고 있으니 2시간 30분만 더 기다려달라는 요청을 받았다.

그래서 그는 정박지의 위치를 변경했는데, 그때 선미 선교에 포탄 두 발을 맞았고 이등항해사가 경상을 입었다. 손에 땀을 쥐게 하는 막간이 예상보다 길어졌고 포격은 계속되었다. 배가 항구를 빠져나오기까지 7시간이 걸렸다. 그 직전까지도 일등항해사 H. D. 프리먼과 이등항해사 F. 마틴은 육지에 올라 덩케르크 부두에서 선박으로 부상자들을 옮기는 일을 도와야 했다.

그런데 모두가 각자의 일에 최선을 다하느라 여념이 없는 상황에서 왜 고급선원들을 육지로 보낸 것일까? 기관사들이 선장에게 '배가 물에 떠 있기만 한다면' 무슨 일이든 할 준비가 되어 있다고 말했던 것이다. 그리고 그들은 그 말대로 했다.

병사들을 영국에 하선시킨 일요일 아침, 해군 당국자들이 피트먼 선장을 찾아와 그가 임무를 훌륭하게 끝냈다고 평했다. 그들은 피트먼 선장에게 해군 지휘관 자리를 마련해주려고 했지만 '노장'은 그 제안을 받아들이지 않았다. 그는 그저 자신의 임무가 제대로 마무리되고 있는지 알고 싶어했다. 앞으로도 해군 장교와 수병 들은 프랑스 해변에서 병사들의 구조를 도울 테고, 그는 자신의 선장직을 고수할 것이었다.

이는 절체절명의 시간에 작전을 계속 수행할 수 있게 한 끈질 긴 활력과 용기의 훌륭한 사례였다. 그로부터 2, 3일 후 덩케르크 부두는 독일군의 수중에 들어갔다. 피트먼 선장은 더 늦기 전에 한 번 더 해협을 건넜고 이번에도 영국 원정군 2000명을 구조해 돌아 왔다. 그가 다시 출항을 준비하는 동안 다행히 더는 덩케르크에 갈 필요가 없어졌다. 더구나 '세인트헬리어'호는 접안이 어려운 상태 였고, 점검 결과 충돌과 수중 폭발로 인해 선수 선창에 물이 차 있 었다.

그러니 전쟁이 끝나고 관광객들이 별생각 없이 다시 '세인트헬 리어'호에 오를 때, 그 배가 위험을 무릅쓰고 칼레에 한 번 다녀왔 을 뿐 아니라 덩케르크에도 일곱 번이나 다녀왔다는 사실을 기억 해야만 할 것이다.

영국해협을 건너 프랑스로 향하던 많은 사람들에게 잘 알려진 '패리스'호의 비극을 빼놓을 수 없을 것이다. 여기서 언급해야 할 것이 칼레에 들렀다가 도버항에 정박 중이던 예인선 '포모스트 87' 호다. 6월 2일 일요일 오후, 그 예인선은 영국 왕립인명구조협회의 구명보트 '세실앤드릴리언필포트'와 '토마스커크라이트'를 덩케르 크로 가는 중간 지점에 예인하라는 지시를 받았다.

'포모스트 87'호는 지정된 장소에 구명보트들을 예인했는데, 그때 다시 덩케르크항으로 가라는 명령이 떨어졌다. 프라이어 선 장은 뭔가 잘못되고 있다는 걸 알아차렸다. 아니나 다를까 뉴헤이븐의 1790톤 병원선 '패리스'호가 큰 난관에 봉착해 있었다. 그쪽으로 접근해 가던 프라이어 선장은 구명보트 여러 대에 생존자들이 가득차 있고 여전히 폭격기의 공중 폭격과 기총사격이 계속되고 있음을 보았다. 그는 선원들에게 구명 밧줄을 준비하라고 지시했다.

그처럼 유용한 선박이, 더구나 그 배가 병원선이라는 사실까지 무시한 하늘의 비인간적인 괴물들에게 무자비하게 격침된 광경은 참으로 무시무시했다. 게다가 악랄하게도 공격으로 중상을 입은 사람들의 일부는 간호사들이었고 일부는 기관실에서 화상을 입은 부상자들이었다. 그러나 그 무렵 나치는 이미 인간에 대한 예의와 품위를 깡그리 상실한 후였다. '포모스트 87'호는 가까스로 생존자 95명을 구조했다. 그중 한 명은 선상에서 사망했으나, 나머지는 프라이어 선장에 의해 최대한 신속하고도 안전하게 도버로 후송되었다.

---

[1] **협차 사격**bracket fire: 거리가 멀고 움직이는 표적에 대해 한꺼번에 쏘아서 탄약을 낭비하는 대신 표적의 주변으로 한 발씩 쏘아서 영점을 조정하는 식으로 정확도를 높이는 사격 방법.

제14장

선박들은 어떻게 승리했는가

5월 29일에서 30일에 이르는 밤 내내, 독일군의 목표는 공중과 지상에서 덩케르크에 맹폭을 가하여 그곳을 무용지물로 만들려는 것 같았다. 도시와 항구는 영국 병사들을 데려갈 수 없게 만들겠다는 하나의 목적 아래 어마어마한 공세에 시달렸다. 그 결과 덩케르크는 해군 장교들과 노련한 선원들에게도 불길한 예감을 주는 상태로 빠르게 변해갔다.

그럼에도 불구하고 병사들을 프랑스에서 철수시켜야 했다. 그렇게 할 수 있는 유일한 수단은 선박이었다. 매번 지난 항해보다 이번 항해가 더 힘겨웠다. '세인트데이비드'호는 멘더스 신임 선장의 지휘하에 5월 31일 용맹하게 덩케르크로 향했고, 그곳이 잔해와 부유물들로 이전보다 더 혼란스럽다는 것을 발견했다. 게다가 선체에 가해지는 수중 폭발의 여파도 굉장히 심각한 수준이었다.

덩케르크 외항에서 '세인트데이비드'호는 아직 항구로 진입하지 말라는 신호를 받았다. 그래서 대기 중에 한 대씩 따로 접근해오는 폭격기 7대의 폭격을 감당해야 했다. 그 과정에서 자기감응기뢰 한 발이 전방 가까이에 떨어졌다. 선장은 전속력으로 후진함으로써 가까스로 위기를 모면했다. 20분 후 30미터 거리에서 또 한 발의 기뢰가 터졌고, 우현 선미 불과 1.2미터 거리에서 다른 한 발이 터졌다.

덩케르크 도심은 야포로 완전히 폐허가 되었다. 낙하산 조명탄들이 폭격기와 원거리의 포대를 지원하기 위하여 선박들의 위치를 밝히고 있었다. 그날 밤 내내 항구에서 일정한 거리를 유지하고 있었던 멘더스는 신임 선장으로서의 첫 출항이 더는 기쁘지 않았다. 6월 1일 토요일 덩케르크로 진입하려는 그의 시도는 실패했다. 회항하여 도버항에 정박할 때까지도 한숨 돌릴 여유조차 없었다. 좌현 선미에서 엄청난 폭발이 일어난데다 영국해협을 건너는 내내 독일군의 공습이 따라붙었기 때문이었다.

이번에는 좌현 장치와 샤프트가 심각하게 손상되었고 나침반들도 무용지물이 되었다. 멘더스 선장은 선박 수리를 위하여 사우샘프턴으로 향했는데, 그때만 해도 쉽게 고칠 수 있을 것으로 예상했다. 그러나 불운하게도 하나씩 수리하면 끝나는 고장이 아니었다. 나침반을 사용할 수 없는 상황에서 그날 영국해협에는 안개가 짙었다. '세인트데이비드'호는 길고도 초조한 기다림의 시간을 보내야 했다.

그레이트웨스턴 철도의 선박 중에서 자기 소거를 받지 않은 유일한 선박이 '로벅'호였다. 이 증기선은 드판으로 파견되어 병사 500명을 데려왔지만 얼마 후 6월 6일부터 영국해협 채널 제도의 건지 섬으로 가는 정기선에 복귀했다. 하지만 우리가 알다시피 이 정기선 운행은 곧 종료되었다.

상선 선장들은 왜 그들의 배가 절실하게 필요한지, 왜 자신들이 다운스에 정박하고 있는지 정확히 이해하고 있었다. 뿐만 아니라 앞으로 무슨 일이 벌어질 것인지는 누구도 알 수 없다는 점도 잘 알고 있었다. '스티븐슨 클라크 앤드 런던' 합동회사 소속의 '네프라이트'호를 예로 들어보자. 이 배의 선장인 C. G. 웨스트는 맡은 일을 반드시 해내는 인물이자 선원들로부터 사랑받는 리더였다.

딜의 외항에서 계류 중이던 '네프라이트'호는 5월 31일 06시에 덩케르크로 출항하라는 지시를 받았다. 이 증기선에는 본래 군수물자가 적재되어 있었는데, 바로 전날 밤에 독일 항공기들이 다운스를 한 바퀴 정찰한 터였다. 그러니 달려가서 작전에 돌입하기 좋은 타이밍이었다. 모두가 화물 상자와 연료통을 내리고 식수를 싣는 작업에 힘을 보탰고, 그 결과 화물이 줄어든 대신에 병사들을 위한 공간이 늘어났다. 900명까지 태울 수 있을 것 같았다.

'네프라이트'호가 즉시 다운스를 거쳐 항해를 시작했을 때 날씨는 맑고 화창했다. 병사들에게 줄 음식을 미리 준비하느라 선내 조리실이 분주했다. 오전 10시가 채 되지 않았을 때 나치 전투기들이 비둘기떼처럼 연기 장막에 숨어서 벨기에 해안으로 접근해 왔다. 기총사격과 폭격의 굉음이 점점 더 강해졌고, 카키색 군복의 병사들을 가득 실은 선박들이 영국으로 돌아가는 해상에서 '네프라이트'호는 곧 덩케르크로 가는 좁은 항로에 진입했다.

상공에서 영국 공군기가 적기를 바짝 뒤쫓는 동안, 항구에 더 많은 잔해들이 모습을 드러내면서 다른 선박들이 미리 알려준 것처럼 입구가 매우 혼잡하다는 사실이 밝혀졌다. 그래도 웨스트 선장은 접안 공간을 찾아냈고, 승선한 병사들은 기뻐하며 미리 만들어둔 음식을 먹었다. 승선한 장교 중에는 군목 한 명과 유태인 군의관 한 명도 있었다. 웨스트 선장은 그들에게 선장실을 양보했고 조리부 선원은 연신 요리를 더 준비하느라 바빴다. 병사들이 음식을 먹었느냐고? 그들은 지난 3일 동안 딱 한 끼 식사만 할 수 있었다.

"미안합니다만 스튜에 돼지고기가 들어 있어요." 선장이 사과했다.

그러나 유대인 군의관은 전혀 개의치 않았다. 배가 고파 미칠 지경이었던 그에게는 스튜 냄새가 너무도 유혹적이었다.

"스튜에 죽은 개가 들어 있다고 해도 상관없습니다. 내게 할당된 식사를 하겠습니다. 냄새가 너무 좋습니다."

그러나 간조기에 좌초의 위험을 피하기 위하여 '로벅'호 옆으로 계류지를 옮기라는 지시가 내려오는 바람에 그들의 식사는 방해를 받았다. 구축함, 병원선, 트롤선이 끊임없이 이동하거나 병사들을 승선시키고 있었기 때문에 신경쓸 일이 많았다. 부두에서 직접 지휘를 하던 해군 중령은 몹시도 지치고 고단한 표정이었고, 독일군 폭격기들은 여전히 구름 뒤편에서 튀어나와 급강하하고 있었다. 그러나 멜리스라는 선원이 루이스 경기관총으로 쉬지 않고 독일군 폭격기들을 공격하자 승선한 병사들도 곧 기꺼이 그를 돕기 시작했다.

구축함들은 함포를 모두 가동하여 반격에 나섰다. 독일군의 지상 포대에서 발사한 포탄들이 날카로운 소리와 함께 항구에 떨어졌다. 그렇게 저녁 18시까지 전투가 계속되었다. 부두는 프랑스 병사들로 붐볐다. 그들은 한시라도 빨리 식사를 하고 싶어하면서도 영국 항구로 가는 것은 달가워하지 않았다. 그래서 웨스트 선장은 한 프랑스 장교와 상의한 끝에 500명(영국군 430명, 프랑스군 70명)을 태우고 출항하기로 결정했다.

영국으로 돌아오는 도중에 웨스트 선장은 선수 쪽 선원 선실에 병사 10명을 배치하고 사거리에 들어오는 독일군 비행기는 종류와 상관없이 무조건 격퇴하도록 했다. 그 임무는 멜리스에게 제격이었다. 그는 자신의 경기관총으로 적기 3대를 명중시켰고 그중 2대를 격추시켰다. 유쾌한 선장 덕분에 그날의 항해는 정말로 유쾌했다. 선원들 모두 그들의 선실과 음식을 병사들에게 양보했고, '제리'를 살짝 곯려주는 장난도 있었다. 그리하여 어둠이 깔렸을 때 노스굿 윈 등대선을 발견한 웨스트 선장은 곧바로 딜 인근에 닻을 내린 다음 날이 밝을 때까지 정박했다. 병사 대부분이 어찌나 곤히 잠들었던지 나치 전투기의 야간 비행도 그들을 깨우지 못했던 것이다.

다음날 아침 포크스턴의 부두 입구 부표와 가까운 곳에서 자기 감응기뢰 한 발이 터졌으나 별일은 아니었다. 웨스트 선장에게 별일이었던 것은 모든 병사들이 하선하기 직전에 감쪽같이 씻고 면도까지 끝냈다는 사실이었다.

애석하게도 항해가 항상 즐거웠던 건 아니고 언제나 방해받지 않고 단잠을 잘 수 있었던 것도 아니다. 5월의 어느 밤 R. 휴스 선장이 '코스트라인스' 해운의 '킬라니'호로 다운스에서 출항하여 칼레를 거쳐 덩케르크로 향할 때였다. 그는 공포를 불러일으키는 무수한 요인들을 발견했다. 안개 낀 날씨는 모든 항해 보조장치들을 무용지물로 만들었고, 항구 곳곳에서 짙은 연기가 피어올랐다.

병사들을 구조하기 위하여 입항 차례를 기다리고 있던 '킬라니'호 옆에는 다른 선박이 한 척 있었다. 그때 번개의 섬광처럼 빠르고 격렬한 폭발이 일어났다. 옆에 있던 선박의 중심부가 연기구름에 휘감겼고, 연기가 서서히 사라지자 산산조각 난 파편만 모습을 드러냈다. 선미의 큰 돛대부터 뒤쪽으로 선체가 사라져버리고 2분 후에는 선수 쪽이 기울더니 침몰하기 시작했다.

'모나스퀸'호가 자기감응기뢰에 의해 물속으로 사라진 순간이었다.

'킬라니'호는 이 사악한 행위에 크게 동요했으나 1시간 후에 접안하여 병사들을 태웠다. 그중에는 의리 있는 전우들이 4일 밤낮으로 들것에 싣고 온 부상병들도 있었다. '킬라니'호는 신속하게 항구를 빠져나와 정박지를 거치고 그라블린을 지났다. 녹초가 된 병사들은 선박 여기저기에 널브러진 채 퇴각한 이후 처음으로 달콤한 잠을 청하고 있었다.

쾅! 쾅! 쾅!

독일군 해안 포대의 15센티미터 포에서 세 발이 발포되어 '킬라니'호의 항해를 방해하려 했다. 휴스 선장은 즉각 선미를 해안 쪽으로 두고 전속력으로 지그재그 항행을 시작했다. 기관사들이 연기 장막을 뿜어냄으로써 일급 지원을 해주었다. 그러나 잔해가 가득한 수역에서 모래톱을 피해 가는 것은 퍽 까다로운 일이었다.

40분 동안 90발의 포탄이 빗발쳤다. 불행히도 그중 한 발이 단정갑판의 끝을 관통하고 그 아래 있던 선원과 병사 무리의 한복판에서 폭발했다. 8명이 사망하고 30명이 부상을 입었다. 다행히 영국 육군의무대 소속 군의관이 승선하고 있어서 선박의 구급함으로 부상병들에게 응급처치를 취했다.

침몰하는 '모나스퀸'호

　15분 후에는 독일군 전투기 한 대가 기총사격을 가해 왔으나, 이내 영국 공군의 스핏파이어 한 대가 구름 사이에서 나타나 적기의 꼬리를 명중시켰다. 적기는 '킬라니'호의 우현 550미터 거리 해상에 격추되었다. 영국 폭격기 3대가 날아와 '킬라니'호를 호위했으나 항로를 바꾸라는 신호를 보내 왔다. 무슨 일일까?

　'킬라니'호는 항로를 변경했고, 곧 그 이유를 알 수 있었다. 전방에 프랑스 장교 1명과 벨기에 병사 2명이 탄 뗏목이 나타났기 때문이다. 오래된 목재와 문짝으로 만든 볼품없는 뗏목이었으나, 그 세 명의 낙관론자들은 그들의 믿음에 걸맞은 행운을 붙잡은 셈이었다. 그들은 프랑스 해변에 닿기를 원했다. 그들이 뗏목에 가져온 것은 비스킷 두 통과 포도주 여섯 병, 그리고 생뚱맞게도 꼼꼼하게 밧줄로 고정시킨 낡아빠진 자전거 한 대였다.

꾸물거릴 시간이 없었기에 그들 모두를 배에 태웠으나, 영국 선원들은 이 표류자들에게 자전거까지 실을 여유 공간이 없음을 설득하느라 진땀을 흘려야 했다. 그렇게 죽은 자와 부상자, 의식을 잃은 영국인과 의식을 회복한 프랑스인들이 도버항에서 하선했고, 휴스 선장은 그것으로 하루 일과를 마치기로 결정했다.

덩케르크로 가는 항해는 매번 달랐다. 지난번엔 이쪽 경로, 이번엔 저쪽 경로를 택하기도 했고 운이 따라주기도, 죽음이 따라오기도 했다. 변함없는 것은 독일군의 집요한 공세였다. 돌발적인 변수가 많아서, 대체로 부두의 앞쪽 끝에 공격이 많다는 점을 제외하고 무슨 일이 벌어질지 장담할 수 있는 사람은 없었다.

혹자는 영국 항해자들이 언제나 멋진 교전을 치를 준비가 되어 있었다고, 최소한 적을 직접 볼 수 있는 이점을 지녔다고 확신할지도 모르겠다. 제1차세계대전 시에는 잠망경의 시야 이상으로 볼 수 없었고 종종 그마저도 불가능했다. 하지만 적을 볼 수 있다는 것은 어부나 선원에게 적잖은 만족을 주었다. 오늘 복수를 할 수 있겠구나, 나치 항공기를 격추시킴으로써 먼저 떠나보낸 배와 동료들을 위하여 뭐라도 할 수 있겠구나 하는 생각이 들었기 때문이다.

미들즈브러 소유의 증기선 '레븐우드'호는 5월의 마지막날 덩케르크 동쪽 3킬로미터 거리에 계류 중이었다. 선장 W. O. 영은 자신의 선박이 803톤짜리에 불과하고 북해는 불길한 공간임을 잘 알고 있었다. 그러나 그는 12파운드 포뿐 아니라 루이스 경기관총 1정과 브렌 경기관총 1정을 보유하고 있었다. 더군다나 G. 나이트라는 굉장한 민간인 포수도 있었다. 나이트는 눈이 예리했고 정확하게 조준했다. 그런 사람들이 타고난 명사수가 되고 약탈자들의 호적수가 된다는 건 놀라운 일이다. 나이트는 12파운드 포로 일격에 나치 전투기를 모래언덕에 처박았다. 그리하여 포라는 대형 무기를 사용하는 나이트와 루이스 경기관총을 지닌 일등항해사만으로도 '레븐우드'호는 아주 무시무시한 배가 될 수 있었다.

그러나 덩케르크에는 (적어도 철수 작전 초반에는) 해변에서 정박 중인 선박까지 병사들을 실어나를 나룻배와 소형 보트가 크게 모자랐다. 병사 1000~1200명을 해변에서 구축함까지 옮기는 데 5시간 내지 6시간이 걸렸다. 촉박한 시간과 독일군이 곧 덩케르크 항구까지 점령할 것이 확실한 상황, 그리고 여전히 철수를 기다리는 수많은 연합군 병사들이 있음을 고려하면 너무도 더딘 속도였다.

한 선원이 영 선장에게 '레븐우드'호를 해변에 올려놓고 구명 보트를 이용해 병사들을 태우자고 제안했다. 그래서 선수탱크[1]의 해수를 배출한 뒤 뱃머리를 수심 2.4미터 정도에서 완만한 해변 비탈에 올려놓았다. 그동안 영 선장은 점점 높아지는 조류 때문에 선박이 옆으로 급회전하지 않도록 전진 방향으로 느리게 동력을 가동했다. 그렇게 선장은 간단한 조정술로 해변의 마른 모래톱이 시작되는 지점으로부터 400미터 떨어진 곳에 선박을 유지할 수 있었다.

그와 동시에 선장은 구명보트를 내렸다. 이 보트들은 밧줄을 효과적으로 사용하면서 해변을 오갔고 많은 병사들이 쉽게 승선하도록 도왔다. 그러나 폭탄 투하를 즐기려는 '제리'와 선박 조정을 어렵게 만드는 거친 파도 탓에 승선 과정이 극도로 어려워졌다. 파고가 높아지면서 선박을 제자리에 유지하고 있기가 불가능해졌고, 병사들은 허리 높이 이상의 물속을 헤치고 구명보트로 접근해 왔다.

승선은 14시 30분부터 17시 50분까지 약 3시간 동안 끈질기게 계속되었다. 구명보트 한 척은 구멍이 났고, '레븐우드'호는 만조기에 출항해야 했다. 높아진 파고에도 불구하고 선장은 마지막으로 한번 더 해변에서 병사들을 실어 오라며 선원들을 격려했다. 그 과정에서 구명보트 한 척이 파도에 휩쓸려갔다. 영국 병사와 프랑스 병사 모두가 지극히 훌륭한 자질과 군 기강을 보여주었다. 그들은 전혀 공포에 굴하지 않고 침착했기 때문에 바다로 뛰어든 이후 녹초가 되긴 했으나 무사히 구조될 수 있었다.

모두가 서로를 도왔고 누구도 자신을 불필요한 존재로 여기지 않았다. 이런 사실을 기록한다는 것은 큰 기쁨이다. 독일군 폭격기 40대가 더없이 악독한 공격을 퍼붓는 동안, 화부 중 한 명이었던 R. 무디는 연거푸 바다로 뛰어들어 병사들에게로 헤엄쳐 갔다. 그는 지치고 풀이 죽어 주저앉으려는 병사들을 아버지처럼 격려하고 일으켜세웠다. 그리고 그가 없었더라면 자포자기했을 병사들과 함께 선박으로 헤엄쳐 왔고, 그 거친 파도를 뚫고 도저히 헤엄칠 수 없다는 병사들도 끝까지 설득했다. 숨막히는 세 시간 동안 그는 육중한 파도를 온몸으로 맞으며 드디어 마지막 한 명의 병사까지 승선시켰다. '레븐우드'호는 영국으로 회항했다.

그러나 진정한 영웅적 면모를 보여준 사례들 상당수가 기록에 남아 있지 않다. 일부는 자신을 드러내지 않고 잊히기를 원했고, 또다른 일부는 작전 중에 숨졌다. 그러나 병사들 개개인은 그들을 위하여 기꺼이 목숨을 바쳤던 사람들에 대한 깊은 감사를 기억 속에 간직하고 있을 것이다.

제15장

지옥의 환희

덩케르크 철수 작전은 군대를 위한 군수물자 수송이라는 또 하나의 여전히 중요한 임무를 어렵게 만들었다. 선박들은 더 절박한 임무를 위하여 덩케르크에 투입되어야 했다.

'케이저, 어바인' 회사가 소유한 '클랜 라인' 해운의 '클랜맥칼리스터'호는 멋진 선박이었다. 이 배는 사우샘프턴에 도착한 후 다운스로 보내졌고 5월 29일 03시 30분 덩케르크의 동쪽 수 킬로미터 거리에 있는 브레이듄스로 출항했다. R. W. 맥키 선장은 애초부터 즐거운 항해는 아닐 거라고 짐작했다. 다운스를 지나 웨스트굿윈에 가득한 잔해들을 피해 가야 했기 때문이다. 그로부터 12시간 뒤 맥키 선장은 독일군 공습에 점령당한 브레이듄스 정박지를 발견했지만, 선미를 보고 공습 피해가 자신의 배 포상砲床까지 미쳤다는 걸 알아차렸다. 간단히 말하자면 '클랜맥칼리스터'호는 불타고 있었다. 해치의 빔과 그 밖의 다른 부분이 뒤틀렸고 갑판에는 큰 구멍이 났으며 선실의 목조 부분이 크게 파손되었다. 게다가 폭탄이 선미 현측을 관통하면서 큰 폭발을 일으킨 결과 사망자들이 갑판에 널브러져 있었다. 너무도 급작스럽게 벌어진 사건이었다.

이 곤경을 발견한 1530톤급 선도함 HMS '맬컴'이 병사와 부상당한 선원들을 구조하기 위하여 '클랜맥칼리스터'호에 접근했으나 상황이 여의치 않았다. 호스 두 개를 '클랜맥칼리스터'호의 포상 쪽으로 던졌으나, 그쪽은 이미 화재가 심각했다. '클랜맥칼리스터'호 자체의 호스도 무용지물이었다. 갑판 소화관이 부서지고 곳곳에 구멍이 나서 압력이 거의 존재하지 않았기 때문이다.

폭격기들의 공습이 더욱 거세졌다. '클랜맥칼리스터'호에는 상당량의 탄약과 연료가 남아 있었기 때문에 '맬컴'은 그 자리에서 벗어나야 했다. '클랜맥칼리스터'호는 선미 쪽에서 끌어온 호스로 더디나마 소화 작업을 시도하고 있었으나, 불길은 이미 걷잡을 수 없이 번진 상태였다. 적재된 소총 탄약들이 사방에서 콩 볶듯이 튀어올라서 그쪽으로 접근하는 것은 매우 위험했다. 맥키 선장은 그래도 엔진들이 제대로 작동하고 축계도 아무런 손상을 입지 않았으며 조타장치도 말을 잘 듣고 있음을 확인했다.

그러나 선박이 움직이기 시작하자마자 비열한 폭격기들이 속력을 높이고 접근했다. 폭탄 한 발이 좌현 쪽 선교 끝을 살짝 빗나갔다. 그 충격으로 회전 나침반이 멈췄고 배 전체가 요동쳤다. 원격 조타장치도 고장났다. 상황은 비관적이었다.

선장은 기관사들에게 상황을 설명하면서 누구도 선미와 조타기 근처에 가지 말라고 강조했다. 화염과 탄약의 폭발 위험이 언제고 치명적인 결과를 가져올 수 있기 때문이었다. 실제로 그가 선미 쪽을 좀더 살펴보려고 하는 순간 적재된 포탄 한 발이 폭발했다. 선박은 마지막 순간을 앞두고 있었다. 바다 쪽으로 나갈 수도 없었고 주위를 에워싼 모래톱을 피해 갈 수도 없었다. 마지막 파멸을 향해 가고 있는 것이 분명했다. 그렇다면 어떡해야 하나?

선장은 해안 가까이에서 병사들을 승선시키고 있던 구축함 한 척을 향해 모스 신호를 보냈다.

'지원 바람.'

그러나 구축함은 아무런 응답도 보내 오지 않았다.

바로 그때 710톤급 소해정 HMS '팽본'이 그쪽으로 진입하다가 위험에 처한 '클랜맥칼리스터'호를 발견했다. 트윈 스크루 소해정은 용감하게 접근해 왔다.

"원격 조타장치가 고장났어요. 배를 조정할 수가 없어요."

"알겠습니다! 여러분을 승선시키겠습니다."

'클랜맥칼리스터'호의 기관장과 5등기관사는 갑판 아래서 화재를 진압하는 데 전력을 다하고 있었다. 선원들이 소집되었다. 유럽인 12명, 영국인 23명이 전부였다. 퇴선할 시간이었다.

그토록 아끼는 선박에 그같이 모진 결정을 내리는 것은 선장으로서 슬픈 일이었지만, 이미 선미는 활활 타오르고 있었다. '팽본'함은 그들을 태우고 해안 쪽을 향했으나, 계속되는 공습으로 많은 사망자가 나오고 선체에도 구멍이 뚫리자 귀항을 결정했다.

귀항 과정도 순탄하지 않았다. 역시 병사들을 수송 중인 '그레이시필즈'호를 만났기 때문이다. 그 선박은 폭격당한 상태였고 상황이 몹시 좋지 않아서 예인이 필요했다. '팽본'함은 몇 시간 동안 그 선박을 예인했으나 배가 점점 침몰하기 시작했다. '그레이시필즈'호의 선원과 병사 들도 선박을 포기하고 '팽본'함으로 이동했다. '팽본'은 사우스굿윈 등대선 인근에서 자기감응기뢰를 간발의 차로 피했고, 구조한 사람들을 데리고 무사히 도버항으로 돌아왔다.

많은 사람이 1918년 성 조지 축일의 제이브뤼허 폐색을 기억하고 있을 것이다. 리버풀의 연락 기선이었던 '대퍼딜'과 '아이리스'가 HMS '빈딕티브'를 지원하는 데 투입되었다. 이후 민간 활동에 복귀한 이 두 척의 배에게는 명칭 앞에 '로열'이라는 경칭을 붙이는 것이 허용되었다. 제너럴 증기선 운항회사 소속으로 거듭난 '로열대퍼딜'은 제2차세계대전에서도 명칭에 걸맞은 명예로운 활약을 펼쳤다.

2060톤급의 '로열대퍼딜'호는 5월 27일부터 '패리스'호가 침몰된 날까지 프랑스 해변으로부터 병사 9000명을 데려올 수 있었다. '로열대퍼딜'호에 다섯 발의 공중어뢰가 떨어졌고 모두 빗나갔지만, 여섯번째 어뢰는 세 개의 갑판을 꿰뚫고 기관실로 들어가 우현으로 빠져나갔다. 폭발은 선체 밖에서 이루어졌으나 파편이 빌지[1]에 부딪쳤다.

엔진이 멈췄다. 독일 전투기가 이번에는 예광탄을 쏘자 선박에 작은 불길이 일기 시작했다. 어뢰로 생긴 구멍에 물이 들어왔고 선체가 우현으로 기울었다. 상황에 대처하고자 조타기를 좌현으로 돌렸으나 물은 계속 차올랐다. 기관장 J. W. 쿨타르와 이등기관사는 끌어올 수 있는 침대를 모조리 가져다가 구멍을 틀어막았다.

이등기관사가 목까지 차는 물속에서 서서 빌지 밸브를 여는 동안 기관장은 빌지 펌프로 배수를 계속했다. 영리한 시도였으나 디젤엔진 선박으로선 큰 위험을 감수한 것이었다. '로열대퍼딜'호는 회항했고 모두 무사히 하선했다.

그러나 G. 존슨 선장이 작성한 보고서는 절박한 상황을 생생히 전해준다.

5월 27일 06시 30분, 호위를 받으며 도버에서 출항하여 덩케르크로 향함. 그 프랑스 해변으로 접근하는 과정에서 호위함으로부터 다운스로 돌아가라는 명령을 받음. 접근로에서 펼쳐지고 있는 독일군의 포격과 공습 때문이었음. 다운스에 도착하자마자 웨스트 힌더와 미들케르케 부표를 지나는 항로를 이용하여 덩케르크로 출항 명령이 떨어짐. 5척의 선박이 함께 출항함. 맹렬한 공습을 받으며 덩케르크에 도착, 외항에 대기하는 동안에도 공격이 계속됨. 나는 서쪽 부두에 접안을 결정했고 다른 선박들은 외항 밖으로 더 멀리 물러감. 정박 중에 폭탄 한 발이 선수와 부두 사이에 떨어졌고 부두 일부가 파괴됨. 폭탄들이 계속 선체 가까이 떨어짐. 정박하고 10분 뒤 공습이 멈추자 구급차들이 부두로 진입했고 선원들이 부상자들을 부축해 승선시킴. 걸을 수 있는 부상병 외에 들것에 실려 온 부상병도 40명에 이름. 승선한 병사들은 모두 대략 950명으로 추산됨. 병사들을 도버항에 하선시키고 선박은 5월 28일 01시에 정박함.

5월 28일 17시 30분, 도버에서 덩케르크로 향했으나 어제 접안했던 지점으로 접근할 수 없었음. 배를 돌려 동쪽 방파제에 계류함. 공습이 있었으나 항구에 직접 타격은 없었음. 불붙은 육상의 유조탱크와 해안의 선박 한 척에서 짙은 연기가 피어올라 시계가 불량함. 방파제 한 곳이 붕괴된 상태였고 그곳을 메우는 작업을 돕기 위하여 일등항해사 A. 패터슨이 하선함. 오늘 구조한 병사는 총

1800명으로 추산됨. 마게이트로 돌아옴.

5월 29일 08시 30분, 마게이트에서 덩케르크로 출항. 덩케르크에 도착하기까지 예기치 못한 사고는 없었음. 병사 1700명을 태우고 회항할 때 니우포르트의 독일군 포대로부터 거센 포격을 받음. 영국 구축함 한 척이 우리를 추월한 뒤 연기 장막으로 확실한 엄폐물을 만들어줌. 도버로 무사 귀항.

5월 30일 19시 45분, 드판 해변으로 가라는 명령을 받고 도버에서 출항. 드판 해변에 도착했을 때 해안의 연기와 안개 때문에 시계가 매우 좋지 않음. 주위를 돌면서 상황을 지켜보던 3시간 동안 해안 포대의 공격이 거세짐. 좌초하여 집중공격을 받을 것을 염려해 마게이트로 돌아와 5월 30일 05시 10분 외항에 정박함.

5월 31일 16시, 마게이트에서 출항. 프랑스 병사 2500명을 구조하여 도버로 회항. 이번 항해에는 사고 무.

6월 1일 15시, 도버에서 출항하여 기뢰밭 사이를 통과하는 새로운 경로로 덩케르크 서쪽 뤼팅겐 뱅크Ruytingen Bank에 도착. 목적지에 접근하는 도중 '로열소버린'호와 프랑스 구축함 한 척을 만남. 구축함이 그라블린 해안 포대의 포격이 매우 거세니 회항하라고 지시하여 마게이트로 회항.

6월 1일 22시, 마게이트에서 출항하여 위에서 언급한 경로로 항해함. 해도에 없는 잔해와 연기 때문에 덩케르크 접근이 매우 어려움. 마침내 서쪽 방파제에 무사히 계류함. 방파제의 바깥쪽 끝에 두 군데 균열이 발견됨. 영국군과 프랑스군 총 1900명을 태우고 6월 2일 오전 마게이트로 회항.

6월 2일 저녁, 해군 수송선단과 구축함이 20분 간격으로 덩케르크로 출항. 우리 선박은 1진에 속해 17시 30분 출항하여 21시 덩케르크에 도착. 19시 50분 독일군 폭격기 6대가 폭격과 기총사격을 가해 옴. 시한폭탄 한 발이 선미 근처에서 폭발하여 현측 흘수선에 구멍을 냄. 기총 공격에 사망자 1명, 사상자 2명. 우리가 기관총으로 효과적인 반격에 나서지 않았다면 선박은 폭탄에 명중됐을 것임. 선박에 10센티미터 포가 탑재되어 있으나 중포重砲는 아님.

폭탄 몇 발이 선체 근처에 떨어짐. 그중 한 발의 충격으로 주배전반이 오작동을 일으켰고 엔진들이 일시 정지됨. 당시 위치는 노스 굿윈 등대선으로부터 남동쪽 28킬로미터 해상. 출항 전에 해군 지휘관과 수병들이 작전 지원을 위하여 승선해 있었음. 지휘관이 내게 다가와 배에 구멍이 났다고 말함.

선교에 있던 나는 폭발로 선수 밑에서 엄청난 물이 뿜어나오는 것을 보고 처음에는 폭탄이 빗나갔다고 생각함. 일등항해사가 선교로 와서 우현 흘수선 밑에 피해를 입었다고 보고함. 모든 조타장치를 좌현으로 돌리라고 지시하고 선교를 떠나 일등선객용 갑판으로 감. 그곳에서 만난 기관장이 기관실에 물이 차고 있다고 말함. 막을 수 있는 방법이 있는지 묻자 기관장은 우현탱크의 연료용 기름을 좌현탱크로 옮기는 것도 방법이라고 말함. 침대 매트리스로 구멍을 틀어막음. 북동쪽 스프링타이드Spring Tide로 가는 동안 10분 간 엔진이 정지함. 기관장이 이제 엔진을 가동할 수 있다고 하기에 평속의 50퍼센트로 항해함.

한동안 속도를 유지하던 기관장이 윤활유 계통에 물이 유입되어 속도를 줄여야 한다고 보고함. 그동안 나는 '알렉산더'사 소속의 두 예인선이 도와주겠다고 하는 것을 거절함. 병원선 '패리스'호가 폭침되는 것을 보고 그쪽으로 가서 도와주라고 권함. 우리에게는 필요하다면 구명보트로 탈출할 시간 여유가 충분했기 때문임. 노 스굿윈 등대선이 가까워졌고, 평소라면 기뢰 때문에 신속하게 등 대선을 지나 북쪽으로 가야 하기에 기관장에게 속도를 높일 수 있 냐고 물음. 기관장은 윤활유 저장탱크에서 물을 빼냈기 때문에 가 능하다고 말함.

22시 30분 램즈게이트 근해에 도착함. 예인선 한 척이 사상자와 해군 수병들을 태우러 옴. 간조기라서 항구 입구에 계속 머물 수 없음. 예인선이 떠난 다음 좀더 안전한 정박지로 이동하기로 결정 했고 기관장도 가능하다고 함. 해군성 해난구조대 장교가 나중에 우리 선박으로 오겠다는 무전이 들어옴. 기관장은 다시 항해에 나 서는 것은 불가능하다고 보고함.

이 사실을 6월 3일 15시 15분에 도착한 해난구조대 장교에게 알 림. 선박을 도버로 예인하기로 결정함. 같은 날 05시에 구조선 '포 드'호와 예인선 '도리아'호가 예인 작업 시작함. 07시 도버 외항에 계류하다가 14시 30분 입항하여 사우스암에 정박. 6월 4일 부분 수리를 위하여 웰링턴 도크로 들어감.

우리가 수송한 병사들이 몇 명이나 되는지는 난간을 넘거나 사다리를 타고 승선한 병사들이 너무 많아서 정확히 집계하기 어려움. 우리는 총 8850명으로 추산했고, 승선 담당 장교는 그보다 훨씬 더 많다고 했으나 정말 그런지는 의심됨.

덩케르크 업적과 관련한 수훈자 명단에 '로열대퍼딜'호의 일등 항해사 A. 패터슨, 기관장 J. W. 쿨타르가 청동 수훈 십자장을 받았음을 추가할 수 있어 기쁘다.

존슨 선장은 앞서 제너럴 증기선 운항회사의 '로열소버린'호에 대해 언급하였다. 그러니 '로열소버린'호의 선장 T. J. 앨디스가 작성한 보고서를 여기 덧붙이는 것도 좋을 듯하다. 부언하자면 '로열소버린'호의 기관장 A. 싱클레어도 청동 수훈 십자장을 받았다. 앨디스 선장은 7회의 항해 중에서 덩케르크로부터 6회에 걸쳐 1만 1000명 이상의 병사들을 데려오는 놀라운 기록을 세웠다.

5월 26일, 사우샘프턴 정박지에 계류 중, 출항 준비 명령을 받음.

5월 27일 13시 20분, 도버로 이동하라는 지시에 따라 15시 닻을 올림. 23시 40분 포크스턴 관문을 통과함.

5월 28일 00시 20분, 도버항으로부터 다운스에 정박하라는 수기

신호를 받음. 11시 50분 독일 전투기의 첫 공습을 받았으나 성공적으로 쫓아버림. 17시 40분 출항 명령을 받고 20시 30분 덩케르크로 출항.

5월 29일 02시 50분, 덩케르크 동쪽 부두 외항에 계류함. 도시의 서쪽 전체가 화염에 휩싸여 있음. 04시 45분 동쪽 부두로 접근. 04시 55분 접안하고 병사들을 승선시킴. 05시 35분, 만선 후 병사들에게 구명대를 나눠주고 위급상황 대처법 교육. 05시 40분 출항. 08시 58분 부유기뢰를 발견하고 초계함에 보고함. 09시 25분 선박 점검을 위하여 마게이트 부두로 향함. 10시 10분 마게이트 외항에 계류함. 12시 15분 부두에 접안. 3시 30분 마게이트에서 출항, 17시 35분 드판 근해에 도착. 독일군의 맹렬한 급강하 폭격에 선박들이 큰 피해를 입는 상황을 목격함. 18시, 병사들을 가득 태우고 모래언덕에서 움직이지 못하는 '불핀치'호[2]를 지원하러 이동함. 18시 15분, '불핀치'호가 모래언덕에서 벗어나 바다로 나감. 18시 20분, 해변에서 병사들을 태우기 시작함.

5월 30일 04시 10분, 닻을 올리고 해변을 따라 이동. 04시 30분, 병사들을 더 승선시킴. 05시 30분, 만선 후 마게이트로 회항. 10시 23분 마게이트 외항에 도착. 11시 35분, 부두에 접안하고 병사들 하선시킴. 13시 마게이트에서 출항. 17시 35분, 해군의 지시에 따라 덩케르크 외항에 계류. 18시 20분 접안 후 병사들 승선시킴.

5월 31일 01시 30분, 출항. 03시 15분, 폭격으로 침몰 중인 프랑스 국적 증기선의 생존자 4명을 구조하기 위하여 다이크 부표에서 정지함. 07시 10분 마게이트 부두에 접안. 08시 30분 마게이트 외항에 계류. 18시 03분 덩케르크로 출항. 22시 10분 부잔교에 정박. 22시 40분, 해군 함정의 지시에 따라 드판으로 이동. 23시 15분 드판 외항에 계류.

6월 1일 02시 20분, 병사들 승선시킴. 폭격과 포격이 너무 거세서 부득불 회항함. 06시 15분 마게이트 정박지에 계류. 07시 45분 내항으로 진입. 08시 30분 부두에 정박함. 13시 15분 덩케르크로 출항. 13시 20분 독일군 전투기가 공습해 옴. 폭탄 3발이 떨어졌고 다시 지그재그 항법으로 피함. 그다음에는 그라블린의 독일군 포대에서 일제포격이 시작되었고, 지시에 따라 마게이트로 회항. 17시 30분 마게이트 정박지에 도착.

6월 2일 01시 15분, 출항 명령 받음. 01시 40분, 출항 취소 명령 받음. 18시 정각 정박지를 떠나 20시 정각에 병원선 '패리스'호를 지나감. '패리스'호는 폭격으로 침몰 중이었는데 구명보트에 탄 생존자들은 모두 밝은 표정임. 21시 덩케르크 근해에 도착, 해안 포대로부터 엄청난 포격이 계속되고 있음. 21시 30분, 덩케르크에 입항 후 중간 부두에서 프랑스 병사들 승선시킴. 22시 05분, 승선을 끝내고 출항.

6월 3일 월요일 01시 55분, 마게이트 부두에 접안 후 하선 시작. 02시 03분 외항에 계류. 12시 정각에 부두로 돌아감. 14시 선원 4명과 조리부 선원 2명 하선함. 20시 15분 덩케르크로 출항. 20시 55분, 짙은 안개로 시계 제로. 그래도 덩케르크로 계속 항해함.

6월 4일 화요일 01시 15분, 3번 덩케르크 부표 부근에서 미확인 증기선과 경미한 충돌. 02시 20분 중간 부두에 접안. 02시 55분 만선 후 회항 시작. 독일군의 중포 공격 계속됨. 항구를 빠져나오면서 조난자들이 소형 선박에 구조되는 광경을 목격함. 06시 정각 마게이트에 도착, 짙은 안개가 걷히기를 기다렸다가 병사들 하선시킴. 07시 정각 정박지로 이동. 20시 정각 사우샘프턴으로 이동.

6월 5일 09시 25분, 네틀리에 정박.

제16장

예인선 출격

앞 장에서 템스강을 분주히 오가던 예인선들이 펼친 활약, 예인선들에게 부여된 다양한 임무, 예인선들이 징발된 선박들을 강에서 다운스와 도버로 예인해 온 과정을 살펴보았다. 이는 다분히 예인선을 다른 선박의 보조수단으로 보는 시각이었으나 이번에는 예인선 선장의 시각에서 덩케르크 철수 작전을 다뤄야 할 차례다. 예인선들이 템스강에서 해야 하는 일상적인 일만큼 고도의 정밀한 항해술을 요구하는 분야도 없을 것이다. 그러나 최악의 조건에서 프랑스 해변으로 선박들을 예인해 갔던 예외적인 임무야말로 범선이나 증기선 또는 모터보트로 그곳에 간 모든 이의 존경과 더불어

오래도록 기억될 것이다.

5월 31일 21시 45분, 예인선 '세르비아'호가 도버에서 덩케르크 동쪽의 말로 해변을 향해 미풍 속에서 출항했다. '세르비아'호는 돛 달린 바지선 '로열티'호를 예인 중이었고, 함께 출항한 또다른 예인선 '페르시아'호는 바지선 몇 척을 예인하고 있었다. 다운스에는 구축함들이 아주 많았고, 칠흑 같은 어둠 속에서 '세르비아'호의 선장 W. H. 시먼스는 항해등을 계속 켜두었다. 해상에는 미풍이 불었으나, 구축함들이 지나가면서 만들어낸 큰 물결에 '페르시아'호의 예인용 밧줄이 두 차례나 끊어졌다.

병사들을 태운 온갖 종류의 선박들이 덩케르크의 서쪽 정박지를 서둘러 빠져나오는 모습은 당시에 접할 수 있던 진기한 일 중 하나였다. 그런데 그중에서 벨기에인 20명을 태운 어선 한 척이 좀 늦게 출항했다. 6월 1일 토요일 오전, 그 외국인들은 영국으로 가는 항로를 묻기 위하여 '세르비아'호로 접근해 왔다.

"난 큰 소리로 벨기에인들한테 말했어요." 시먼스 선장이 말했다. "다른 배들을 따라가면 문제없을 거라고요. 나중에 들은 얘기로는 그 배가 만조기에 굿윈샌즈를 지나 벨기에 병사와 피란민을 영국에 무사히 내려줬다는군요."

선원들이 거듭 말하길, 고속 구축함과 21노트의 해협횡단 증기선들이 마치 특급열차처럼 해상을 위험지대로 만들어놓았다는 것이었다. 그래서 '세르비아'호는 그런 선박들이 지나갈 때까지 기다

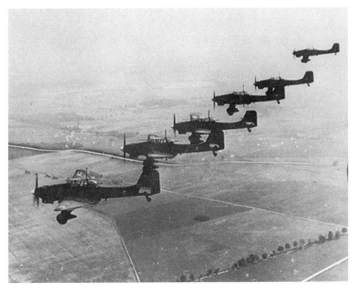

제2차세계대전 당시 독일군의 악명 높은 급강하 폭격기 '슈투카'[1]

리곤 했다. 한편 덩케르크의 부두 쪽을 바라보면 구축함들은 일정을 맞추기 위하여 매우 급하게 승선 작업을 지원하고 있었다. 그래서 자연환경이 고요할 때에도 밤시간은 격렬하게 지나갔다.

마침내 '세르비아'호는 잔교 동쪽으로 1.5킬로미터 지점에 예인하던 배를 두고, 07시 20분 말로 해안을 따라 이동하다가 닻을 내렸다. 병사들이 '로열티'호를 향해 달려왔다. 인근 해역에서 연신 포성이 울렸고, 공습 사이렌이 날카로운 경고를 보내오자 병사들은 전력을 다해 엄폐물로 되돌아갔다.

영국 구축함 한 척이 독일 폭격기들을 향해 대공사격을 시작했다. 전속력으로 항행하는 구축함을 향해 폭탄들이 위협적으로 떨어졌다. 그중 아홉 발이 구축함의 현측 근처 해상에 일렬로 떨어졌고, 구축함은 폭발의 영향으로 거의 수직으로 기울었지만 곧바로 균형을 회복했다. 슬루프선 한 척이 기관총으로 나치 폭격기에 반격하며 구축함을 지원했다. 폭격기들이 이번에는 '세르비아'호에 기총사격을 가했고, 예인선은 루이스 경기관총으로 강하게 응수했다.

정말이지 불편한 곳이라서, '세르비아'호는 공습에 당하거나 동서남북을 누비고 다니는 구축함들과 충돌하느니 차라리 닻을 올리고 계속 이동하는 것이 낫다고 판단했다. 시먼스 선장은 어느 돛 달린 바지선의 선원과 병사 들이 구명보트에 올라 노 젓는 모습을 발견하고 그들을 구조했다.

또다시 독일 폭격기들이 몰려들었고, 좀 전의 구축함에 어딘지 문제가 생긴 듯했다. 증기와 연기를 뿜어내던 구축함이 침몰하기 시작했다. '세르비아'호와 또다른 예인선 '세인트앱스'호가 구축함을 돕기 위하여 접근했으나, 구축함을 끝장내려는 폭격기들의 공세가 극렬했다. 결국 예인선 두 척은 뱃머리를 돌릴 수밖에 없었다. 구축함의 함포가 쉬지 않고 불을 뿜는 가운데 선체가 빙빙 맴도는 광경은 참으로 섬뜩했다. 이내 구축함이 멈췄다. 적기들에게 또 한번 명중당한 것이다.

구축함에 남은 유일한 기회는 닻을 내리고 퇴선하는 것이었다. 그 구축함은 바로 HMS '키스'였다. 승조원들이 구명보트와 뗏목에 올랐고, 이번에도 '세르비아'호는 최대한 가까이 다가갔다. 그러나 선원들이 바다로 뛰어드는 동안 또다시 적기들이 급강하하면서 총탄을 퍼부었다. 그럼에도 불구하고 예인선들은 현장을 떠날 수 없었다. '빈치아'라는 예인선이 정박지의 동쪽 끝에서 접근해오더니 생존자들을 구조하기 시작했고, '세인트앱스'호는 구축함의 선수로 접근했다. '세르비아'호는 모터보트 한 척에 꽉 찬 병사들을 구조할 수 있었다.

한편 시먼스 선장은 또다른 구축함 한 척이 항구 서쪽에서 손상을 입은 것을 알아챘다. 게다가 폭격기 한 대가 '빈치아'의 선미 쪽에 있던 소형 유조선에 폭탄을 투하했다. 유조선은 화염에 휩싸였고 구축함도 직격탄을 맞았다. 구축함은 침몰하기 시작했다.

'세르비아'호는 그 오싹한 광경을 목격한 직후 바지선 '톨스버리'호에서 보내 오는 호출 신호를 보았다. 그 바지선으로 접근해보니 화물창에 병사 200명이 타고 있었다. '세르비아'호는 다행히 바지선을 위험한 현장으로부터 예항하여 빠져나올 수 있었다. 더 놀라운 일은 '페르시아'호가 한 구축함에 예인용 밧줄을 연결한 것이었다. 1370톤급 '아이반호'였다. '페르시아'호는 늠름하게 구축함을 예인했다.

이 세 척의 예인선이 정박지를 누비는 놀라운 모습을 상상해보라. 바지선을 예인하는 '세르비아'호, 구축함의 생존자들을 가득 실은 '빈치아'호, 그리고 HMS '아이반호'를 예인하는 '페르시아'호.

HMS '아이반호'

그들은 부표에 거의 다다랐고, 그 부표를 돌면 공해상으로 나가게
될 터였다. 그러나 독일군은 그 주변이 험지라는 것을 간파하고
있었다.

독일군의 해안 포대가 집중포격을 가했고, 폭격기 20대가 세
척의 예인선을 향해 접근했다. 그러나 HMS '아이반호'가 멋진 연
기 차단막을 배출했다. 아홉 발의 폭탄이 항구로 진입하는 해협횡
단 증기선 옆에 떨어지기 시작했다. 예인선들은 항해를 계속해나
갔다.

그러나 독일군은 바로 공격을 포기하진 않았다. 폭탄 다섯 발
이 '세르비아'호의 좌현 선수에서 불과 30미터 해상에 폭발하여 선

체가 수면 위로 들릴 정도였다. '페르시아'호를 겨냥했던 또 한 발의 폭탄은 살짝 빗나가면서 갑판에 물보라를 뿌렸다. 한편 '빈치아'호 역시 폭탄을 아슬아슬하게 피할 수 있었다.

그러나 예인선 행렬은 용기와 행운에 힘입어 서서히 지옥을 벗어났다. '페르시아'호는 HMS '아이반호'를 템스강 어귀까지 예항해놓은 데 만족했다. 그 구축함은 채텀으로 이동해 수리를 받을 수 있을 것이었다. '빈치아'호는 퇴역하여 자유를 얻었고, '세르비아'호는 영국 병사 230명과 바지선 '톨스버리'호와 그 선원들, '더치스'호와 '로열티'호의 선원들, 그리고 모터보트 '오리엔트 IV'호까지 이끌고 무사히 영국으로 귀항했다.

6월 1일은 템스강 예인선 선원들에게는 쉽게 잊히지 않을 날이다. 그날 덩케르크 지역 어디서나 그들의 도움을 절실히 원하고 있었다. 영국 해군이 상선과 그 종사자들에게 더 의존하고 있는지 아니면 그 반대인지 단언하기가 어려웠다. 폭탄과 포탄을 퍼붓는 나치들에게 효과적으로 대항할 수만 있다면, 나치 전투기들을 영공에서 몰아낼 수 있는 공군력만 영국에게 있었다면 상황은 판이하게 달랐을 것이고 모든 선박이 맡은 임무를 완수했을 것이다. 당장 병사들을 구조하고 선박들을 침몰 위기에서 보호한다는 것은 거의 불가능했다.

예인선 선원들이 명심해야 할 사항이 너무 많았고, 구조해야 할 사람들도 너무 많았다. 증기 예인선 '탱거'호가 5월 31일 7시간

만에 덩케르크에 도착하고 보트 6척이 해변의 병사들을 실어 오는 절박한 시간이 흐르는 동안, 독일군의 공습은 변함없이 이어졌다. '탱거'호가 6명이 탄 소형 선박 한 척과 마주친 것은 덩케르크항에 계류 중이던 6월 1일이었다. 보트에 탄 사람들은 격침된 예인선 '세인트페이건'호의 생존자 4명과 그 배가 예인하던 템스강 바지선 세 척에서 살아남은 2명이었다.

그곳으로부터 1.5킬로미터 떨어진 지점에서 '탱거'호는 4명이 (그중 2명은 중상을 입었다) 탄 바지선 '퍼지'호(앞 장에서 언급했던)를 만나 램즈게이트까지 예인했다. 6월 2일에 '탱거'호는 불타는 덩케르크 항구로부터 영국 병사 90명과 프랑스 병사 80명을 구조했고 서둘러 항구를 빠져나와야 했다. 3일에도 배는 덩케르크를 찾았고 4일에는 독일 전투기 한 대를 격추한 것으로 만족했으나, 여전히 얻어 탈 수 있는 선박을 찾아서 영국으로 가려는 프랑스 피란민들의 행렬이 계속되었다. 일례로 '탱거'호는 노스굿윈에서 5킬로미터 떨어진 해상에서 프랑스 국적의 소형 돛배와 마주쳤다. 돛배에는 세 명이 타고 있었으나 그들은 어디로 가고 있는지조차 모르는 상태였다. '탱거'호는 그 배를 예항하여 램즈게이트 해역까지 데려갔다.

소형 선박들이 겪은 일들은 아마 상상을 초월할 것이다. '케냐'호가 4일 동안 무슨 일을 했는지 얘기를 들어보자. 5월 29일 초저녁, '케냐'호는 사우스굿윈 등대선의 남동쪽 3킬로미터 거리에서 이상한 물체를 발견했다. 가까이 가보니 그것은 영국 해군항공대 소속의 버려진 비행기였다. '케냐'호는 비행기 동체의 꼬리에 예인용 밧줄을 단단히 묶고서 천천히 항구로 끌고 갔다. 그런 작업을 하는 사람들은 반쯤 물에 잠긴 비행기를 끌고 가기가 얼마나 어려운지 잘 알고 있다. 게다가 그 비행기의 상태는 최악이었다. 예인한 지 반 시간 후 오른쪽 날개 밑의 폭탄 랙에서 한 발이 떨어져 나와 (그나마 다행히) 선미 멀리서 터졌고, 2시간 후에는 동체의 앞쪽이 나머지 동체에서 분리되더니 가라앉았다. 물론 W. 호일스 선장은 그 위치를 기록했다.

다음날은 더 애를 먹었다. 안개 낀 날이 밝자마자 해군성이 양도받은 네덜란드의 슈이트 한 척이 덩케르크에서 병사들을 가득 싣고 회항하다가 고장이 나는 통에 항구로 예인해야 했다. 다시 바다로 나간 '케냐'호는 퇴선 후 조류에 표류하고 있던 모터요트 '인스피레이션'호를 예인했고, 다음날에도 버려진 발동기선 두 세대를 발견해서 역시 예항해 왔다. 그리고 드디어 4일째에 온갖 사건들 중에서도 가장 놀라운 일이 벌어졌다. 6월 2일은 멀리서 스웨덴 국적의 선박 한 척이 침몰하는 우울한 광경으로 시작되었지만, 일몰 직전에는 바지선 한 척이 사우스굿윈 등대선의 남동쪽 4킬로미터 해상에서 어렴풋이 모습을 드러냈다.

'케냐'호가 접근하여 확인한 결과 그 바지선은 앞 장에서 언급했던[1] '에나'호였다. 덩케르크 외항에서 버려질 운명에 처해 있던

'에나'호에는 영국 원정군 소속 병사들이 타고 있었으나 그중 선원은 한 사람도 없었다. '에나'호를 다루는 것은 직업 선원이나 노련한 아마추어 요트 조종자에게도 녹록지 않은 일이었다. 그런데 병사들이 아무 도움 없이 그들만의 힘으로 프랑스 해안에서 발견된 지점까지 폭탄 속을 헤치며 '애나'호를 몰고 왔던 것이다. 어째서, 어떻게 그럴 수 있었는지는 묻지 마시라. 있는 그대로의 사실을 말할 수 없다면 자칫 순 거짓말이 될 것이기 때문이다. 예인선 '케냐' 호가 그 바지선을 수 킬로미터 예항하여 램즈게이트 외항에 닻을 내리게 했다는 정도만 밝히겠다.

이번에는 덩케르크 철수 작전에서 크게 두각을 나타냈던 '윌리엄 왓킨스'사의 또다른 예인선 '빈치아'호의 이야기다. 5월의 마지막 날 오후 다운스에 정박 중이던 '빈치아'호는 당시 작전에 절실히 필요했던 구명보트 세 척을 예항하여 덩케르크로 향했다. 그런데 샌더티 부표를 지나갈 때 묘한 일이 벌어졌다. 하늘에서 공해상으로 낙하산 하나가 떨어졌던 것이다. '빈치아'호는 그쪽으로 가서 낙하산병을 구조했다. 그는 영국 공군의 포수로 나치와의 교전 후 탈출한 터였다. 불행히도 그는 심각한 중상을 입었고, 브레이듄스로 향하던 인근의 구축함 HMS '베너머스'가 그를 인계받았다.

21시경 브레이듄스 해역에 계류한 '빈치아'호는 모든 구명보트를 해변으로 보냈다. '빈치아'호의 선원들은 각각 구명보트를 맡아 6시간 동안 훌륭하게 임무를 수행함으로써 병사 300명 대부분을 승선시켰다. 회항하려고 정박지를 빠져나오던 '빈치아'호는 병사들을 다른 구축함으로 옮겨 태우는 HMS '키스'를 발견하고 더 많은 병사들을 데려오기 위하여 브레이듄스에 좀더 머물렀다.

6월 1일 08시 15분, 날이 환히 밝고 나서 보니 '키스'함은 공습으로 심각한 피해를 입은 상태였다. '빈치아'호가 접근하여 영국 해군 장교와 수병, 영국과 프랑스의 총사령부 소속 참모를 포함하여 총 108명을 구조했다. 한편 멀지 않은 지점에서 또다른 구축함 한 척이 폭격에 산산조각 나면서 승조원과 탑승자 전원이 사망했다.

해군사의 첫 장부터 현재까지 샅샅이 뒤져봐도 덩케르크 철수 작전에 비견할 만한 사건을 발견하기는 불가능하다. 민간인 선원들이 군인을 대신하여 그토록 열렬히 임무를 수행한 전례가 드물다. 덩케르크를 다시 떠올릴 때마다 참으로 놀랍다. 그곳에서 벌어진 모든 일들이 인간의 상상을 압도했다.

이 예인선들은 거센 조류에도 불구하고 정기선의 입출항을 돕는 유용성으로 널리 알려져왔다. 충돌이나 좌초로 곤경에 처한 증기선이 구조 요청을 보내는 선박도 바로 예인선들이다. 예인선은 양수기와 호스를 갖추는 등 선박의 화재 진압을 위한 만반의 준비까지 하고 있다.

그러나 선박 구조와 병사 구조는 완전히 다르다. 국가적 대의가 아니고서야 이 내항성이 뛰어나고 유능한 예인선들이 위험에 처한 선박을 안전한 항구로 데려오는 일과 판이하게 다른 임무에,

그것도 충분한 안내도 없는 상태에서 투입되는 예는 없었다. 템스 강을 한번 훑어보기만 해도 당시 얼마나 예외적인 일이 벌어지고 있는지 알 수 있었다.

도버 해협의 하얀 절벽에서 프랑스 해변의 모래언덕까지 끝없이 이어지는 선박의 행렬은 갈매기들이 이해할 수 없는 풍경이었고, 나날이 더 거센 분노의 공세를 퍼붓던 독일군이 아무리 날뛰어도 막을 수 없었던 끈질긴 도움의 손길이었다.

예인선 '자바'호가 유자망 어선 세 척과 모터보트 네 척을 대동하고 해협을 건넜을 때, 그들에게는 상식을 뛰어넘는 능력이 필요했다. 새벽녘에 모터보트들이 해변으로 접근을 시도했으나 얕은 수심 때문에 여의치 않았다. 결국 예인선에서 항해사와 갑판선원 하나씩만 태운 자체 보트를 해변으로 보내 병사들을 실어 오게 했다. 이 보트가 병사들을 실어 1차로 모터보트에 태우고 최종적으로 예인선이나 유자망 어선에 옮겨 태웠다. 이 과정은 상당한 시간이 걸렸다. 많은 병사들을 태운 예인선은 드판 해역의 4200톤급 순양함 HMS '캘커타'에 병사들을 인계한 후 다시 해변에서 구조를 시작했다. 구조 임무를 계속하던 '자바'호는 병사를 수송해 가려고 대기 중이던 선박들이 다 떠나고 없자 드디어 병사들을 싣고 영국으로 회항했다.

'자바'호는 덩케르크로부터 8킬로미터 해상에서 비행기 한 대를 발견했다. 그 주변에서 조난자도 발견했는데, 야만적인 폭격에

덩케르크에서 침몰하는 트롤선과 구조에 나선 영국 구축함

시달려왔던 선원들은 혹시 독일군 전투기나 조종사일지 모른다고
여기며 금방이라도 기관총 세례를 퍼부을 기세였다. 그러나 그는
영국 공군이었고 게다가 비행기 안에도 한 명이 더 있었다. W. 존
스 선장은 두 명의 파일럿을 구조했다. 1.5킬로미터가량 더 가니
이번에는 병사들이 잔해물을 붙잡고 있거나 그 주변을 헤엄치고
있었다. 60시간 동안 잠은 고사하고 잠깐의 휴식도 취하지 못한 예
인선의 열혈 선원들은 이번에도 최선을 다해 병사들을 살려냈다.
너덜너덜한 군복을 입은 병사들에게 선원들은 자신의 옷을 건넸고
병사들의 허기가 채워질 때까지 자기 몫의 식량을 양보했다. '자바'
호는 폭침된 외륜선 '웨이벌리'호의 생존자까지 구조하여 총 250명

의 지치고 고단한 병사들을 램즈게이트로 안전하게 데려왔다.

예인선들을 필요로 하는 일은 훨씬 더 많았다. 예를 들어 영국의 트롤선 '야신타'호가 다른 선박의 잔해에 좌초되어 전복될 위험에 처하기도 했으나, 예인선들이 모자랐고 동시에 여러 장소에 갈 수는 없는 노릇이었다. 도버항에서만 해도 해운 활동이 쉴새없이 이루어지는 상황이었다. 따라서 선박의 제어와 지원에 예인선이 필요한 경우는 이루 헤아릴 수 없을 정도로 많았다.

덩케르크 철수 작전 중에도 가장 분주했던 시기에는 도버항을 동시에 사용하는 각양각색의 선박들이 18척 이상이었다. 선박들은 수백, 수천 명의 병사들을 하선시키고 급수나 급유 때문에 잠시 미물고 나면 곧바로 다시 프랑스 해변으로 출항했다. 병사들을 하선시킬 때 지체하지 말라는 원칙이 중시되었으며, 그렇다보니 거의 모든 선박이 예인선의 도움을 필요로 했다. 내항의 증기선이 다른 선박의 접안을 위하여 계류지를 이동하는 경우도 마찬가지였다. 접안 중인 선박 1척당 예인선 2척이 배치된 것도 전혀 이상한 상황이 아니었다.

도버의 동쪽 끝과 서쪽 끝에서 화창한 날씨에도 결코 수그러들지 않는 거센 조류를 경험한 사람들은 네 척의 예인선 '심라', '곤디아', '로만', '레이디브래시'에 엄청난 작업량이 부과되었다는 사실에 그리 놀라지 않을 것이다. 덩케르크로의 급파라는 임무와는 별개로, 이 네 척의 예인선들은 도버의 잠수함 캠버 도크Submarine

Camber Dock 또는 '웰링턴 도크'로 알려진 곳으로 선박들을 예인해 수리받게 하는 임무를 꾸준히 수행했다.

도버항에는 40개 이상의 부표가 있었다. 이 부표에 계류하기 위해서, 군수물자와 탄약을 군함으로 실어나르기 위해서도 예인선들이 필요했다. 실제로 5월의 마지막 2주 동안 '심라'호가 도버항에 입출항시킨 선박이 140척 이상이었다. 예인선 선원들은 잠 한숨 못 자는 상황에서도 불평 한 마디 않고 오히려 귀환 병사들의 신속한 하선을 위하여 더욱더 작업 속도를 높였다. 이런 예인선과 선원들의 도움을 받을 수만 있다면 그건 희소식이었다.

그러나 예기치 않은 사고들은 늘 일어나기 마련이다. 피란민을 가득 실은 프랑스의 증기선 '딤슨'호가 도버항 남서쪽 5킬로미터 해상(조류와 선박 통행이 아주 나쁜 지점이었다)에서 영국 증기선 '에퍼드'호와 충돌했다. '에퍼드'호는 5월 22일 침몰했고, 구명보트에 탄 선원들은 '심라'호가 그들을 발견하고 구조할 때까지 노를 저었다.

'딤슨'호 쪽에서 '에퍼드'호에 충돌한 것으로 보였고, 덩케르크 해역에서 하루종일 폭격에 시달려 심리적으로 불안한 상태였던 '딤슨'호의 선장은 더는 배를 책임질 수 없었다. 그래서 그는 '심라'호의 선장에게 '딤슨'호에 승선하여 자기 대신 운항해달라고 부탁했다. '심라'호는 항해사의 책임하에 '딤슨'호를 예인하기 시작했다.

녹초가 된 승조원들로서는 도버에서 예인선에게 고마워해야 할 일들이 수두룩했다. 5월 24일 새벽, 도버항에 정박 중이던 구축함 HMS '위트쉐드'와 '비미'는 정박지를 부표로 옮기라는 명령을 받았다. 덩케르크 작전에 투입되었던 해군 승조원들은 극도로 지쳐 있었다. 그래서 예인선들은 그들이 곤히 자게 놔두고 자체 인력만으로 구축함들을 이동시켰다. 너무도 절실했던 숙면을 취한 후 구축함이 생각지도 못한 위치에 와 있는 것을 보고 깜짝 놀랐을 승조원들의 모습을 상상해보라.

병사 6000여 명을 태우고 도버항에서 접안 대기 중이던 '코히스탄'호(5884톤)에 대해서는 다른 장에서 이미 언급했다. 적기들이 주변을 선회하고 있었기에 접안과 병사들의 하선 과정이 신속하게 이루어져야 했다. 그러나 너무도 어두운 밤이었고 항만에는 다른 선박들이 가득했다. 항해등을 켜서는 안 되는 상황에서 그런 작업을 반길 사람은 없었을 것이다. 그 일에 나섰던 '심라'호와 '레이디 브래시'호로서는 짙은 안개 속에서 작업하는 것과 다르지 않았다. 선박도 부표도 보이지 않았다. 구축함 하나가 스치는가 싶더니 다음 순간에는 1~2미터 밖으로 사라지기 일쑤였다. 그래도 예인선들은 노련하게 작업을 완수했고 병사들은 무사히 육지에 올랐다.

이런 예인선들은 도버항을 드나들면서 무슨 일을 했는가? 거의 모든 일을 했다.

5월 27일 맨 섬 기선회사의 선박 한 척이 크게 손상된 상태로 도버항 8~9킬로미터 해역에 도달해 있었다. 덩케르크에서 독일군

병사들을 태우고 도버항에 접안 준비 중인 영국 구축함(5.31)

폭격기의 공습을 받고 사망한 병사 40명과 부상병 70명이 상갑판
에 그대로 있었다. 이 피해 선박은 영국 구축함들이 적기를 격퇴한
후에야 위험에서 벗어날 수 있었다. '심라'호와 '레이디브래시'호는
선박을 항구로 무사히 예인했고, 다음날 병사들을 가득 태운 채 선
수에 피해를 입은 1530톤급 선도함 HMS '몬트로즈'를 구조할 때
도 똑같은 활약을 펼쳤다.

1940년 5월 말에서 6월 초까지 그 무엇도 확정되지 않은 상태
가 지속되었다. 불가능해 보이는 일은 없었고, 무슨 일이든 가능했
다. HMS '재규어'의 경우가 그랬다. 날렵한 신형 구축함이었던 이
배는 맹렬한 폭격에 크게 손상되어 도버항까지 예인선의 지원이

필요했다. 프랑스 병사들을 가득 태운 슬루프급 구축함 HMS '비드
퍼드'(1105톤)도 선미가 폭파된 상태로 도버 해역에 도착했다. 25
명이 사망했고 부상자도 꽤 많았다. '심라'호는 부두 끝을 통해서
잠수함 도크 안으로 '비드퍼드'함을 예인했다. 우현 엔진이 고장난
또다른 구축함 HMS '임펄시브'도 있었다.

6월 1일, 해협횡단 증기선 '메이드오브오를레앙'호가 프린스오
브웨일스 부두를 돌다가 1120톤급 구축함과 크게 충돌한 것은 불
운이었다. 증기선은 전복 위험에 처했고 병사 20명이 물에 빠져 그
중 상당수가 익사했다. 힘겨운 교전에서 살아남아 덩케르크로부터
이제 막 귀환한 병사들에게 닥친 비통한 사고였다.

---

[1] **슈투카**: 정식 명칭은 융커스 Ju-87 급강하 폭격기이다. 슈투카(Stuka)란 급강하
폭격기를 가리키는 독일어(Sturz kampf flugzeug)를 줄인 말이다. 1937년부터 배치되었
으며 독일군의 전격전에 지대한 공헌을 하였다. 최대속력은 시속 350킬로미터(급강하
시에는 최고 시속 600킬로미터), 250킬로그램 폭탄과 20밀리미터 기관포, 7.92밀리미
터 기관총 2정을 탑재할 수 있었다.

제17장

×

온 힘을 다하여

다운스 해역에서 감시 초계 활동을 펼치던 예인선들은 지루할
새가 없을 정도로 많은 사고를 목격했다. 5월 30일 예인선 '도리아'
호는 증기선 '샤프츠버리'호가 굿윈 서남쪽에 좌초한 것을 발견하
고 몇 시간의 분투 끝에 간신히 끌어내는 데 성공했다. 다음날 '도
리아'호는 순시선 한 척에 발생한 화재를 진압했고 프랑스 국적의
트롤선 두 척을 항구로 예항했다.

하지만 6월 3일 자정에 결코 유쾌하게 기억할 수 없는 사고가
발생했다. 앞에서 언급한 '로열대퍼딜'호의 회항이었다. 사망자와
부상자를 속히 육지로 후송해야 했다. 선체의 대대적인 수리를 위

해 모래, 시멘트, 목재가 필요했다. '도리아'호는 구조선 '포드'호와 협력하여 엔진이 고장난 '로열대퍼딜'호를 도버항으로 예항했다.

해군 함장들이 풀어야 할 문제로 머릿속이 복잡해 있는 동안, 예인선들이 없었더라면 자칫 놓쳐버렸을 세세한 국면들을 제시해 주었다는 점에서 우리는 예인선과 그 선원들에게 큰 빚을 진 셈이다. 덩케르크의 의미를 오롯이 그려내는 데 도움이 될 작지만 세밀한 요소들이 거대한 캔버스 여기저기 산재해 있다.

'레이디브래시'호는 그리네 곳을 샅샅이 비추는 독일군 탐조등에 걸려서 손상을 입은 선도함 HMS '몬트로즈'를 빼내기 위해 도버에서 출항했다. 다음날 안개 속에서 HMS '비드퍼드'를 예인하는 데엔 실패했으나, 그라블린 독일군 포대에서 쇄도하는 포탄들은 용케 피할 수 있었다. 피해 선박 '프라하'호를 예인했고 해변에 좌초한 트롤선들을 끌어내는 걸 도왔으며, 병사들을 가득 태운 채 심각한 손상을 입고 표류 중인 구축함 한 척을 예인했다. 이런 일들은 기억이 남아 있는 동안 기록해두지 않는다면 잊혀버릴 실화다.

이런 기록 덕분에 5월 30일 밤 덩케르크 동쪽 부두에서 빠져나가려던 '프라하'호에 어떤 일이 벌어졌는지 알 수 있는 것이다. 당시 '포모스트 87'호와 '레이디브래시'호는 상대적으로 덩치가 큰 '프라하'호를 끌어내는 데 막 성공한 터였다. '프라하'호의 선저 밑으로 수심이 고작 0.3미터 남짓이었으나, 어느 트롤선의 선미 부분 잔해에서 환히 비추는 정박등이 길잡이처럼 피해 가야 할 지점들을 보여주고 있었다.

폭탄과 총탄과 파편들이 선교 위로 날아들던 그 깜깜한 밤을 다시 떠올리면 마음이 다급해진다. '포모스트 87'호는 '프라하'호의 선수방향에서, '레이디브래시'호는 선미방향에서 예인했으나 후자의 예인용 밧줄이 풀리는 바람에 다시 단단히 결박해야 했다. 그 어둡고 혼잡한 곳에서 두 척의 예인선이 어떻게 트롤선의 잔해를 피하고 두 부두 사이를 지나서 '프라하'호를 가항 수로까지 데려갔는지는 오로지 예인선의 선원들만이 대답할 수 있을 것이다. '프라하'호 말고도 내항에는 여전히 예인선의 도움이 필요한 선박들이 있었다.

이런 예인선 중 일부는 칼레와 불로뉴에 투입된 경력이 있었다. 예인선 '곤디아'호는 불로뉴 외항에서 독일 전투기의 공습을 받았으나 간신히 침몰 위기를 벗어났다. 그 전투기는 다음 공격으로 90미터도 안 되는 거리에서 '흐로닝언'호를 격침시키려다가 오히려 격추당했다. 5월 21일 밤, 독일군 저격수들이 여전히 해안으로부터 공격을 가하고 있었지만 '곤디아'호는 장병 100명을 싣고 불로뉴항에서 멀어지고 있었다.

5월의 마지막날 도버에서 덩케르크로 향한 예인선 '엠파이어 헨치맨'호는 용감한 수비대에게 줄 식량과 탄약을 가득 실은 바지선 한 척을 예항했다. 다음날 독일군 폭격기 20대가 예인선을 방해했다. 그러나 예인선과 바지선 어느 쪽도 치명적인 손상은 받지 않았으니 놀라운 일이다. 폭탄들은 아주 얕은 물속으로 떨어졌다. 하지만 폭발의 충격으로 '엠파이어헨치맨'호의 연료탱크에 균열이 생겼고 연료가 빌지로 흘러들어 심각한 화재의 위험을 야기했다. 게다가 맹렬한 폭발의 여파가 선체의 전기장치와 양수기, 나침반에까지 심각한 피해를 입혔다.

따라서 도버로 회항하는 것이 바람직했고, 도착한 후 바지선에서는 심각한 침수가 발견되었다. '엠파이어헨치맨'호도 부분 파손을 수리하기 위하여 도버 해안의 또다른 수리도크에 입거했다. 전쟁은 더이상 큰 판돈이 걸린 도박이 아니라거나 항해술과 선박 조정술이 단순히 기계조작 능력으로 축소되었다는 주장은 옳지 않다.

최상의 결과를 가져오기 위해 개인의 용기는 전혀 필요하지 않으며 선박의 능력을 정확히 아는 것만으로 충분할까? 아니, 덩케르크에서 입증된 것은 그것과 다르다. 예인선의 작업이 중요한 이유는 범선 시대에 우리가 가장 존경했던 항해술이 증기기관의 발달을 거치면서도 예인선을 통하여 전수되어왔기 때문이다. 예인선들은 어려운 작업에 익숙하고 종종 다른 나라 해역까지 가서 고장난 선박을 예인해 와야 한다. 구조 임무도 어렵지 않게 해내고, 옛 시절의 다채로운 무용담은 상당 부분 과학 분야의 몫으로 넘어갔다. 그러나 여전히 예인선의 본질적인 작업은 고도로 전문화된 항해 지식뿐 아니라 기술과 인내력이라는 인간적인 요소에 좌우

된다.

템스강과 다운스 지역은 제2차세계대전 이전까지 간헐적으로 덩케르크 해역으로 항해했던 예인선들의 주요 활동 무대였다. 그래서 이 거대한 철수 작전의 부름을 받았을 때 예인선들은 이미 최적의 조건을 갖추고 있었다. 덩케르크 방파제 사이의 공간은 웬만한 선박이 도저히 접근할 수 없을 정도로 수심이 낮아서 수많은 병사들을 승선시키기가 불가능했다. 그러나 이 작은 예인선들은 템스강의 조류 상황이 어떻든 간에 험하고 어려운 곳까지 두루 운항하는 데 이미 익숙했다.

형태를 막론하고 모든 예인선들이 필요했던 이유는 두 가지다. 남동 해안 전체가 영국의 전장에 포함되었기 때문이고, 진격 중인 히틀러가 영국해협을 사이에 두고 영국과 마주보는 프랑스 해안의 항구들을 점령하려 혈안이 되었기 때문이다. 그래서 덩케르크 위기 동안 선박 운항에 필요한 예인선의 지원이 어느 때보다도 절실했다. 덩케르크 철수 작전이 한창일 무렵 템스강에는 예인선의 모습이 보이지 않을 정도였다. 아무튼 징발된 예인선의 수가 상당히 많았다는 것은 사실이다. 6장에서 다룬 예인선들 외에도 유명한 '선 III', '선 IV', '선 VII', '선 VIII', '선 X', '선 XV', '페어플레이 I', '콘테스트'를 추가해야겠다. 이 예인선들은 재정적·전략적으로 막대한 가치를 지닌 선대를 대표했다.

그러나 예인선과 관련해서 가장 놀라운 것은 그 선박들이 즉각 현장에 투입될 수 있게 준비가 되어 있었다는 점이다.

6월 1일 H. R. 콜 선장은 예인선 '선' 시리즈 중 한 척을 타고 구명보트 20척을 예항하여 템스강에서 램즈게이트로 향했다. 램즈게이트에서 그와 선원들은 해협을 건너 덩케르크에서 병사들을 구조해보고 싶지 않느냐는 질문을 받았고, 그 자리에서 그렇게 하기로 지원했다. 이번에는 노 젓는 보트 2척과 모터보트 1척을 예항하여 야간 항로에 올랐다. 콜 선장은 우선 덩케르크 외항에 계류하면서 보트 3척을 해변으로 보내 영국 병사 40명을 실어 왔다. 그러자 한 해군 장교가 콜 선장에게 이렇게 물었다.

"덩케르크에 자주 와봤습니까?"

"몇 번 정도요. 제1차세계대전 동안 내륙수상운송청Inland Water Transportation에서 일한 적이 있거든요."

그것으로 충분했다. 예인선은 닻을 올리고 부두 끝에 평행 접안한 뒤, 프랑스와 벨기에 장병 50명을(벨기에 중령 한 명을 포함하여) 추가로 승선시켰다. 예인선은 곧 회항했고, 총 200명 이상의 장병들을 영국으로 데려왔다.

5월 31일 '선 III'호는 네 척의 바지선 '헤이스트어웨이', '에이더메리', '섀넌', '버턴'호를 램즈게이트로 예항한 다음 덩케르크로 출항했다. 위험지역이 표시되지 않은 아주 오래된 해도 한 장에 의지한 여정이었다. 7장에서 언급했듯이 '선 III'호는 열차운반 연락선 '피시본'호를 예항했는데, 이런 바지선들은 예인용 밧줄이 풀리

지친 영국 원정군 병사들이 도버 부두지대에서 쉬고 있다.

는 등 성가신 문제가 많았다. 예인선 '듀크', '프린스', '프린세스'호가 유용했다는 점도 7장에서 이미 밝혔다. '선 III'호에 관해 잊지 말아야 할 것은 그 배가 영국 항공기와의 협동 작전을 통하여 덩케르크 해안에서 보트를 탄 병사들을 예인선으로 옮겨 태웠다는 점이다. 그 결과 총 148명의 장병을 구조하여 램즈게이트로 회항했다.

바지선을 예인하는 도중에 예인용 밧줄이 풀리는 일이 자주 일어나 예인선 선장들의 인내심을 시험하곤 했다. '선 III'호도 풀린 예인용 밧줄을 다시 결박하고 계속 임무를 행해나갔다. 바지선을 예인하는 것은 그리 성공적이지 못했고 예인선 선장들도 전혀 달가워하지 않았다. '섀넌'호를 단단히 결박한 밧줄은 윈들러스[1]로 끌어당겼는데 윈들러스 장비가 통째로 쓸려가버리기도 했다. 차라리 예인선에 원하는 방식으로 병사들을 승선시키는 자유 재량권을 주는 편이 훨씬 나았을 것이다.

'선 IV'호는 구명보트 12척과 선원들을 틸버리에서 램즈게이트로 데려갔고, 그곳에서 구명보트들은 몇 개 단위로 나뉘어 덩케르크로 보내졌다. '선 IV'호는 다시 구명보트 9척을 끌고 덩케르크로 향했다. 예인선 선장들이 항로나 덩케르크 해역에서 고출력 선박들이 만들어내는 큰 물결에 대해 반복적으로 언급한 것은 이례적이다. 덩케르크 해역에 있던 구축함 한 척이 일으킨 큰 물결에 예인선 선원 두 명이 바다로 빠졌고, '선 IV'호가 신속하게 구명보트를 보내 선원들을 찾았으나 한 명만 구조할 수 있었다. '선 IV'호가 구명보트 3척을 예항하여 회항하던 도중에 한 척은 독일군 전투기의 공습을 대공포로 반격하던 구축함이 일으킨 물결에 휩쓸려 사라졌다. 그로부터 2시간 30분 후 또 한 척의 구명보트가 다른 구축함 때문에 비슷한 방식으로 유실되었다.

바지선 선원들이 우스갯소리로 '브록의 자선'[2]이라고 부르는 일이 6월 1~2일 동안 덩케르크 항구에서 벌어졌다. 회항 과정은 요트 여행처럼 즐거운 것이 아니었다. 빗발치는 폭탄과 포탄의 굉음에도 불구하고, '선 IV'호는 구조한 영국 원정군 병사 112명을 싣고 다른 39명은 예인 중인 영국 왕립인명구조협회의 구명보트 '이드미'호와 또다른 구명보트 한 척에 싣고서 돌아왔다.

사방에 포탄이 떨어지는 가운데 칠흑 같은 어둠과 자욱한 연기에 휩싸인 덩케르크를 빠져나오는 것은 기묘하고 으스스한 경험이었다. 와자지껄한 소음 속에서 꽉 들어찬 병사들을 관리하며 무거운 배 두 척까지 예인하는 건 '선 IV'호로선 당연히 어려운 일이었다. 선저가 뻘을 스쳐갔고 몇 차례 바닥에 부딪히기도 했으나, 그래도 배는 병사들을 램즈게이트까지 무사히 데려왔다. 다만 '이드미'호의 키잡이가 사망한 것은 애석한 일이었다. 다시 출항한 '선 IV'호는 병원선 '패리스'호를 발견했지만 이미 배는 버려진 상태였다.

'선 IV'호는 이번에는 모터보트 4척을 예인하여 출항했다. 노스 굿윈 등대선 주변의 자기감응기뢰를 피해서 덩케르크에 도착했고 6월 3~4일 밤사이 꽤 많은 병사들을 구조했다. 덩케르크항에서 병사들을 철수시킨 마지막 구축함 HMS '맬컴'의 지원을 받으며 맹렬한 폭격을 피해 램즈게이트로 회항했다. 그 무렵 덩케르크 철수 작전은 끝이 났고, '선 IV'호는 원래 무대인 템스강으로 복귀했다.

현장에 있던 해군 장교들이 예인선들에 찬사를 보내는 것, 병사들이 예인선들에 이루 표현할 수 없이 고마워하는 것은 당연한 일이다. 영국 공군 소속의 보트 5척을 도버에서 덩케르크로 예항하면서 밧줄이 풀려 표류하는 보트를 다시 결박하기 위하여 6번이나 멈춰야 했던 선박이 바로 '선 VII'호였다. 그 배는 5월 30일 밤에 틸버리에서 램즈게이트까지 소형 보트 12척을 예인했다.

5월 31일, 덩케르크는 300미터 상공의 격렬한 화염과 연기에 짓눌려 휘청거리는 것 같았다. 그래도 북동풍이 해변에서 연기를 걷어내고 있었다. '선 VIII'호가 닻을 내렸을 때 잠시 조류가 거세지더니 이내 물이 빠지기 시작했다. 소형 보트들이 해변에 접근하여 효율적으로 병사들을 예인선으로 실어날랐다. 예인선 갑판은 병사들로 가득찼고, 먼동이 트기 전에 배는 출항을 준비했다. 그때 다시 거세진 조류 때문에 좌초 위기가 닥쳤다. 전속력으로! 이 말은 그날 밤의 모토이자 끝까지 그들을 버티게 해준 신념과도 같았다. 04시 30분경 풍향이 바뀌어 육지에서 바다로 바람이 불기 시작했다. 해상에 가득한 잔해와 버려진 선박들뿐만 아니라 계속되는 포격과 짙은 포연 때문에 그 어느 때보다 상황이 나빴다. 그러니 '선 VIII'호가 병사 120명과 함께 무사히 램즈게이트로 회항한 것은 깊이 안도감을 느끼게 하는 결과였다.

소형 보트를 해변으로 가져가는 임무와 덩케르크 부두 정박지에 증기선을 이동시키는 임시 임무까지 두 가지를 훌륭하게 완수한 예인선들의 이야기도 이제 끝나간다. '선 X'호는 보트 네 척을 도버로부터 예항하여 다른 예인선 세 척과 함께 덩케르크로 향했으나, 물론 그들 또한 중간에 보트의 밧줄이 풀려서 시간을 지체할 수밖에 없었다.

덩케르크에 도착한 '선 X'호는 예인한 보트들을 이용해 병사 300명을 태웠다. 그리고 항구 안으로 진입하여 마치 틸버리의 돌출식 잔교 또는 템스강의 갑문에 접안시키듯 수송선들을 이동시켰다. 6월 3일, '선 X'호는 고국으로 돌아갈 수 있었다. 자매선인 '선 XI'호는 바지선 세 척을 틸버리에서 도버로 예인한 뒤 바지선 두 척(그중 한 척은 보급물자와 식수를 담은 연료통을 가득 적재했다)을 끌고 덩케르크로 향했다.

'선 XI'호는 다소 늦게 도버에 도착했고, 6월 1~2일 한밤중에는 누구라도 깊은 인상을 받을 보기 드문 광경이 연출되었다. 예인선 7척이 일렬종대로 늘어선 것이다. '오션콕', '크레스티드콕', '챌린지', '페어플레이 I', '선 VII', '선 XI', '선 XII'호가 저마다 맡은 임무에 전념하듯 일제히 증기를 뿜으며 공포의 현장으로 향했다. 그러나 '선 XI'호는 중도 이탈할 수밖에 없었다. 02시경 이상한 불빛이 목격되었는데 누군가 손전등으로 보내는 모스 신호였던 것이다.

신호를 본 J. R. 루크스 선장은 키를 힘껏 우현으로 돌리고 그 낯선 선박을 향해 다가갔다. 알고 보니 그것은 침몰 직전의 정부 소속 대형 바지선이었다. 바지선은 영국 구축함에서 구조된 부상자와 병사들로 가득했다. 몇 시간 뒤 '선 XI'호는 바지선과 서글픈 표정의 병사들을 도버로 데려왔다.

철수 작전의 막바지 동안 영국해협은 놀라운 일로 가득했다. 엔진이 정지된 보트들과 생명줄을 간신히 부여잡고 있는 조난자들이 밤낮으로 모습을 드러냈다. 6월 2일 루크스 선장은 모터보트 네 척을 예인하여 다시 덩케르크로 향했고, 또다른 예인선 세 척이 뒤

따랐다. 그중 '포모스트 87'호는 침몰한 선박에서 살아남은 부상자와 생존자로 가득한 보트 6척을 발견하고 예인하여 도중에 돌아왔다. 덩케르크에는 여전히 각양각색의 선박들이 북새통을 이루고 있었다. 출항하려는 수송선들, 낮은 수심에서 좌초한 예인선들, 병사들을 가득 싣고도 모자라 역시 만선인 구명보트들까지 예항하는 또다른 예인선들…….

'선 XII'호(B. R. 마스틴 선장)는 틸버리에서 도버로 바지선 네 척을 예인했다. 그리고 6월 1일 '페어플레이 I'호와 함께 (앞에서 브레이듄스 해변에 등장했던) '에셀에버라드'호와 '톨스버리'호를 예인하여 덩케르크로 출항했다. 마스틴 선장은 '불꽃놀이가(독일군의 공격이) 보이지 않았다'고 했으나, 04시경 한 해군 장교는 마스틴 선장과 선원들에게 '최대한 빨리 이 지옥에서 벗어나라'고 말했다.

이 예인선들의 임무가 다양한 징발 선박들을 틸버리에서 도버로, 그리고 다시 프랑스 해안으로 예항하는 것에만 국한된다면 그 임무는 감탄을 자아내리만큼 완벽하게 수행된 셈이다. 특히 바지선과 열차 운반 연락선을 예항하는 것은 매우 어려운 작업이었다. 그러나 이 임무뿐만 아니라 무엇보다도 수많은 병사들을 구조했고 수송선들을 입출항시킨 점을 떠올리면 그 작은 증기선들에게 절로 고마움이 느껴진다.

자기감응기뢰에 대비해 자기 소거한 '선 XV'호는 보트 12척을 램즈게이트로 예인했다. 이렇게 예인선들은 템스강의 귀중한 자원을 축적해주었고 '선 XV'호는 그중 6척을 예인해 덩케르크로, 좀더 정확히는 드판으로 향했다. 6월 1일 밤은 혹독했다. 폭격기뿐 아니라 모든 포문을 열고 맹폭을 가하는 독일군 포대 때문이었다. '선 XV'호는 그런 악조건에서도 80명가량의 병사들을 구조했고, 비록 보트 6척 중에서 1척만 남았지만 병사들과 함께 무사히 귀항했다.

다음날 저녁 '선 XV'호가 병원선 '패리스'호를 구조하러 갔을 때 그 배는 이미 우현으로 크게 기울었고 마지막 생존자도 떠난 후였다. 그래도 예인선은 병원선에 와이어를 단단히 묶었지만 그때 독일군 폭격기가 기총사격을 가해서 와이어가 끊어졌다. 그 해역에 계속 머무는 것은 위험했으나, '선 XV'호는 좀더 서쪽에서 유자망 어선 '요크셔래스'호를 발견했다. 병사들을 가득 태운 그 어선은 일시적인 엔진 문제를 겪고 있었기에 일단 '선 XV'호는 배를 예인하여 6월 4일 새벽 덩케르크 동쪽 부두에 접안했다. 사실상 병사들이 전부 승선함으로써 거대한 철수 작전은 마무리되었다. 이제 남은 것은 날이 밝기 전에 '선 XV'호가 총탄과 폭탄과 포탄을 뚫고 전속력으로 부두를 빠져나가는 일이었다. 도중에 'L.H.W.D.'호라는 또다른 유자망 어선을 발견했는데 역시 엔진에 문제가 생긴 상태였다. '선 XV'호는 그 어선도 예인하여 램즈게이트로 회항했다.

덩케르크 부두 안은 폭이 좁은 것은 물론 수심이 부족하다는 중대한 위험요소를 안고 있다. 그래서 선미 흘수가 4미터인 '포모스트 22'호와 같은 선박은 간조기에 꽤 신경을 써야 했다. 23시 직

덩케르크 철군 후 도버에 도착한 영국군과 프랑스군

후 (13장에서 언급한) '세인트헬리어'호와 HMS '샤프슈터'의 충돌
이 일어났을 때 '포모스트 22'호는 HMS '샤프슈터'에 예인용 밧줄
을 던졌다. 예인용 밧줄은 두께 40센티미터, 길이 약 60패덤
(fathom, 약 110미터)의 마닐라 밧줄과 두께 13센티미터, 길이 50
패덤(약 90미터)의 와이어로 구성되어 있었는데, 와이어 끝은
HMS '샤프슈터'의 선미에, 마닐 밧줄의 끝은 예인선의 예인용 훅
에 각각 결박했다.

구축함 선미에 탑재된 수중폭뢰 때문에 이 모든 과정은 신중하
게 진행되어야 했다. '포모스트 22'호는 구축함을 도버까지 무사히
예인했다. 약 80킬로미터 거리를 가는 데 13시간이 걸렸다. 그러나

예인선의 도움이 없었더라면 일부 기능이 고장을 일으킨 HMS '샤프슈터'는 독일군 전투기와 해안 포대의 손쉬운 표적으로 전락했을 것이다.

6월 2일 일요일 밤 '포모스트 22'호는 한번 더 덩케르크로 진입했고 증기선 '뉴헤이븐'호가 좌초하여 꼼짝도 하지 못하는 것을 발견했다. 간조기라 물이 계속 빠지고 있었다. 포모스트 22'호는 '뉴헤이븐'호를 향해 예인용 밧줄을 던졌지만 그들 역시 좌초하고 말았다. 간신히 빠져나온 '포모스트 22'호는 외항으로 나간 뒤 흘수선이 얕은 예인선을 '뉴헤이븐'호가 있는 곳으로 대신 보냈다. 모터보트들이 프랑스 병사들을 예인선으로 실어 온 뒤 '포모스트 22'호는 도버로의 회항을 시작했으나, 이미 선원들은 완전히 녹초가 된 상태였다.

한마디로 예인선들은 영국 해군뿐만 아니라 동료인 상선과 그 종사자들을 위해서 여러 가지 다양한 일을 수행했다. 이런 도움이 없었더라면 덩케르크 철수 작전은 성공하지 못했을 것이다. 템스강 바지선의 경우와 마찬가지로, 예인선을 다루는 조정 능력은 단시간에 습득할 수 있는 것이 아니라 온갖 기상조건과 환경을 극복하면서 평생에 걸쳐 습득되는 것이다.

그런 선박 조정 능력을 비롯하여 모든 항해술을 국가가 활용할 수 있었던 것은 기뻐하고 감사할 이유로 충분하다.

제18장

기상과 용기

덩케르크 철수 작전 동안 도심에서, 해변을 따라서, 심지어 해상에서도 온갖 반역행위가 난무했다.

제5열(친독분자들)은 11킬로미터 밖에 있는 독일군의 15센티미터 포를 대신하여 표적의 위치를 확인해주곤 하였다. 주변 평지가 훤히 내려다보이는 57미터 높이의 항구 등대에서 조명탄을 발사해준 것이다. 독일군은 단지 그 원형 등대에서 약간 동쪽을 조준하면 되었다. 포탄들은 부두의 콘크리트에 정확히 떨어졌다. 그다음에는 약간 서쪽을 조준했고, 그것만으로 보이지 않는 해변을 쑥대밭으로 만들 수 있었다.

덩케르크 상공을 비행하는 영국 공군의 허드슨 폭격기. 덩케르크 항구의 석유 탱크에서 불길이 치솟고 있다.

물론 독일군은 터무니없는 실수를 저지르기도 했다. 덩케르크 외항에 선박 세 척이 정지해 있었는데, 거기에 현혹된 상당수의 나치들은 곧 연합군의 수송이 시작될 거라고 생각했다. 그런데 실상 그 세 척은 낮은 수심으로 좌초된 선박들이었다.

뿐만 아니라 나치 폭격기들은 항구 북동쪽 6킬로미터 해상에 계류 중인 증기선 한 척을 계속 폭격했다. 그러나 증기선은 침몰하지 않았다. 그 지점까지 모래톱이 뻗어나와 해도에는 '힐스 뱅크'로 표기되어 있다. 간조기에는 군데군데 물 밖으로 드러나 햇빛에 말랐다가 만조기에는 물속에 잠기면서 마치 선박처럼 보였기 때문이다. 과거에도 그런 상태로 있다가 구조되는 배가 많았지만, 독일군은 딱딱한 모래에 밑지를 걸치고 있는 수송선이 여전히 물속으로 가라앉지 않는 이유를 알 수 없었다.

가장 인상적인 장면 중 하나는 항구의 석유 탱크에서 솟구치는 불길이었다. 900만 리터의 휘발유에 불이 붙으면서 하늘로 솟구친 화염은 켄트 주에 사는 사람들에게도 보일 정도였다. 며칠 동안 자욱했던 연기 기둥이 반역자들의 계획을 방해하진 못했지만, 적어도 독일군의 공격은 어렵게 만들었다. 두 가지 사례만 더 들어도 충분할 것이다.

덩케르크 해변에서 보트가 오기를 기다리던 프랑스 병사 25명에게 한 민간인이 다가오더니 유쾌하게 대화를 시작했다. 병사들의 환심을 샀고 일말의 의심도 받지 않았던 그가 갑자기 기관단총을 꺼내들고는 병사들에게 난사하기 시작했다. 네 명을 제외하고 모두 사망했지만, 네 명이 재빨리 반격하여 반역자를 사살했다.

혼란스러운 시기에는 적과 동지를 구분하기가 불가능했다. 영국의 소형 증기선 한 척이 사람들을 가득 싣고 회항을 준비하는 중이었다. 대부분 프랑스 부상병들이었으나 그중에는 평범해 보이는 이방인 10여 명이 섞여 있었다. 실상 그들은 프랑스 군복을 입고 변장한 독일군이었다.

증기선이 계류장을 빠져나와 공해상으로 접어드는 순간, 그 이방인 무리는 일제히 각자의 권총을 꺼내들었다. 선교에 있다가 총

덩케르크 철수 작전 시에 보트를 이용해 승선하는 병사들

격을 당한 선장은 중상을 입고 갑판으로 떨어졌다.

신호원도 동시에 총을 맞았지만, 그는 용기와 기지를 발휘했다. 고통스러운 몸을 끌고 전성관 쪽으로 다가간 그는 갑판 아래의 선원 일곱 명을 향해 속삭였다.

"무장한 독일군이 선박 탈취……" 그는 가까스로 말을 이었다. "권총을 가지고 올라오세요."

그렇게 최후의 숨을 내쉬고 그는 쓰러져버렸다. 그러나 그것으로 끝난 것은 아니었다.

묵직한 발소리는 선원 일곱 명이 지원을 요청하기 위하여 동료들에게 달려가고 있음을 알려주었다. 반역의 분노에 휩싸인 선원들은 곧장 나치들을 사살했다. 그동안 배는 계속 영국을 향하고 있었다.

병사들을 육지에 내려줄 때까지 선장은 고통에 신음하면서도 악착같이 살아남았다. 그러고는 자신의 선원들이 얼마나 용감했는지 알리는 특별 보고서를 작성했고, 보고서를 끝낸 얼마 후 숨을 거두었다.

덩케르크항으로 들어가는 입구는 두 개의 부두 사이다. 이 부두는 승선을 목적으로 지어진 것이 아니라 단순히 방파제 역할을 위해 지어진 것이다. 그 틈으로 3노트의 조류가 콸콸 흘러들고 수심은 5~6미터에 이른다. 지칠 대로 지친데다 무거운 총과 군장을 멘 병사들은 요동치는 갑판으로 올라오다가 떨어지기 일쑤였다. 공동식탁을 가져다가 승강 트랩처럼 사용했고 소방용 사다리도 가져와야 했다. 간조기에 구축함의 선수 선교와 부두의 높이가 수평이 되면, 떨어지는 포탄 속에서도 들것에 실린 일부 부상병들을 편안하게 들어올려 승선시키기도 했다.

길고 날렵한 군함들이 그 좁은 공간으로 질주해 들어가는 광경은 흡사 선박 조종술 훈련장을 방불케 했다. 항해하고 부두에 평행 접안하기, 그동안에도 멈추지 않는 대공사격, 한편 주위에서 폭발하는 폭탄의 반동으로 끝없이 흔들리는 선체. 그 때문에 지혈대를 감느라 분주한 해군 군의관의 손길은 자꾸 방해를 받았지만, 그런 와중에도 수병들은 굶주린 병사들에게 줄 빵과 통조림 쇠고기를 썰었다.

그중에 한 척의 증기선이 있었는데, 선장은 천성적으로 아주 용맹했고 자립심이 강하여 남의 도움을 받지 않았다. 완강하고 집 넘어린 진정한 뱃사람으로 자신이 원하는 것을 정확히 알고 그것을 솔직히 말하는 성격이었다.

그 증기선에 승선한 병사 한 명이 선의를 품고 굵은 밧줄을 잡아당기던 선원 하나를 돕기 시작했다. 그런데 갑자기 선교 쪽에서 우레 같은 목소리가 쩌렁쩌렁 울렸다.

"이봐, 너!"

병사는 그 목소리가 자신을 향한 것임을 알아챘다. 선장 모자를 쓴 늙은 남자가 고함을 지르고 있었다.

"그 밧줄 놓지 못해." 선장이 성을 내며 말했다. "내 선원들은 모두 자기 배를 몰 줄 아는 사람들이야. 너는 이리 와서 이 빌어먹을 총이나 잡아. 그게 네가 할 일이야."

그 병사는 전우 몇 명과 함께 선장의 말대로 기관총을 잡고 나치 폭격기들을 상대했다.

증기선이 영국해협 중간에 왔을 때, 병사는 용기를 내서 그 선장에 대해 물었다.

"아까 자네를 혼쭐낸 사람? 아! 괜찮은 분이야. 다만 육지 사람들이 끼어드는 걸 싫어하지. 예순일곱 살이야. 그래도 아직 팔팔해."

"그 말이 맞는 것 같습니다."

"무서운 게 없는 분이야⋯⋯ 그런데 혹시 저분 몰라? 얼마 전엔 스페인 내전에도 잠시 관여한 적이 있지. 지금은 날마다 덩케르크를 오가고. 아무튼 편히 있게나."

"저분 성함이?"

"존스. '포테이토' 존스 선장. 석 달 전에 독일군 전투기가 저 양반의 어깨를 박살냈지만 그래도 바다를 떠날 수 없나 봐."

독일군이 해안 포대에서 공세의 수위를 높이면서 상황이 꼬이기 시작했다. 칼레를 지나는 직선 항로를 이용할 수 없게 됐다. 해도에서 새로운 항로를 찾긴 했으나 그 항로 역시 위험해 포기되었고, 세번째 항로는 소해정들이 모래톱을 지나 부표를 놓음으로써 안전함이 입증되었다. 주간 공습 때문에 철수 작전이 야간으로 국한되고 선박의 속력을 15노트 이하로 제한한 이후에도, 여전히 밤과 새벽 사이에 병사 3만 명을 철수시킬 가능성이 남아 있었다.

당시에는 사람의 목숨이 영국 해안으로 가는 바다에 내던져진 폐기물 조각들 같았다. 언제 나타날지 모르는 비정상적인 선박의 움직임을 예의주시해야 했다. 움직이는 사구와 강한 조류가 있는 다운스 해역은 특히 그랬다. 6월 2일 밤 탈진한 영국 병사 15명이 타고 있던 고장난 모터보트 한 척이 위태롭게 다운스 해역으로 표류했는데, 다행히 구명보트가 그들을 발견했다. 그 구명보트는 사흘 후 또다시 기진맥진한 영국인 2명과 벨기에인 2명, 프랑스인 13명이 탄 보트 한 척을 발견했다. 그들은 덩케르크에서 계속 노를 저어 거기까지 왔던 것이다.

희극은 가장 기이한 방식으로 비극과 뒤섞이곤 한다. 영국은 덩케르크 철수 작전에서 구축함 6척을 잃었다. 그중 한 척의 함장은 정신을 차리고 보니 해상으로 유출된 두꺼운 기름막 속을 헤엄치고 있었다. 다행히 다른 선박에 구출된 그는 기름에 찌든 군복 대신 갈아입을 담요와 플란넬 바지를 얻었다. 그러나 그가 간절히 원했던 것은 몸에서 기름을 씻어내는 것이었다.

그가 뜨거운 목욕을 마치고 막 나왔을 때 선박에 육중한 폭탄이 떨어졌다. 목욕통도 선체도 날아가버렸고, 그는 또다시 바다에서 헤엄쳐야 했다.

불운이라고? 전혀! 1킬로미터도 채 가지 않아서 그는 또다른 선박을 발견하고 그쪽으로 헤엄쳤다. 그리고 다시 한번 선상으로 올려졌다.

프랑스 병사들은 브르타뉴 어부 집안 출신이 아닌 이상 바다를 두려워했다. 그들은 물에 빠져 죽지 않으려고 기이한 물건을 고안해냈다. 덩케르크에 버려진 대형 트럭의 타이어 내부에서 튜브를 빼내 공기를 주입한 뒤 허리에 감았다. 그 덕분에 물에 뜬 채 보트로 접근할 수 있었다.

기막힌 묘책이었다. 그러나 한 치의 공간이라도 아쉬울 정도로 초만원인 수송선에 일단 승선한 뒤엔 그런 쓸데없는 물건은 허락되지 않았다. 퍼즐 조각처럼 빽빽하게 뒤엉킨 채 살아 있기도 하고 반쯤 죽어 있기도 하던, 신이 나 있거나 반쯤 잠들어 있던 병사들에게는 여전히 공간이 비좁기 그지없었다. 그래서 한 항해장교가 사과의 말과 날카로운 칼을 준비하고 돌아다니면서 튜브를 찢어 바람을 뺐다.

우연이었을까? 영국이 단순히 운이 좋은 것 이상이었다는 건 사실이지만, 천만분의 일도 안 되는 가능성을 실현시킨 어느 나치 조종사의 경우는 어떤가? 어떤 사람보다도 그 자신이 우연임을 인정할 것이다. 그는 영국 수송선 한 척을 조준하고 폭탄을 투하했다. 그런데 폭탄이 떨어진 곳은 갑판도 선교도 아니었다. 폭탄은 굴뚝으로 들어가서 벽면에 닿지도 않고 그대로 밑바닥까지 떨어진 후 폭발했다.

죽음은 하찮았고 영광은 얻기 어려웠던 운명의 낮과 밤, 영국과 프랑스 선원들은 줄다리기의 같은 편처럼 있는 힘을 다해 서로 협력했다. 꽉 막힌 항구 입구를 벗어나기 위해 대기 중인 프랑스 증기선 한 척 옆에 영국 소해정 한 척이 있었다.

굉음과 함께 상공에 등장한 나치 전투기들은 너무도 효과적으로 프랑스 증기선의 갑판에 폭탄을 투하했다. 그 결과 10여 명이 부상을 입었고 나머지는 선박 밖으로 튕겨나와 물에 빠졌다. 그 배의 광경은 살육과 대학살이라는 단어가 전달하는 것보다 훨씬 무시무시하게 보였다.

영국 소해정은 지체 없이 구명보트를 보냈다. 잔해 사이로 노를 저어간 보트들은 프랑스 증기선의 선장을 구조하여 끌어올렸다. 그는 살아 있었지만 두 다리 모두 무릎 아래가 잘려나간 상태였다.

영국 소해정 승조원들은 그를 조심스럽게 갑판에 뉘었고, 그 냉혹한 상황에서 허용되는 한 최대로 편안하게 있도록 배려했다. 그리고 출혈이 계속되는 그의 몸을 덮어주었다.

그러나 그의 기백은 육체 속에서 강렬하게 타올랐다. 육체적 고통도 그의 의지를 꺾지 못했다. 항해자로서 다른 항해자에게 전하는 감사의 말, 그것이 그가 죽기 전의 마지막 감정 표현이었을 것이다.

그는 단호하고 용감하게 일어서려고 몸부림쳤다. 그의 입술이 달싹였다.

"영국 해군 만세! 만세⋯⋯"

그는 쓰러졌다. 죽음이 그를 고통으로부터 풀어주었다.

영국과 프랑스의 군함, 여객선, 화물선, 트롤선, 유자망 어선, 예인선, 외륜선, 요트와 모터보트로 구성된 다채로운 대규모 선단 외에도 저지국이 최초로 침공당했을 때 영국으로 몰려든 수많은 벨기에와 네덜란드 선박들이 있었다. 이 국제적인 선박의 결집은 독일의 폭압에 대한 증오를 상징했다.

영국 선원들의 인내력은 대단했다. 영국해협을 건너 덩케르크 정박지에 도착하기까지 독일군 폭격기의 급강하 공격을 여섯 차례나 견뎌낸 한 선장이 있었다. 그는 자기 순서가 오기를 기다리면서 다른 선박들이 할당된 인원만큼 병사들을 태울 때까지 대기했다. 계류하는 동안 그 배의 경기관총들은 내항에서 병사들을 승선시키는 선박들을 보호하기 위하여 적기를 향해 내내 쉬지 않고 불을 뿜었다.

마침내 그의 차례가 왔고, 그는 배에 병사들을 가득 태웠다.

독이 오른 나치 폭격기 12대에게는 좋은 공격 기회였다. 어떻게 그의 배가 직격을 피했고 한 명의 부상자도 없이 위기를 탈출했는지 믿기 어려울 정도다. 그러나 아주 가까운 지점에 떨어진 폭탄 때문에 증기관이 터져버렸다. 그 결과 선박은 제어력을 상실했다. 다른 예인선이 용감하게 도와주지 않았더라면 그의 선박은 조류에 떠밀려 모래톱으로 표류했을 것이다.

독일군 폭격기들은 이를 알아채고 두 척의 선박을 향해 급강하 폭격을 재개했다.

"배를 두 척 침몰시키고 싶지 않소. 하나면 충분하니까." 예인되던 배의 선장이 말했다. 그는 병사들을 예인선으로 옮겨 태우고 조류에 선체를 맡겼다. 동료 선원들도 원하는 사람은 예인선으로 옮겨 귀항해도 좋다고 했다.

기관사들이 증기파이프를 고치기 시작했다. 상공에서는 정지된 목표물을 향해 연이어 폭탄이 떨어졌다. 그렇게 손에 땀을 쥐는 90분이 흘러갔다.

그때까지는 단 한 발의 폭탄도 선박에 명중하지 못했으나, 그런 행운도 곧 끝날 터였다.

기관사들은 희망을 품고 전력을 다했지만 상황은 점점 더 절망적으로 변해갔다. 운명의 여신이 이제 그들에게 가혹한 시련을 주려는 것 같았다. 한 방이면 모든 것이 박살나고 죽음을 맞을 상황에서 수리라니 가당찮은 일이 아닌가.

그래도 아직은 독일군에게 작별 인사를 전할 기회가 남아 있었다.

성공이었다!

임시 조치가 제대로 마무리됐고 엔진이 작동했다. 닻줄은 이미 닻줄 구멍을 통해 덜컥거리며 빠르게 올라오고 있었다. 기관실 신호기가 소리를 전해오더니 프로펠러가 돌았다. 배는 전진했다.

증기선은 영국의 하얀 절벽을 향하여 20노트의 속력으로 항해했다. 임무를 위한 헌신, 자기희생 그리고 자신감으로 독일군의 학살로부터 또하나의 희생양을 구해낼 수 있었던 것이다.

제19장

우리 시대의 기적

적십자사 유니폼을 입고서 밤낮없이 덩케르크 해변의 공포를 견디며 폭탄과 포탄과 총탄 속에서도 묵묵히 부상병들을 간호했던 놀라운 여성들에 대해 무슨 말이 더 필요하겠는가?

마지막 부상병이 승선하기 전까지는 먼저 철수하지 않겠다며 잠도 못 자고 자신을 돌보지 않고서 헌신했던 여성들, 흰색 앞치마를 두른 그들은 살인적인 독일 전투기들에겐 눈에 잘 띄는 표적이었다. 죽어가는 병사들을 모래언덕 밑 허술한 피난처로 데려가기 위하여 애쓰고, 미지근한 물로 타들어가는 목을 축여주며 부상병들을 보트까지 부축하던 숭고한 영웅들은 잔악한 적들 앞에서도

대빗(구명보트나 닻을 올리고 내릴 때에 사용하는 장치)

굴복하지 않았다.

그렇게 용감하게 순교한 여성들이 적지 않았다. 6월 2일의 맑고 상쾌한 밤에도 그랬듯이 나치는 의도적으로 병원선들을 공격했다. 전에는 여객선이었으나 이제는 선체 측면에 또렷한 적십자 마크를 붙인 병원선 한 척이 환자들을 후송하기 위해 덩케르크로 진입했다. 그러나 배가 아직 진입하기 전인 19시 정각, 독일군 폭격기 세 대가 야만적으로 그 병원선을 공격했다.

그 배에는 선장과 선원뿐 아니라 의사와 여섯 명의 자원 간호사들이 타고 있었다. 20시 정각에 적기가 다시 나타나자 선장은 간호사들을 아직 대빗에 달려 있던 구명보트에 태웠다. 그때 폭격기가 강하하면서 무방비 상태의 여성들에게 기총을 난사했다.

총탄이 빗발치는 해변에서 탈진한 채 이렇게 묻곤 했던 병사가 한둘이 아니었다. "우리 공군은 대체 뭐하고 있는 거지?"

문제는 공군이 수적인 열세 때문에 필요한 곳마다 출격할 순 없었다는 것이다. 하지만 사기 면에선 우세했던 영국 공군은 매번 독일군 비행중대를 격퇴했다.[1] 이런 공중전은 때때로 더없이 짜릿한 장면을 만들어내기도 했다.

한 영국 공군 조종사는 덩케르크 상공에서 치열한 교전 끝에 탄약을 다 써버리고 말았다. 게다가 메서슈미트 전투기 두 대가 뒤에서 따라붙고 있었다. 유일하게 가능한 전술은 적기의 총격을 최대한 피하면서 그중 한 대라도 탄약이 떨어져서 기수를 돌리기를 바라는 것이었다.

그런데 불행히도 적의에 찬 또다른 적기 두 대가 위태로울 만큼 가까운 거리에서 총격을 가해 왔다. 한동안 이런 상황이 지속되다가 영국 전투기는 어쩔 수 없이 150미터 하강했고 결국 엔진에 한 발 맞고 말았다. 상황이 좋지 않았다. 전투기는 덩케르크 5킬로미터 해상에 추락해 뒤집혔다. 그러나 조종사는 희망을 포기하지 않았다. 구명조끼에 공기를 주입하고 물에 빠진 테리어 강아지 같은 몰골로 전투기 위로 올라갔다. 아직 살아 있으니 나쁘지 않았다.

그러나 적군은 그를 발견하고 다시 살육을 시도했다. 그는 물속으로 뛰어들었고, 그 순간 가라앉기 시작한 동체의 꼬리 밑에 몸을 숨겼다. 나치는 그가 죽었다고 생각하고 기수를 돌렸다.

메서슈미트 BF 109. 1935년 5월에 첫 비행을 했으며 제2차세계대전 내내 독일 주력 전투기의 하나로 활약했다. 다임러사의 고성능 DB-601 1100마력 엔진을 탑재하여 최고 속력이 시속 660킬로미터에 달하였고 전쟁 초기만 해도 대부분의 연합군 전투기를 압도했다. 그러나 영국제 스핏파이어와는 거의 대등하여 덩케르크 철수 작전 중에 양 전투기들은 여러 차례 승부를 벌이기도 했다. 사진은 스페인 공군에 제공된 버전. 제2차세계대전에서 독일의 우방국이었던 스페인 공군은 1960년대까지 사용했다.

그렇다고 영국 조종사의 처지가 좋아진 것은 아니었다. 그는 계속 위태롭게 숨어 있었고 시간은 빠르게 흘러갔다. 바다가 좀더 난폭해져서 그와 비행기 동체를 단숨에 삼켜버리기를 꼼짝없이 기다릴 수밖에 없을 듯했다. 한 시간쯤 흘렀을까, 영국의 슬루프선이 바다에 작은 점처럼 찍혀 있던 그 동체를 발견했다. 조종사는 구조되었고, 그가 겪은 일에 비하면 썩 나쁘지 않은 모습으로 12시간 후 공군 비행장에 복귀했다.

적기 세 대와 교전을 벌인 또다른 조종사의 경험도 인상적이다. 얼마 후 적기 네 대가 추가로 협공해 옴으로써 그가 승리할 가능성은 더 낮아졌다. 그래도 그는 물러서지 않고 독일군의 선도기를 격추시키는 데 성공했다. 하지만 남은 적기들은 공세의 수위를 두 배로 높였고 고속비행 중에도 총탄을 줄기차게 주고받았다.

그런 상태가 무한정 지속될 수는 없었다. 홀로 싸우던 영국 전투기의 동체에서 연기가 나오기 시작했고, 이로써 영국 조종사가 위기에 처했다는 게 적나라해졌다. 착륙해야 했다. 가능하다면 육지에, 여의치 않다면 바다에라도……. 그의 전문가다운 기술과 행운 덕에 불붙은 전투기는 모래언덕에 불시착했다. 재빨리 확인한 결과 조종대가 부서졌고 연료가 새고 있었다.

해야 할 일은 딱 하나였고, 그는 그것을 빠르게 실행했다. 동체에 불을 붙인 후 내륙으로 걸었다. 그리고 도중에서 만난 영국 원정군 차량에 올라타 덩케르크에 도착했다. 그가 도착하자마자 공습이 있었으나 그는 또 살아남았다. 그다음엔 어떻게 됐을까? 주변을 두리번거리던 그는 병사들을 철수시키는 데 여념이 없던 외륜선 한 척을 발견했고 그 배에 올랐다.

배에서도 평화를 찾을 순 없었다. 외륜선이 연기 장막을 벗어나자마자 또다른 폭격기가 달려들었다. 근처에 있던 구축함의 함포가 독일군 폭격기를 정조준하고 명중시켰다. 폭격기는 바다로 격추되었다. 화염에 휩싸인 거리와 폭탄 구멍이 수두룩한 도로를 지나서, 폐허가 된 도크와 부두의 창고를 벗어나서 그 조종사는 드디어 영국의 아름답고 쾌적한 땅으로 귀환했다.

영국 공군은 교전 임무 외에 철수 작전을 직접 지원하기도 했

허드슨 폭격기

다. 6월 1일, 미국에서 만들어 영국에 제공한 허드슨 폭격기[1] 세 대가 덩케르크 인근에서 초계 임무중이었다. 그때 약 40대의 독일군 폭격기가 영국 원정군 수백 명을 태우고 귀항하려던 수송선들을 공격하려 드는 게 보였다.

허드슨 폭격기들은 지체 없이 적기들을 향해 날아가서 깔끔하게 사태를 정리했다. 단 13분 만에 독일군 폭격기 3대를 격추하고 2대는 불시착시켰다. 후자 중 한 대는 항구의 불붙은 석유 탱크와 충돌해 역시 불길에 휩싸였고, 다른 한 대는 바다에 불시착해 산산조각이 났다. 결국 남은 적기들은 승산이 없다고 판단하고 기수를 돌려 물러갔다.

그 수송선들은 자칫 전멸했을지도 모르는 위험에서 벗어날 수 있었다.

얼마 후 허드슨 폭격기 중의 선도기가 멀지 않은 정박지에서 병사들을 가득 실은 구명보트 두 척이 조류에 휩쓸려 속수무책으로 표류하는 것을 발견했다. 폭격기 한 대는 상황을 계속 주시하기로 하고 나머지 2대는 여러 방향으로 비행하면서 해상에서 도와줄 방법을 찾았다. 마침내 예인선 두 척을 발견하고 신호를 보내 구명보트들이 있는 곳으로 안내했다. 물론 구명보트의 병사들은 무사히 구조되었다. 그런데 구조작업이 끝나기가 무섭게 구름 속에서 나치 폭격기 8대가 모습을 드러냈다. 예인선과 보트를 노리고 있었던 것이다.

그러나 독일 공군 조종사들은 영국 공군과 달리 그리 열의가 강하진 않았다. 허드슨 폭격기 한 대가 단독으로 그들을 상대하려고 하자 8대 모두 신속하게 퇴각했다.

영국에서 급파한 소형 선박 한 척은 회항 도중 항로의 4분의 3 지점에서 영국을 코앞에 두고 사고 때문에 퇴선하는 불운을 겪기도 했다. 네덜란드의 한 선박에서는 선원들이 덩케르크에 도착한 뒤 17시간 동안 쉬지 않고 노를 저으며 병사들을 실어날랐다. 그러는 내내 하늘에서는 총탄이 우박처럼 쏟아지고 있었다. 그래도 선원들은 무방비 상태로 보트에서 각자 맡은 일에 매달렸다.

그런데 한 선원이 외마디 비명을 질렀다.

"왜 그래?" 동료 선원이 물었다.

"아, 아무것도 아니야. 일이나 계속하자고." 그가 눈을 찡긋해 보였다.

그러나 동료 선원은 그가 다리에 박힌 총알을 직접 칼로 빼내는 모습을 보았다.

상대적으로 덩치가 큰 수송선들은 한 번이 아니라 매번 격침당할 위기에서 벗어나야 했다. 석유를 연료로 사용하는 선박 위로 폭탄이 쏟아지는 것만큼 위험천만한 상황은 없을 것이다. 세간에 인기가 있었던 스코틀랜드의 한 유람선은 병사 수송에 이상적인 널찍한 갑판 덕분에 훌륭하게 임무를 수행했다. 하루는 병사 2500명을 태우고 덩케르크에서 순조롭게 출발했는데 얼마 안 가서 나치 비행편대의 공격을 받았다. 5대가 한 대씩 연달아 공세를 퍼부었지만 큰 타격을 입히진 못했고, 막판에서야 폭탄 한 발이 오일펌프 근처에서 폭발했다.

---

[1] 허드슨 쌍발 폭격기 A-29 Hudson: 1938년에 미국 록히드 사에서 영국 공군의 의뢰를 받아 개발한 경폭격기로 1939년부터 1943년까지 3천여 대가 생산되었다. 영국 공군은 이 기체를 지상 폭격과 정찰, 해안 순찰, 대잠 초계 등의 임무에 사용했다. 그 외에도 캐나다, 호주, 뉴질랜드 등 영연방국가들이 사용했고 태평양 전쟁 이후 중국에도 소수 공여되었다. 총 중량 8톤에 승무원 6명, 1100마력 쌍발엔진을 탑재했고 최고 시속 400킬로미터, 항속거리 2000킬로미터 정도였다. 7.7밀리미터 M2브라우닝 중기관총 4~8정으로 무장하였고 폭탄 1톤을 적재할 수 있었다.

제20장

여정의 끝

"마치 영화관에서 줄을 서서 기다리는 것 같았습니다."

승선을 기다리는 병사들이 보여준 기강 어린 모습을 두고 이런 목격담이 들려오곤 했다.

그러나 달빛이 무질서한 파괴 장면을 오롯이 보여주었던 철수 작전의 마지막 밤, 덩케르크는 영화관이 아니라 악마들의 놀이터 였다. 해변 중간에 처박혀 있다가 파도에 휩쓸리는 부서진 구급차 들, 수면 밖에 비스듬히 솟구친 선박의 돛대와 굴뚝들, 위험한 상 황도 모르고 풀려난 기쁨에 해변을 날뛰는 말떼. 멀리서 여전히 계 속되는 포격, 처량한 울음소리를 내며 떨어지는 폭탄. 하늘에서는 공중전, 지상과 바다에서는 대학살.

그러나 용감한 청년들이 걱정하는 점은 딱 한 가지밖에 없는 듯했다.

"영국에 가면 사람들이 우리를 어떻게 생각할까? 우리더러 국가를 저버렸다고 하진 않을까?" 병사들 수송에 관여했던 한 장교의 말에 따르면 바로 이것이 철수 작전이 끝난 후 병사들이 보인 반응이었다. 그렇게 지쳤음에도 병사들은 다른 걱정은 전부 잊어버린 것 같았다.

그러나 생환한 병사들은 영국 국민으로부터 더없이 따뜻한 환대를 받았다.

철수 작전에 투입되었던 소형 선박 중에는 돌아오지 못했거나 모래언덕에 좌초된 채 남겨진 것들이 있었다. 어느 날 밤 영국의 한 항구에서 예인선 3척이 소형 보트들을 예항하고 출항했다. 첫번째 예인선은 덩케르크에 무사히 도착했고, 두번째는 항로에서 이탈했다가 회항해야 했으며, 나머지 한 척은 어둠 속에서 다른 선박과 충돌해 침몰하고 말았다. 침몰한 예인선과 거기 실린 보트들의 소식은 더이상 들려오지 않았다.

썰물 때 어둠 속에서 해변으로 접근하는 것은 항해자에게 까다로운 일이었다. 일부 선박은 좌초하여 몇 시간 동안 꼼짝도 못했고 그동안 무자비한 폭격을 고스란히 견뎌야 했다. 일부 선박은 부두 사이를 지나다가 다른 배들이 서둘러 떠나면서 팽개치고 간 밧줄에 프로펠러가 감기거나, 잔해에 부딪혀 프로펠러 날개가 떨어져 나가기도 했다. 그러나 최악의 상황은 노 젓는 선원이 어둠 속 어딘가에 숨어 있을지 모를 병사들을 찾으러 간 사이 소형 선박이 무시무시한 파도 한복판에 방치되는 것, 그리고 그 상태에서 병사들을 승선시키는 것이었다.

거널[1]에 사람들이 몰리면 소형 보트와 거룻배들은 한쪽으로 급격히 기울어져('브로칭 투' 현상[2]) 바닷물로 가득찼다. 그래서 모두 배 밖으로 뛰어나갔다가 다시 승선해야 했다. 한 병사의 몸에서 물이 너무 많이 떨어지는 바람에 모터보트의 엔진이 정지된 사례도 있었다.

포격에 귀가 먹먹하고 고함을 치느라, 또 덩케르크의 연기를 마시느라 목이 쉰 선원들은 아비규환 속에서 수염이 텁수룩하게 자란 병사들을 선박에 태웠다. 영국 랭커셔주 블랙번Blackburn 출신의 병사 앨런은 어느 보트에 닿기 전까지 거의 3킬로미터를 헤엄쳤다. 무사히 영국해협을 건너서 북부의 자기집까지 갔는데, 어머니는 그가 실종됐다는 공식 전보를 받고는 몸져누워 있었다.

덩케르크를 벗어난 모터보트가 나치 공군의 표적이 되는 것만큼 죽음에 가까워지는 경우는 없었다. 폭탄이 세 개의 갑판을 관통하여 측면을 뚫고 나간 경우도 있었다. 그런데 사상자는 한 명도 나오지 않았고 배는 항해를 계속했다. 폭탄이 지연신관식이었기에 바닷속 깊숙이 들어간 후에야 폭발한 것이었다. 그때는 이미 배가 안전하게 멀어진 뒤였다.

겨울이었더라면, 또는 춘분이나 추분의 모진 바람이 불어왔더라면 덩케르크는 기적이 아니라 재앙의 현장이 됐을 것이다. 해변에서의 승선은 불가능했을 것이고 소형 선박들도 맡은 임무를 제대로 수행하지 못했을 것이다. 게다가 독일군은 구조하기 전에 너무 빨리 덩케르크까지 진격해 왔을 것이다.

영국군 장교 한 명과 사병 여러 명이 작은 보트를 발견하고 고국으로 항해를 시작했다는 일화도 사실이다. 장교는 돛을 올리고 조절할 줄 알았기 때문에 그들 무리는 24킬로미터를 항해할 수 있었다. 그들은 더 멀리까지 갈 수도 있었겠지만 도중에 한 선박에 발견되었고 남은 거리는 그 선박에 예인되었다.

또다른 사례로 사병 7명과 장교 1명이 모터보트를 훔쳐서 고국으로 돌아온 경우도 있다. 좋은 날씨 덕분에 그들의 모험은 성공했다. 영국해협이 이틀 연속으로 같은 기상조건을 보이는 예는 극히 드물다. 병사들로 가득하고 선실 지붕에 군장을 올려놓은 모터요트들은 전복되기 쉽다. 그런 예를 들어보자.

독자들은 '화이트 스타' 해운[3]의 '타이타닉'호가 첫 항해에서 빙산과 충돌하여 숱한 사망자를 낸 사건을 기억할 것이다. 생존자 중에서 이등항해사는 제1차세계대전 시에 해군으로 복무했다. 그가바로 찰스 라이톨러 영국 해군예비대 중령이다. 나중에 그는 요트 항해를 시작했고, 제2차세계대전 발발 직전에는 길이 18미터의

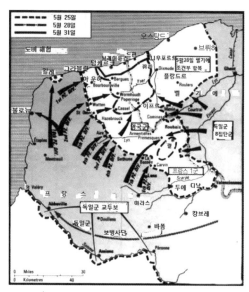

6월 4일의 전황

'선다우너'호를 몰고 벨기에와 알베르 운하를 통과했다.

　1940년 5월에 덩케르크 소식을 접한 그는 '선다우너'호를 서둘러 정비한 뒤 아들과 함께 영국해협을 건너 덩케르크의 두 부두 사이로 진입했다. 그리고 한 구축함 옆에 나란히 정박했다. 구축함이 대공포로 적기들을 상대하는 동안 150명 이상의 병사들이 '선다우너'호로 몰래 승선했다.

　병사들은 선실 바닥에 납죽 엎드렸고, 디젤엔진 주변까지 빽빽이 들어차서 일부는 목욕통 속으로 들어가야 했다. 영국해협 중간쯤 도달한 '선다우너'호는 영국과 프랑스 구축함들이 일으키는 거친 파도에 위기를 맞았다. 그러나 도버-칼레 횡단 고속여객선들이 일으키는 위험이야말로 최악이었다. 엔진을 멈추고 파도를 일직선으로 맞을 수밖에 없었다. 뱃멀미하고 물벼락을 맞거나 고통스럽게 신음하는 병사들을 방치한 채로 말이다.

덩케르크의 마지막 장면은 6월 4일 화요일 07시 프랑스의 아브리알 제독이 떠나는 것으로 끝났다. 그 공포의 밤이 지나는 동안 제독의 후위 부대는 집집마다 병사들을 배치하고 독일군의 진격을 지연하는 작전을 쓰면서 서서히 덩케르크 도심에서 부두로 퇴각했다. 그리고 그 도중에는 절망적인 순간들도 있었다.

영국 소해정 한 척이 부두로부터 수백 명의 병사를 구조하기로 되어 있었다. 그러나 수심이 낮아져서 접안을 할 수가 없었다. 선저가 진흙 개펄에 닿았고 전속력으로 후진했으나 진흙만 휘저을 뿐 움직이지 못했다.

오싹한 불안감이 절정에 달했다. 20분 후면 폐색선들이 수장되고 덩케르크 항구는 봉쇄될 터였다. 폭탄이 터졌고 폭격기들은 계속 급강하했다.

그때 애간장을 태우고 있던 함장의 눈에 모터보트 한 척이 들어왔다.

"선미 쪽을 예인해서 우리를 빼내줄 수 있겠습니까?"

구명보트는 만사를 제쳐놓고 위험 속으로 뛰어들어 노련하게 기동했다. 구축함의 선미에 밧줄을 결박하고 엔진을 최대 출력으로 높였다. 밧줄이 무척 팽팽해졌지만 소해정은 좀처럼 움직이려고 하지 않았다.

이젠 늦었다는 생각이 스치는 순간, 소해정이 움직이더니 수심이 더 깊은 쪽으로 빠져나왔다.

한 프랑스 보병 중위의 이야기는 또다른 감동을 준다. 그는 부하 19명과 함께 덩케르크 해안에 도착했으나 이미 마지막 수송선도, 마지막 구축함도 떠난 후였다. 독일군은 덩케르크 외곽으로 밀려들고 있었다. 포로가 될 운명이 코앞에 있었다.

프랑스 장병들은 주위를 살펴보며 모래톱을 뒤졌고, 작은 보트 한 척을 발견하자 모두 들러붙어 파냈다. 그들 모두 항해에 관해서는 문외한이었고 바람과 조류에도 완전히 무지했다. 그들은 곧 보트를 띄웠으나, 해안으로부터 6킬로미터 지점에 계류 중인(한때 여객선이었던) 선박의 잔해에 휩쓸리고 말았다.

그 여객선은 대형 선박은 아니었지만 적어도 건현이 만조 위로 충분히 솟아 있었다. 20명의 불운한 장병들은 그 건현으로 올라가 바다의 고난 중에도 가장 애처로운 상황을 견디기 시작했다.

육지에 아주 가깝지만 안전과는 너무도 거리가 먼 신세였다.

먹을 것도 마실 물도 없는 상황에서, 포로가 되는 운명이 정말로 아사보다 못한가 하는 의문이 생기기 시작했다.

밤공기가 차가웠다. 그래서 그들은 온기를 얻고 구조자들의 주의를 끌고자 보트에 불을 붙였다.

아무 소용도 없었다!

그중 일부는 자구책으로 뗏목을 만들어 타고 전우들에게 작별을 고한 뒤 떠나갔다. 이후로 그들의 소식은 두 번 다시 들려오지 않았다.

일주일도 더 지났다. 덩케르크의 격변은 역사의 뒤안길로 물러나기 시작했다. 그들은 화염과 연기가 잦아진 것을 보았다. 곧 있으면 독일군들이 해변의 전리품 사이를 누비며 야단법석을 떨 것이었다. 그러나 덩케르크로 접근하는 선박은 단 한 척도 없었다.

그사이에 프랑스 병사 7명이 죽었다. 일부는 저체온증으로, 일부는 굶주림으로 죽었으나 나머지는 바닷물을 마시는 비극적이고도 오래된 실수를 반복함으로써 죽었다.

6월 12일 수요일 초저녁, 영국 항공기 한 대가 그 해역 상공을 지나가다가 반송장이 된 생존자 9명을 발견하고 그 소식을 영국 해안으로 타전했다. 상황이 바뀌기 시작했다.

그로부터 15분 후 고속 모터보트 한 척이 긴급 명령을 받고 전속력으로 북해를 횡단했다. 운명과 다가오는 어둠에 맞선 경주였다.

몇 시간 후 어두워지기 시작할 무렵, 병사들이 올라가 있는 건현의 떨어져나간 부분이 아직 눈에 띄었다. 어둠 속 플랑드르의 모래톱 사이에, 더구나 독일군의 해안 포대 사거리에 있는 그들의 모습은 참으로 절망적이었다.

영국 해군 트롤선

　심술궂고 기만적인 바다는 예고 없이 덩케르크 해역에서 거칠어지기 시작했다. 모터보트는 날렵한 엔진 소리를 내며 전진했다. 어둠 속에서 영국 폭격기 2대가 모습을 드러냈다. 폭격기들은 절반이 물에 잠긴 선박의 잔해에 저공비행으로 접근하며 그 위치를 모터보트에 알려주었다. 빛이 스러지기 직전의 순간 모터보트의 구조자들과 침몰선의 병사들은 서로를 바라보게 되었다. 한쪽은 건현 위의 희미한 점이었고, 또 한쪽은 해상의 보일락말락한 작은 점이었다.

　모터보트가 접근하자 프랑스 병사들이 미친 듯이 손을 흔들어댔다. 그렇게 거친 해역에서 작은 배를 띄우는 건 가망 없는 짓이었다. 모터보트를 쇠로 만든 선체 옆에 대려고 하다간 산산조각이 날 것이었다.

바로 그때 묵직한 포성과 함께 육상에서 큰 화염이 작렬했다. 독일군이 망원경으로 해상의 광경을 보고 있었던 것일까?

그래도 상관없었다. 기필코 병사들을 구조해야 했다. 모터보트는 아주 노련하게 침몰한 선박의 건현으로 접근했다. 프랑스 장병 8명이 한 명씩 각자의 소총과 군장을, 우스꽝스럽게도 색소폰까지 들고 모터보트로 옮겨 탔다. 모터보트는 아무런 피해도 입지 않은 상태였다.

"고국으로. 전속력으로!"

모터보트는 점점 짙어지는 북해의 어둠을 헤치고 양쪽으로 물보라를 튀기며 질주했다. 리드미컬한 엔진의 회전음이 흥겹게 들려왔다. 한참이 지나 짙은 어둠이 모든 것을 휘감아버렸을 때 이 바다의 선한 사마리아인들은 영국 해안에 가까워져 있었다. 육지의 달콤한 냄새가 속도를 줄일 시간임을 알려주었다. 더 가까이 접근했다가는 해안 수비대와 말썽이 일 수 있었다. 그래서 모터보트는 닻을 내리고 새벽까지 기다리기로 했다.

얼마 후 순시선 한 척이 나타난 것은 초계 임무가 빈틈없이 이루어지고 있다는 방증이었다. 그러나 트롤선은 처음에는 쉽게 만족하지 않았다. 의심을 풀려면 더 큰 확신이 필요했던 것이다.

그러나 날이 밝으면서 마지막 어려움도 사라졌다. 프랑스 병사

덩케르크 철수 후 도버에 하선하는 프랑스 부상병

들은 의사와 구급차가 구조의 대미를 장식하기 위하여 대기 중인
육상에 발을 디뎠다. 그들은 고국의 바다에서 유배되었던 9일간의
시간을 결코 잊지 못할 것이다.

　개인의 용기를 불러내는 것은 위기였고, 덩케르크는 그 두 가
지로 가득했다. 철수 작전이 임박했을 때 덩케르크의 호텔 한 곳
은 병원으로 사용되고 있었다. 450여 명의 부상자들은 걷지 못하
는 상태였다. 그들을 영국으로 데려갈 수만 있다면 더 바랄 것이
없었다.

　그들은 서둘러 구급차 43대에 실려 부두로 이송됐다. 아, 희망
이여! 그러나 독일군 폭격기는 환자 수송대라고 해서 특별히 존중

하지 않았다. 구급차 11대는 부두에 이르지 못했고 폭격으로 화염에 휩싸인 채 도로에 멈춰 섰다. 그래도 부상자 300명은 조심스럽게 등대 근처의 부두까지 옮겨졌고 뙤약볕을 막아줄 그늘에 놓였다. 마침내 밤이 되자 그들은 트롤선 '킹조지'호에 태워졌다. 영국 땅에 내렸을 때 그들은 여전히 파자마 차림이었다.

그러나 부상자 150명이 아직 프랑스 육군 간호대장 카시미르 페리에 부인(그녀는 죽은 유명 정치인의 아내였다)의 책임하에 해변에서 구조를 기다리고 있었다. 그녀의 눈은 정박장에 계류 중인 한 영국 구축함을 간절히 바라보고 있었다. 그러나 저 구축함까지 어떻게 갈 수 있을까?

타인을 위해서 기꺼이 희생할 수 있었던 그녀는 바다로 뛰어들었다. 45분 동안 거친 조류를 헤치고 드디어 구축함에 닿았다. 선상으로 올려졌을 때 그녀의 몸에서는 물과 기름이 뚝뚝 떨어졌다. 함장이 다가와서 그녀의 호소에 귀기울였고 곧바로 150명의 부상자를 승선시켰다.

지치고 물에 흠씬 젖은, 하지만 놀랍고 기쁘게도 구조받은 간호사 15명은 또다른 구축함에 태워졌다. 그들은 선원들이 기꺼이 양보한 선실로 내려갔고 거기서 담요의 온기에 고마워했다. 그리고 몇 시간 후, 구축함이 영국으로 회항을 시작했을 때 간호사들은 그들의 간호복이 언제든 입을 수 있게 깨끗이 세탁되고 다리미질까지 되어 있는 것을 발견했다.

심지어 친절함에 이르기까지 해군은 도저히 이길 수 없는 상대다.

그럼에도 덩케르크 해변은 마지막까지 비극과 비애로 가득했다. 그중에도 가장 용감한 이야기는 이미 한 차례 무공 십자훈장을 받은 바 있던 씩씩한 종군 신부 T. M. 렝에 대한 것이다. 렝 신부는 소속 부대가 영국으로 떠난 후에도 덩케르크에 남아서 살인적인 독일군 폭격기들의 패악 속에 부상자를 돌보고 사망자를 묻어주었다. 마침내 영국으로 돌아온 그는 무공을 더해 떳떳하게 십자훈장에 한 줄을 더 그었다.

그렇게 덩케르크의 위대한 드라마는 막을 내렸고, 33만 8000명의 병사가 적군이 지켜보는 가운데 구조되었다. 독일 군대가 얼마나 뛰어난지는 부인할 수 없을 것이다. 타의 추종을 불허하는 잔악함과 야만성, 놀라우리만큼 기계화된 학살의 추진력, 극악한 염탐과 반역에 이르기까지.

그러나 역사는 언제나 덩케르크를 육해공의 영웅들이 이루어낸 기적과 연관 지을 것이다.

제21장

철도의 지원

텁수룩한 수염과 지치고 음울한 표정의 병사들을 영국 기지로 데려오기까지 여러 부문에서의 거국적인 협력이 없었더라면, 선박과 선원 들의 노고도 그리 빛을 발하지는 못했을 것이다.

5월 26일 일요일, 도버의 서던 철도회사는 매일 도버항을 경유하는 대규모 군대 수송에 대비하라는 지시를 받았다. 24시간 60편의 열차를 편성해야 할 터였고, 병사들은 정해진 시간 없이 아무 때나 도착할 것이었다.

실제로 그 잊지 못할 5월 27일 월요일부터 운행된 군대 수송 열차는 6월 4일 화요일까지 도버역에서만 3만 5000명 이상을 수

도버에 도착하여 양말과 군화를 갈아신는 영국 병사(1940.5.31)

덩케르크에서 돌아온 후 에디슨 로드 기차역에서 차를 제공받는 영국 병사들

송했다. 그 절정은 5월 31일 금요일로, 추가된 7편의 병원열차를 포함하여 총 67편의 열차가 편성되었다. 일반 승객과 화물열차는 편성에서 제외되어야 했으나 시민들은 기꺼이 그 방침을 따라주었다. 또한 철도 직원들은 24시간 근무에도 군소리 없이 최대한 도움을 주기 위해 최선을 다했다.

배들이 언제 지칠 대로 지친 인간 화물들을 싣고 도착할지 알아맞힐 수는 없었다. 예를 들어 북부 스코틀랜드의 여객선 '로크개리'호는 덩케르크에서 병사 2500명을 태웠다. 마지막 5분 동안 폭탄 한 발이 선체 가까이 떨어져서 오일펌프가 터졌고 선박 전체에 불이 번질 위기에 처했다. 재앙을 피할 수 있었던 것은 영국 서북부 스톡포트 출신의 37세 화부 덕분이었다. '로크개리'호는 불안에 휩싸인 병사들의 무사 귀환 열망과 함께 항구에 도착했다.

열차들은 4~5톤의 석탄과 1만 5000리터의 물을 실어야 했을 뿐 아니라 도버에서 30분마다 발차해야 했다. 다른 항구에서도 비슷한 열차 편성이 이루어졌다. 내륙의 지역민들은 역마다 잠깐씩 체류하는 병사들에게 줄 음식물을 가져오곤 했다. 처치 아미[1], 구세군, YMCA 같은 단체들은 행여 병사들이 영국의 철로변에서 굶주려 죽기라도 할까봐 이동식 간이식당을 갖추고 몰려들었다.

후방부대와 함께 도착한 프랑스 병사 수천 명은 영국에선 식량이 부족하지 않다는 걸 알고 깜짝 놀랐다. 그들은 처음엔 거절하다가 한번 더 권하면 못 이기는 척 샌드위치를 받아들었다. 병사도 선원도 철도 직원도 그 바쁜 나날 동안 먹고 쉴 시간 여유를 갖지 못했다. 배들은 통에 든 생선처럼 병사와 부상병 들을 꽉꽉 실은 채 도착했다. 한때는 2만 5000명만 구한다 해도 행운이라고 예상되었으나, 이론과 실제는 얼마나 달랐던가. 그 13배의 병사들이 영국해협을 건너오게 되리라고 누가 예상했을까?

병사들이 저마다 가져온 사연 또한 믿기 어려운 내용이 많았다. 선원들이 하루에 한 시간도 채 잘 수 없었고 음식과 물은 늘 부족했다는 것도 그렇다. 덩케르크의 급수 시설은 독일군의 공습 초반에 이미 파괴된 상태였다. 구축함 승조원들은 그 프랑스 해역에서 사실상 6일 동안 전투 배치 상태였고, 영국과 덩케르크를 7번씩 오가면서 한 번에 평균 900명의 병사를 수송했다.

런던 소방대원 다수가 덩케르크 철수 작전에 자원했으나 유감스럽게도 소방선은 '매시쇼' 한 척만 받아들여졌다. '매시쇼'호는 길이 22미터, 폭 7미터, 흘수선 1.1미터로 승조원 8명이 탑승해 있었다. 이 배는 얕은 수심에 아주 적합해서 세 번의 항해로 병사 646명을 데려왔다. 그런데 어느 날 밤 '매시쇼'호는 계류 중인 소형 선박들 사이에 일대 소동을 일으켰다. 소방대원들에게 익숙한 '모니터' 즉 화재를 향해 직수하는 방식 때문이었다. 일반 선원들이 볼 때는 마치 어둠속에서 총을 쏘는 것 같아 몹시 불안했던 것이다. 독일군이 혹여 새로운 형태의 고성능 보트를 개발한 것은 아닐까 하는 생각만으로도 섬뜩했다.

찰스 포브스(Charles Forbes, 1880~1960), 덩케르크 철수 작전 당시 영국 해역과 지중해를 총괄하는 본국 함대(Home Fleet) 사령관으로 1943년 8월에 은퇴하였다.

역사상 덩케르크 이야기보다 더 용감한 바다의 서사는 없다. 이 이야기는 너무도 보편적이라서 모든 이들에게 영향을 미쳤다. 모두를 감동시킨 장엄함, 자유에 영감을 준 이 거대한 드라마는 전 시대에 걸쳐 회자될 것이다.

그러나 북해의 광대한 해역까지 포괄하는 제해권을 장악하고 밤낮없이 전진부대를 묵묵히 지원해온 영국의 해군력을 고려하지 않고는 덩케르크 철수 작전이 어떻게 가능했는지, 소형 선박들이 어떻게 기적을 이루어냈는지 제대로 이해하지 못할 것이다.

찰스 포브스 경의 함대가 없었더라면 히틀러의 수상함들이 덩케르크로 가는 항로를 점령했을 것이다. 영국의 연안운항선, 외륜선, 예인선, 바지선을 비롯한 선박 수백 척이 독일군의 가공할 공습과 포격에도 불구하고 영국해협을 건너 덩케르크를 오갈 수 있었다는 사실만큼 해군력의 가치를 잘 보여주는 사례도 없을 것이다.

덩케르크 항구의 비좁은 입구와 길게 펼쳐진 모래 해변만을 철수 작전에 활용할 수 있었던 것은 고난이자 불운이었다. 그러나 적어도 갈리폴리의 절벽과 해변보다는 나았다. 진짜 문제는 시간이 절대적으로 부족하고 크레인 같은 장비가 없어서 전차와 중화기 등의 군수물자를 가져올 수 없다는 데 있었다.

미래의 역사학자들은 연합군이 단 한 번을 제외하고 전적으로 운이 없었음을 증명할 것이다. 스당 인근의 프랑스군이 돌파당하고 네덜란드가 침공당하기까지 연합군은 너무도 안일했다. 차라리 궁지에 몰렸더라면 배수진을 치고 강하게 반격했을 것이다. 벨기에 국왕이 변절할 때까지 연합군의 퇴각은 너무도 느리게 거의 유유자적 수준으로 진행되었다. 레오폴드가 덩케르크로 가는 도로를 열어주기 전까지 독일군은 비좁은 회랑지대를 통과하지 못했다.

군대를 대신한 항해자들의 의무, 기강, 희생적인 용기는 오랜 영국 역사에 면면히 전해져온 자질이기에 결코 잊히지 않을 것이다. 다만 이 경우에는 철도 종사자와 공장 노동자 들로 구성된 국가 차원의 통합적 노력이었다는 것이 특징이다. 독일은 전형적으로 대규모 군대와 군수물자를 가차 없이 운용함으로써 승리를 담보하려고 한다. 기계화와 사보타주 또한 그들의 수단이다. 반면 영

갈리폴리 상륙작전(1915년)

국은 전형적으로 최악의 순간에도 패배를 인정하지 않는 완강한 기질을 가지고 있다.

싸우고 헤엄치면서 여러 운하를 건넌 병사들은 몸을 숨길 만한 모래언덕의 움푹한 곳에서 몇 개의 비스킷으로 며칠을 견뎌냈을 것이다. 그리고 포화 속에서 대기 중인 보트들을 향해 다시 헤엄치고 노를 젓고 물속을 걸어감으로써 인내의 모범을 보여주었다. 그러나 인내력이 효과를 거두려면 방어 거점을 고수하고 있어야 한다. 덩케르크 방어 진지는 일명 코루나 방어선Corunna Line에 보호받고 있었으나, 이제르Yser 계곡의 범람과 그라블린에서 남서쪽으로 펼쳐진 침수지역도 독일군의 진격을 막는 데 한몫했다.

만약 해상 수송 중인 군대에 공습이 가해진 것이 이때 처음 일어난 일이었다면, 이론적으로 단 한 척의 수송선도 여러 차례의 왕복 항해는커녕 한 번이라도 해협을 건널 수 없었을 것이다. 바로 그렇기에 해군력이 결정적 요인이라는 것이다.

지금까지 이 대작전에서 생사를 걸고 활약을 펼친 사람들이 생존해 있는 동안 최대한 그들의 일화를 기록하려고 시도하였다. 그럼에도 그 많은 모험을 전부 알아낼 수는 없을 것이다. 눈에 띄는 배는 무조건 바다에 띄우고 불타는 덩케르크를 마지막으로 탈출했던 사람들에 관한 비극적인 사연이 많다. 차례로 노를 저었다는 병사와 장교들, 보트 선미에 고즈넉이 앉아서 휴대용 나침반으로 항로를 잡던 누군가의 쓸쓸한 모습……

덩케르크를 탈출한 전우들과 달리 불운했던 이 두 병사는 덩케르크의 모래 해변에 묻혔다.

　누구에게나 별의별 이상한 일이 벌어질 수 있었고, 별의별 부류의 지원자들이 나타났다. 도심의 사무실에서 곧장 달려온 관리자와 사무원, 노동자와 기술자, 전문 요트 선수와 아마추어 애호가. 모두가 국익을 위하여 자신의 목숨과 희망을 내걸었다. '덤플링'호라는 보트를 타고 딜에서 덩케르크로 온 노인이 한 명 있었다. 보트가 어찌나 낡았던지 그것이 건조됐을 때는 아직 워털루 전투가 끝나지 않았을 정도였다. 게다가 포탄이 빗발치는 덩케르크 해변은 퇴역 해군이 아들과 단둘이 3일 밤낮으로 오가기에는 너무도 험난한 곳이었다. 3일 동안 그들의 모터보트는 영국 구축함들이 일으키는 파도 때문에 적어도 7번은 좌초될 뻔하였다.

그 당시 영국은 모든 국민이 각자 의무를 다해주기를 기대했다. 그리고 국민들은 그렇게 했다. 귀환하는 병사들에게 도버의 하얀 절벽은 단순히 고국으로 들어가는 관문 이상으로 보였다. 단 1초도 허비하지 않겠다는 듯이 전속력으로 달리는 영국 선박들의 모습은 잊기 어려웠다. 그리고 지휘관들이 내게 들려준 말에 따르면 병사들은 여정의 끝에서 각자의 방식대로 해군의 보살핌에 고마움을 표했다. 게다가 병사들을 내륙으로 실어다준 철도 종사자들 같은 많은 조력자들도 있었다. 격무를 마다하지 않았던 부두 직원들, 크레인 기술자들, 부상병들을 육상으로 옮겨준 운반원들, 중상자들의 들것을 날라준 사람들, 기관차 기관사들, 왕복 항행을 할 수 있도록 선박에 석탄과 석유를 채워준 사람들을 잊어서는 안 되겠다. 어디에서나 불쑥 제공된 식량, 조난당한 사람들에게 양보된 옷가지들은 일치된 노력의 증거였다.

그러니 '다이나모 작전'이 끝났을 때 해군성이 이 빛나는 철수 작전에 관여한 모든 이들을 치하했다고 해서 이상할 것이 없다. 해군성은 '며칠 동안 좁은 수역에서 장시간 분투한 결과 누적된 육체적 긴장'에 대해 언급했다. "나이를 불문하고 자발적인 의지로 해군 동료들을 지원해준 선원들은 쉬이 잊히지 않을 것입니다." 이렇게 덧붙인 해군성의 치하에 과장이라곤 전혀 없었다.

91척의 상선(57척의 여객선과 34척의 예인선)에는 로널드 크로스 해운장관의 감사와 존경이 담긴 다음과 같은 서한이 전달되었다.

상선과 그 종사자들이 군함의 협력자로 참여한 이번 작전은 전쟁 역사상 유례가 없는 난관 앞에서도 성공적으로 수행하였습니다. 저는 역사의 영광스러운 페이지를 장식할 이 거대하고 인간적인 모험에 동참하신 여러분과 선주들의 노고를 치하할 수 있어 자랑 스럽습니다.

제22장

성공의 비밀

영국 해군 선박 222척에는 구축함 소함대 4~5개뿐 아니라 소해정, 기뢰부설함, 고속어뢰정 등의 소함대가 포함되어 있었다. 여기에 영국 상선 665척뿐만 아니라 다수의 프랑스 선박들도 추가되었다. 독일군에 대한 사격을 중지하라는 명령이 떨어진 이후 벨기에군 잔존 병력은 덩케르크로 집결했다. 일부 벨기에군 장교들은 권총 반납을 거부하고 프랑스 해안으로 향했다. 연합군의 전차, 야포, 브렌 경기관총과 40밀리미터 보포스 대공포가 덩케르크 철군을 엄호했으나 항구 전체를 통제하진 못했다.

덩케르크 철수 작전 동안 저공비행하는 독일군 항공기를 향해 영국 원정군이 대공사격을 하고 있다(호주 전쟁기념관)

　　두 개의 부두, 정확히는 육지로부터 돌출한 말뚝 지지 구조의 접안시설 사이 135미터의 입구는 간조기에 수심이 4.5미터에도 미치지 못했다. 부두 내부의 도크와 갑문, 선박 수리 및 건조 시설은 무용지물이었다. 만조기에 부두 입구로 쇄도하는 3노트의 조류는 해군 지휘관들에게도 보기 드문 현상이었다. 어둠 속을 더듬듯 간신히 내항에 진입한다 해도 엄청난 혼란에 직면해야 했다. 부두의 구조 자체가 큰 골칫거리였다. 그러나 다행히도 (해변에서 노를 저어 이동해야 하는 보트의 입장에선 최악의 조건이긴 했으나) 철수 작전 기간에는 조류가 그리 거센 편이 아니었다.

　　일반적으로 덩케르크 접근 항로는 다이크 등대선을 경유하는 것이지만, 여러 선박들은 플랑드르 모래둑을 건너는 몇 개의 단축 항로를 이용하였다. 램즈게이트에서 덩케르크까지는 남동 방향으로 약 65킬로미터지만, 홀수선이 깊은 선박들은 모래톱을 피해 좀 더 멀리 우회해야 했다.

간헐적으로 선박들이 좌초하는 것도 놀라운 사건은 아니었다. 놀라운 것은 독일군 폭격기와 해안 포대가 더없이 악랄한 공격을 가했음에도 어떤 원인으로든 손실된 선박이 극히 적었다는 점이다. 6척의 구축함 '그래프턴', '해번트', '그레네이드', '웨이크풀', '바실리스크', '키스' 외에 해군의 손실은 다음과 같다. '스킵잭', '모스키토', '그리브'(증기 요트 '나르키소스'로 더 많이 알려진), '브라이턴벨', '그레이시필즈', '웨이벌리', '메드웨이퀸', '브라이턴퀸', '크레스티드이글' 무장 증기선 '킹오리'와 '모나스아일'. 부표 설치선 '컴퍼트', 예인선 '세인트페이건'. 예인선 '폴리존스턴', '토머스바틀릿', '튀링겐', '칼뱅', '스텔라더라도', '아가일셔', '블랙번로버스', '웨스텔라'. 유자망 어선 '걸패멀라', '팩스턴', '롭로이'. 이렇게 총 24척이다. 물론 여기에는 영국 해군과 관련된 사고로 일시적인 손상을 겪은 상선들은 포함하지 않았다. 선명한 적십자 마크를 달고 병원선으로 활약했던 해협횡단 증기선 '패리스'호의 손실 같은 사례는 다른 장에서 이미 언급했다.

핵심 주제는 아니지만 이 거대한 캔버스를 간접적으로 비춰주는 부수적인 사안들이 많다. 영국 해군이 양도받은 네덜란드 선박

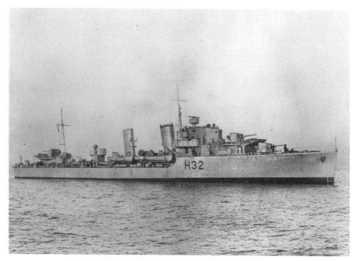

구축함 HMS '해번트'

구축함 HMS '바실리스크'

구축함 HMS '그래프턴'

들도 손실된 선박 목록에서 제외됐다. 그중 일부는 항구에서 바다로 나가는 도중에 폭침되었다. 그러나 모험가이든 해군장교든 수병이든 아니면 노련한 선장이든 요트 애호가든 간에, 그들의 생생한 기억을 차지하고 있는 것은 바다를 질주하는 많은 선박들이 아니다. 그것은 덩케르크 상공에 파리 떼처럼 흩뿌려져 있던 독일군 폭격기와 해안을 따라 불을 뿜는 엄청난 포격이었다. 그리고 부두지대의 크레인과 기중기가 화염을 등지고 검은 윤곽을 드러내던 풍경이었다.

프랑스 구축함 '브라스크'

프랑스 구축함 시로코

　어둠 속에서 해변에 접근하는 일은 결코 유쾌하지도 쉽지도 않았다. 소형 선박들이 앞뒤로 뒤엉켰고, 그중 일부는 마침내 닻을 내리고 선미 쪽으로 후진함으로써 조류를 역이용하고 병사들의 승선을 용이하게 했다. 모래언덕 사이에 숨어 있는 병사들을 찾아서 데려오기 위해 장화와 양말을 벗고 배 밖으로 나갔던 선원들은 분명 불편했을 것이다. 병사들을 가득 실어 기울어진 선박으로 회항하는 여정은 더욱 고되었다. 게다가 병사들을 하선시키고 모든 과정을 다시 되풀이해야 했으니 말이다. 북풍이 기분 좋게 불어와 사람의 노고를 덜어주고 승선 작업을 무사히 끝낼 수 있었던 날은 단 이틀뿐이었고, 안개가 끼어 독일군의 공격을 누그러뜨린 것은 단 하루 오후 한나절뿐이었다.

그런데 공중에 있던 독일군 조종사들은 유난히 멍청했나보다. 모든 구축함을 전함으로, 모든 트롤선을 순양함으로 과장해서 보려고 했으니 말이다. 해변과 그렇게 가까운 거리에서 전함이나 순양함이 발견될 가능성은 어이없을 정도로 희박해서 항해자라면 절대 이해할 수 없을 것이다. 프랑스 군함과 상선 300척, 그리고 소형 선박 200척이 덩케르크 철수 작전을 지원한 것으로 추산된다. 그중에서 손실된 구축함은 '샤칼', '라드루아', '브라스크', '푸드루아양', '우라강', '시로코'다. 다만 '라드루아'함과 보급선 '니제르'함은 철수 작전이 시작되기 직전에 침몰했다는 점을 밝혀둔다. 유보트 3척을 격침시키는 등 여러 번 두각을 나타냈던 1300톤급 '시로코'함의 침몰은 단순히 대형 선박이 사라지는 것 이상의 의미였다.

독일군은 6월 5일 17시 15분을 기해 많은 포로와 '집계가 불가능할 정도로 엄청난 양의 군수물자'까지 포함하여 덩케르크를 점령했다고 주장했다. 그러나 그들이 발견한 것은 영국 원정군이 떠나버린 죽음의 도시였고 수풀이 불타 갈색으로 변한 항구였으며 포탄 구멍이 즐비한 거리였다. 그 거리 양쪽으로 영국 귀환에 실패한 병사들의 무덤이 있었다. 프랑스 연안의 항구들을 거점으로 벌인 전쟁에서 독일군은 80개 사단, 10개 장갑사단, 5개 차량화 보병 사단을 투입했다. 5월 10일부터 6월 6일까지 독일군은 250만 병력 중 40만 이상의 손실을 입었다. [1]

우리 병사들 일부는 죽음의 운명을 피하고 배를 탈 수 있었던 과정을 통하여 인간의 인내력과 독창성이 얼마나 대단한지를 보여주었다. 덩케르크의 한 건물 넓은 지하실에 영국 병사 81명이 숨어 있었다. 맹렬한 공습이 이어지는 동안 폭탄 다섯 발이 그 일대를 쑥대밭으로 만들었고 건물에도 불길이 치솟았다. 병사들은 지하실에 완전히 갇힌 채 빠져나오지 못하고 있었다. 지하실은 점점 더 뜨거워졌고 병사들은 무력해져갔다. 산소도 부족했다.

방법이 없단 말인가?

그들은 최대한 시끄럽게 반합을 두드리면서 목청껏 노래를 불렀다. 드디어 건물 밖 어딘가에서 낯선 목소리가 들려왔다.

"어디들 있나?"

병사들은 그들의 위치를 알려주려고 소리를 질렀다.

익명의 조력자는 두 시간에 걸쳐 끔찍한 파편들을 파헤치며 길을 내려고 안간힘을 썼다. 그리고 드디어 잘린 도관導管의 일부를 지하실로 쑤셔넣는 데 성공했다.

"이봐! 이 관으로 마실 것 좀 내려보낼 테니까 힘내게. 내가 좀 더 좋은 연장들을 구해올 때까지 버티게나."

그동안에도 육중한 폭탄들이 계속 떨어졌다.

얼마 후에 조력자가 트럭, 끌과 망치를 가져왔다.

"꽉 붙잡고 있어!" 그가 소리쳤다. "좋은 결과가 있기를 기도하라고."

쾅 하는 소리에 이어 벽돌과 먼지가 쏟아졌다. 조력자의 목소리가 들려왔다.

"성공한 것 같네."

그는 기어서 통과할 수 있을 만큼 큰 구멍을 냈다. 그러나 병사들은 기진맥진한 상태여서 조력자의 도움을 받고서야 빠져나올 수 있었다. 그는 포도주, 과자, 사탕, 통조림 등을 트럭에 실어 왔다. 병사들은 그에게 고마움의 말을 쏟아내기 시작했으나 그는 잠자코 들으려 하지 않았다.

"이건 내 취미일세." 조력자가 대답했다. "목숨을 걸 때면 짜릿한 흥분을 느끼거든."

그러고서 그는 또다시 트럭에서 갈색 봉투를 가져와서는 그 마법 보따리를 풀어놓으며 병사들을 놀라게 했다.

나중에 알고 보니 이 선량한 조력자는 40대 초반의 영국 포병대원이었고 제1차세계대전 시에는 전령으로 복무하기도 했다. 그러나 전쟁이 끝난 뒤에는 유명한 모터사이클 선수였다. '죽음의 벽'[1]에서 선보인 공연으로 선풍적인 인기를 끌기도 했고 술집을 운영하기도 했다. 그가 나중에 설명한 바에 따르면, 덩케르크의 그 지하실로부터 병사 81명을 구해내기 위하여 프랑스제 수류탄들을

모터사이클 전령(1915년 제1차세계대전 당시)

벽에 놓고 핀을 뽑은 뒤 잽싸게 트럭 밑으로 뛰어들었다고 했다. 그러나 그는 너무도 흥분했던 나머지 폭발 후에 벌떡 일어서다가 그만 트럭의 차대에 머리를 부딪히고 잠시 기절했다.

병사들을 위하여 마술을 선보였던 이 훌륭한 전우는 트럭에 뛰어오르더니 마을을 누비며 부상병 20여 명을 실어 왔다. 그는 그들을 한 사람씩 트럭에 실어서 전방의 응급치료소로 데려갔다.

이처럼 많은 일을 하느라 결국 지쳐버린 그는 덩케르크를 지나서 6.5킬로미터나 트럭을 몰고 간 뒤 지푸라기를 실어 위장하고 잠시 눈을 붙였다. 프랑스 병사들을 만나 커피를 얻었고, 해결할 문제가 더 있나 해서 덩케르크로 돌아오는 길에도 병사들에게 줄 음식과 럼주를 챙겨 왔다. 독일 폭격기들은 여전히 급강하를 멈추지 않았고 폭탄도 계속해서 터졌다. 그는 도랑에 몸을 숨겼고, 다시 나왔을 땐 트럭의 잔해밖에 남은 것이 없었다. 그렇게 그는 월요일부터 토요일까지 최선을 다해 부상병들을 도운 뒤 다른 병사들과 함께 영국행 증기선에 올랐다. 그의 손에는 자신과 다른 병사들의 삶에 중요한 전기를 마련한 트럭의 나무 조각 하나가 기념품으로 쥐어져 있었다.

영국 병사들을 유독 격분하게 만든 것은 독일군 폭격기들이 적십자 소속 간호사들을 겨냥하고 급강하하는 광경이었다. 간호사들은 며칠째 폭탄과 총탄과 포탄에 아랑곳없이 해변에서 부상병들을 돌보고 있었다. 그들 대부분은 영국 원정군의 마지막 병사가 무사히 고국행 배에 오르기 전에 먼저 덩케르크를 떠나진 않겠다고 용감하게 버텼다. 일부는 다행히 부상을 당하는 것으로 그치긴 했으나 희생적인 헌신 때문에 죽음을 맞은 간호사들도 있었다. 그들은 빗발치는 폭탄 속에서도 며칠 동안 잠 한숨 못 잔 채 그 오싹한 모래언덕을 누비며 부상자들을 돌봤다. 무거운 남자들을 임시 대피소로 힘겹게 끌고 가기도 했고, 부상병들에게 음식과 물을 가져다주었으며, 그들을 부축해 보트에 태우거나 심지어 그들을 붙잡고 물속을 헤쳐나가기도 했다.

병원선 '패리스'호가 폭침되어 구명보트를 띄워야 하는 순간에도 간호사들의 불굴의 정신은 변함없이 발휘되었다. 이미 공격을 받고 얼굴에 피를 흘리거나 팔 하나가 으깨진 간호사도 있었다. 그럼에도 독일군 폭격기는 그들을 향해서 급강하했다. 구명보트에 구멍이 뚫리고 한 간호사는 허공으로 높이 내동댕이쳐졌으며 '패리스'호를 버리고 퇴선해야 하는 상황이었음에도 불구하고, 그 용맹한 여성들 중에 사망자는 한 명도 나오지 않았다. 다만 17세 갑판원 피터 퍼더크가 총탄에 사망한 것은 애석한 일이었다. 석유 900만 리터를 적재한 정유조가 폭파된 탓에 멀리 독일군 해안 포대의 15센티미터 포가 표적을 쉽게 찾아낼 수 있었다. 석유 탱크의 불길이 없었더라면 독일군은 부두를 조준하거나 미련하게 침몰선의 잔해에 집중포화를 가했을 것이다.

마지막으로 떠난 영국 병사들은 G. 헌팅턴 병장(노팅엄 출신)과 J. 카울럼 이등병(헐 출신)으로 둘 다 이스트요크셔 연대 소속이었다. 그들은 인쇄된 지면으로는 미처 설명하기 어려운 일을 많이 겪었다. 한 가지만 예를 들자면, 그들은 덩케르크 모래언덕에 이르기 위하여 여러 개의 운하들을 헤엄친 병사들 중 하나였다. 덩케르크에서 3일간 버티던 그들은 해변을 떠나가는 한 척의 론치에 다급히 기어올랐다.

론치는 수중기뢰에 선저가 파손되었고, 그들의 가죽 탄띠는 물론 군장까지 전부 날아가버렸다. 그래도 그들은 다시 헤엄쳐서 이번에는 낡은 바지선으로 다가갔다. 그리고 그 바지선에 앉아서 기다린 끝에 6월 4일 한 프랑스 보트에 구조되었다.

두 소녀의 놀라운 탈출기도 있다. 17세의 일레인 매든은 벨기에의 포페링에Poperinghe에 있던 전사자 장례위원회War Graves Commission에서 일하는 영국인 정원사의 딸이었다. 아버지가 영국 육군에 입대한 동안 일레인은 집에 남아 제1차세계대전 전사자 묘지를 돌보았다. 그녀는 자기보다 두세 살 많은 사촌 시몬 뒤퐁셸과 함께 지냈다. 그녀의 이모는 포페링에의 이프르Ypres가에서 팰리스 호텔을 운영하고 있었다.

포페링에에서 덩케르크 방면으로 터벅터벅 걸어오던 두 소녀는 도싯셔 연대 소속의 영국군 하사 한 명과 사병 두 명을 만나 차를 얻어 탔다. 독일군 폭격기가 5일에 걸쳐 포페링에를 폭격했다. 불타는 거리를 목격한 두 소녀는 담요를 어깨에 두르고 가방에 몇 가지 물품을 챙겨 5월 28일 05시 30분에 마을을 떠나온 터였다. 8킬로미터쯤 갔을 때 독일군 전차가 도로 양쪽 들판으로 진격하고 있기에 그들은 어느 집 헛간에 숨었다. 다시 8킬로미터를 더 갔을 때 바로 그 영국군 장병들을 만났던 것이다.

거기서 32킬로미터까지는 그런대로 순조로운 여정이었으나, 독일군 폭격기들이 모든 교량들을 파괴하는 데 혈안이 되어 있어서 소녀들은 어쩔 수 없이 차에서 내려야 했다. 그러나 세 명의 영국군은 소녀들이 프랑스 국경으로 들어가는 것을 도왔고 심지어 그들의 외투와 철모까지 주었다. 마침내 소녀들은 덩케르크로 가는 큰 도로에 도착했다. 거기서 또다른 군용 트럭을 얻어 타고 부

철수 작전이 끝난 후 폐허가 된 덩케르크

두로 향했다.

가여운 소녀들에 대한 연민과 호의로, 영국 병사들은 대기 중인 증기선을 향해 한 발 한 발 부두를 따라 움직이는 인파 속에 그두 명의 탈출자들을 끼워넣었다. 철모와 군복이 병사들 속에서 그들의 정체를 감쪽같이 숨겨주었다. 그러나 위기는 증기선의 철제사다리를 올라가야 할 때 찾아왔다. 시몬이 먼저 시도했다.

그때 눈썰미가 좋은 한 병사가 (제5열을 떠올리면서) 즉각 여자의 다리를 알아보았다.

"어이! 저기 여자가 배에 타고 있다."

"아니야! 아니라니까!" 남장소녀가 부인했지만 소용이 없었다.

소녀들은 돛줄에 묶인 채 선장 앞으로 끌려갔지만, 자초지종을 설명하고 나자 영국까지 무사히 갈 수 있었다.

며칠 뒤 85연대 소속의 프랑스 보병 68명이 도착했다. 아브리알 해군 중장 밑에서 최후의 순간까지 장렬하게 싸움으로써 다른 병사들이 철군할 시간을 벌어준 바로 그 덩케르크 수비대의 일부였다. 그들은 사실상 탄약이 떨어진 6월 4일 화요일 새벽까지 싸웠다. 이미 독일군 선발대인 기갑부대가 덩케르크 거리로 진입하고 있었다. 남은 무기라고는 수류탄, 소총 개머리판, 총검이 전부였던 프랑스 병사들로서는 퇴각할 수 있는 보트가 있는지 찾아보는 것이 최선책이었다.

그들은 돌출식 잔교 쪽에서 폭격에 손상된 두 척의 배를 발견했다. 병사 일부는 스스로를 믿고서 적군의 기관총 공격에도 불구하고 노를 저어 탈출하기로 결심했다. 낮이 저물어갈 때까지 어느 방향인지도 모르면서 무작정 노를 저었다. 얼마 후 그들은 같은 연대 소속 병사들이 탄 선박을 발견하고 운명을 같이하기로 했다. 화요일은 병사들에게 정말이지 초조한 날이었다. 고장난 엔진이 좀처럼 말을 듣지 않아서 조류를 따라 영국해협을 표류했던 것이다. 영국 해안을 벗어난 왕립인명구조협회의 구명보트 한 척이 그 병사들을 발견하고 무사히 구조한 것은 6월 5일이었다.

덩케르크 철수 작전이 끝나고 마지막 교전 직후 하루이틀 동안 또다른 소형 선박들도 영국 해안에 속속 도착했다. 그중에는 40시간 동안 먹지도 마시지도 못한 사람들도 있었다. 그들은 영국에 자신들의 극한 굶주림을 채우고도 남을 만큼 음식이 풍부한 것에 적잖이 놀랐다.

당시의 인상적인 날들을 되돌아보면, 그 작전이 위험천만한 도박이었음을 감안할 때 선박과 인명 손실이 극히 적었다는 점을 자축해도 무방할 것이다. 다양한 선박에 의지한 병사들을 어떤 대가를 치르고서라도 영국 땅으로 무사히 데려오는 것, 그것이야말로 피할 수 없는 절체절명의 임무였다. 독일군의 온갖 만행에도 불구하고 선박의 희생은 예상만큼 크지 않았다. 그러나 애석하게도 상선 종사자 121명이 사망했고 79명이 부상당했다. 민간인 지원자 중에서는 4명이 사망했고 2명이 부상당했다.

그러나 생존자들은 살아 있는 동안 덩케르크의 생생한 광경을 잊지 못할 것이다. 육상을 휩쓴 화염과 혼란한 해상을 유린하는 악랄한 폭격에 흔들리고 침몰하는 배들도 물론이지만, 무엇보다도 독일군의 잔악함과 야만성은 생존자들의 뇌리에서 결코 잊히지 않을 것이다. 그들은 함포의 반동으로 흔들리던 구축함을 잊지 못할 것이다. 눈부신 황색 섬광…… 꽝음…… 그러고는 한때 근사했던 선박이 연기구름으로 변해버리는 광경을. 줄곧 귓전을 때리던 포성, 목이 쉬고 따끔거릴 때면 반사적으로 떠오르는 연기의 매캐하고 쌉쌀한 맛을. 누군가 바닷물 속을 걷는 모습을 본다면, 목까지 차오르는 물속에서 모랫바닥을 밟아가던 병사들이 반드시 떠오를 것이다.

병사들이 거널까지 들어찬 보트들, 머리 바로 위에서 벌어지는 치열한 공중전, 방한코트와 긴 장화 차림으로 쏟아지는 잠을 쫓아내던 선원들의 선명하고도 아련한 기억. 부자, 빈자, 항만 노동자, 어부, 요트 애호가 들을 일심동체로 만들었던 하나의 공통분모.

감각이 민감한 사람들에게 침몰선의 잔해, 파편으로 어지러운 굴뚝과 건현, 돛대와 영국 해군기는 여전히 가장 서글픈 기억으로 뇌리에 남아 있다. 고국으로 가는 차례를 기다리며 길게 늘어선 병사들을 구름 뒤편에서 빼꼼히 내려다보던 달, 햇볕에 그을린 얼굴과 굳센 표정에도 불구하고 너무나 지쳐버린 병사들, 그래도 독일군이 주기적으로 방파제를 포격하는 사이 들것에 실린 부상병들의 승선을 위하여 자기 순서를 양보하던 그들…… 구축함들의 대응포격 속에서 뛰어들었던 바닷물, 선박과 잔교 사이에 걸쳐진 소방사다리의 철컥거림……

6월 4일 전쟁성은 연합군의 철수 작전이 성공적으로 끝났다고 발표하면서 '역사상 가장 어려운 작전 중 하나였다'고 말했다. 해군성 또한 됭케르크 철수 작전에 대해 '해군 역사상 가장 광범위하고 어려운 합동작전'이었다고 밝혔다. 두 부처의 진술은 조금도 과장된 부분이 없다.

연안방위대와 해군의 항공기가 협동작전을 펼쳤다. 하늘에서 더 많은 성과를 낼 수도 있었겠으나, 그래도 그들은 영국 원정군의 철군을 지원하기 위하여 지속적인 초계 임무를 수행했다. 영국 공군의 대담무쌍한 지원도 한몫했다. 반면 철수 작전의 방해는 예상처럼 심하지 않았고 해변과 내륙에서의 사상자 수도 놀라울 정도로 적었다. 영국 선박을 겨냥한 독일군 폭격기의 집중 공격은 결국 하늘과 해안 포대의 맹공을 좌절시킨 영국 선원들에 대한 두려움의 표현이었다.

그 밖에도 많은 것들이 입증되었다. 하지만 무엇보다 평시 체제와 전시 체제의 조화를 통하여 언제든 대의를 위해서라면 떨쳐 일어날 수 있는 영국 국민의 잠재력이 여실히 드러났다. 그 잠재력은 눈에 보이지는 않지만 그 무엇으로도 없앨 수 없다. 시간의 힘도 후대에 전해질 그 잠재력을 제한할 수는 없을 것이다. 우리는 보어 전쟁에 자원했듯이 양차대전에서도 독일군에 대항하여 분연히 일어섰다. 그러나 특히 덩케르크 철수 작전이야말로 가장 어렵고도 위험한 일을 냉정하고 단호하게 시도하려는 영국 국민의 타고난 기질에 부합했다.

그리고 우리는 우리가 그렇다는 사실에 감사한다.

---

[1] 1940년 5월 10일부터 프랑스가 항복 문서에 조인하는 6월 22일까지 독일군은 전사 2만 7000명과 실종 1만 8000명을 포함하여 총 15만 6000여 명의 손실을 입었고 1200여 대의 항공기를 상실하였다. 연합군의 손실은 사상 36만 명에 200만 명이 포로가 되었으며 2000대 이상의 항공기를 상실하였다. 또한 프랑스의 항복 직전에 참전한 이탈리아는 전사 600여 명을 포함하여 5000여 명의 손실을 입었다.

■ **1940년 6월 4일 처칠 수상이 의회에서 덩케르크 철수 작전 종료 직후**
한 연설 중에서

다시 한번, 이번 침략 문제를 생각해본다면, 저는 이렇게 말하겠습니다. 우리가 자부하는 유구한 세월 동안 지금처럼 침공당할 가능성은 물론 심각한 공습의 가능성이 확실시되는 시기는 일찍이 우리 국민에게 없었노라고 말입니다. 나폴레옹 시절, 그의 병력 수송선들이 영국해협을 건너게 만들었던 것은 불어오는 바람이었고, 그의 봉쇄 함대를 쫓아낸 것도 바람이었습니다. 침공의 기회는 늘 있었고, 그 기회가 대륙의 많은 독재자의 상상력을 자극하고 우롱

했습니다. 많은 이야기가 들려오고 있습니다. 새로운 양상들이 전개될 것이 자명합니다. 적이 드러내는 독창적 악의와 기발한 공격을 당한 우리는 모든 새로운 전략과 온갖 야만적이고 기만적인 작전에 확실히 대비할 것입니다. 아무리 이상한 방법이라도 예리하게 또 주도면밀하게 숙고하고 검토하기를 바랍니다. 제해권의 확보를 결코 등한시해서는 안 되고, 국지전의 경우 제공권까지 확보해야 함을 잊어선 안 됩니다.

저는 자신하건대, 모두가 각자의 의무를 다한다면, 어느 것도 소홀하게 방치하지 않는다면 그리고 최선의 준비를 다한다면, 또 한번 조국을 방어하고 전쟁의 폭풍을 이겨낼 수 있음을 우리 스스로 입증할 것입니다. 나아가 필요하다면 수년 동안 영국 단독으로도 압제의 위협을 극복해낼 것입니다. 그것이 바로 우리가 지금 노력을 다하고 있는 이유입니다. 그것은 영국 정부와 영국 국민의 결의입니다. 의회와 국가의 의지입니다. 각국의 대의와 필요에 따라 공조한 영국과 프랑스는 의리 있는 동료처럼 온 힘을 다해 서로 도우면서 자국의 영토를 목숨 걸고 사수할 것입니다.

설령 유럽의 많은 지역과 유서 깊고 저명한 국가 상당수가 게슈타포를 비롯한 나치의 가증스러운 통치 도구들에 굴복했거나 그럴 가능성이 있다 해도, 우리는 좌절하거나 실패하지 않을 것입니다. 우리는 끝까지 싸울 것입니다. 우리는 프랑스에서 싸울 것이고, 바다에서 대양에서 싸울 것입니다. 우리는 커지는 자신감과 역량으로 하늘에서 싸울 것이고, 어떤 대가를 치르더라도 우리의 섬을 지켜낼 것입니다. 우리는 해변에서 싸우고 상륙지에서 싸울 것입니다. 우리는 들판에서 거리에서 싸울 것이고, 언덕에서 싸울 것입니다. 우리는 결코 항복하지 않을 것입니다. 그리고 저는 단 한 순간도 그런 일이 벌어지리라 믿지 않지만, 그럼에도 만약에 이 땅 또는 이 땅의 대부분이 점령되어 굶주리게 된다면, 바다 건너의 대영제국이 영국함대의 호위하에 무장하여 싸움을 계속해나갈 것입니다. 언젠가 강한 힘과 권한을 지닌 신세계가 구세계를 구원하고 해방시키기 위하여 전면에 나서는 그날까지.

(세기의 명연설 중 하나로 꼽히는 이 연설은 '우리는 해변에서 싸울 것입니다'라는 제목으로도 많이 알려져 있다.)

■ 덩케르크 철수 뒷이야기

영국으로 탈출한 프랑스군 중에서 약 10만 명 이상이 독일군에게 아직 점령되지 않은 노르망디를 통하여 고향으로 되돌아가서 전투에 다시 참여하였다. 이들 중에서 3000여 명의 병사들만이 영국에 남아서 프랑스가 항복한 뒤 드골 장군의 자유 프랑스군에 참여하였다.

덩케르크에서 철수부대의 후위를 맡아 마지막까지 독일군과 싸운 프랑스군 2개 사단(제2경기계화사단, 제68보병사단) 3만 5000

명은 마지막 철수선이 출발한 직후인 6월 4일 결국 항복하였고, 그 날 오후 독일군은 덩케르크를 점령하였다. 하지만 프랑스에는 탈출 행렬에 참여하지 않은 채 프랑스군과 함께 싸우고 있던 영국군 2개 사단(제1기갑사단, 제51하일랜드사단)이 있었으며 베이강 휘하에는 65개 사단에 달하는 병력이 남아 있었다. 이것은 여전히 상당한 전력이었고, 처칠은 프랑스를 돕기 위하여 8만 5000여 명의 제2차 원정군을 조직하였다.

하지만 롬멜이 이끄는 제7기갑사단이 솜강에 도달하고 구데리안 군단이 스위스 국경 근처까지 진출하여 마지노선의 후방을 차단하면서 또 한번 거대한 포위망을 형성하였다. 6월 10일에는 무솔리니가 기습적으로 참전을 선언하였다. 이탈리아군 2개군(제1군, 제4군) 22개 사단 30만 명이 알프스 국경에서 공격을 시작하였다. 그러나 알프스의 험준한 지형과 준비 부족으로 이탈리아군의 공격은 신통치 않았고 프랑스가 항복할 때까지 가장 깊숙이 진격한 것조차 겨우 8킬로미터 정도였다. 이탈리아가 점령한 프랑스의 영토는 레몬 축제와 관광으로 유명한 지중해의 소도시 망통을 비롯한 몇 개의 작은 시골마을과 접경지대로 고작 832제곱킬로미터에 불과했다. 약 2만 8500명의 현지인들이 이탈리아의 지배 아래 들어갔다.

6월 11일 파리는 비무장 도시로 선언되고 프랑스 정부는 남부의 보르도로 철수하였다. 6월 12일 영국군 제51하일랜드사단은 롬

멜에게 항복하였다. 6월 14일 아침 파리는 별다른 전투 없이 독일 군의 손에 넘어갔다. 15일에는 마지노선을 견제하던 레프 원수의 C집단군이 마지노선을 일제히 공격하여 25일에 요새 대부분을 장악하였다. 투항한 프랑스군은 50만 명이 넘었다.

6월 16일 레노를 대신하여 프랑스 총리가 된 페탱 원수는 더이상 승산이 없다고 여기고 독일과의 강화협상에 착수하였다. 이 사실을 안 처칠은 프랑스에 남아 있던 영국 원정군이 포로가 되지 않도록 이른바 '아리엘 작전'을 발동하여 제2차 철수 작전을 강행하였다. 독일 공군의 맹렬한 폭격에도 불구하고 작전은 성공하여 14만 4000여 명의 영국군을 포함하여 19만 명의 연합군을 구해내었다. 또한 4만 명의 민간인도 탈출 행렬에 참여하여 영국으로 올 수 있었다. 다이나모 작전부터 8월 초까지 프랑스를 탈출하여 영국으로 건너온 사람은 도합 55만 명에 달한다.

6월 22일 저녁 콩피에뉴의 숲속에서 정전협정이 체결되면서 프랑스는 항복하였고 비시 정권이 수립되었다. 하지만 전쟁은 여전히 끝나지 않은 채 전장의 무대는 프랑스에서 영국해협으로 옮겨지게 된다. 이른바 '영국 본토 항공전Battle of Britain'이 시작된 것이다.

■ 다이나모 작전 당시 동원된 연합군 선박

국가	종류	투입된 숫자	침몰된 숫자	손상된 숫자
영국	순양함	1		1
	구축함	39	6	19
	소형 군함(포함, 고속정 등)	21	7	알 수 없음
	소해정(기뢰제거함)	36	5	7
	트롤선(어선)	113	17	2
	대형 수송선	6	2	1
	해안순시선	13	–	–
	범선	40	4	알 수 없음
	요트	26	3	알 수 없음
	개인용 선박	45	8	8
	병원선	8	1	5
	예인선	34	3	알 수 없음
	기타	311	170	알 수 없음
프랑스, 네덜란드, 벨기에 등 기타 국가의 군함과 민간 선박		168	17	알 수 없음
총계		861	243	

■ 1940년 5월 27일부터 6월 4일까지 일별 구조현황

5월 27일	28일	29일	30일	31일
7,669	17,804	47,310	53,823	68,014

6월 1일	2일	3일	4일	계
64,429	26,256	26,746	26,175	338,226

※ 33만 8000명 중에서 영국군이 19만 명, 프랑스군이 13만 명, 그 외에 1만 명 정도의 벨기에와 네덜란드, 폴란드 군인들이 있었다.

주
—

1장

1   제2차세계대전 동안 독일 공군에서 널리 사용된 단좌형 전투기. 최고 시속 685킬로미터.

2   Low Countries: 네덜란드와 벨기에를 포함하는 북해 연안의 국가들. 오늘날에는 룩셈부르크, 프랑스 북부와 독일 서부 일부까지 포함한다.

3   Aix-la-Chapelle: 네덜란드와 벨기에 국경 부근에 위치한 독일 서부의 도시 아헨(Aachen)을 가리키는 프랑스어 명칭.

3장

1   pinnace: 함선에 싣는 중형 보트.

4장

1   열차를 정지시켜 열차의 교행 또는 추월을 수행하는 설비.

5장

1   slack tide: 조류의 방향이 전환될 때와 같이 흐름이 거의 없는 정지 상태.

2   degaussing: 함정을 자기감응기뢰나 어뢰로부터 보호하기 위하여 전기가 통하는 코일을 감아서 함정 자체의 자장을 감소시키는 것.

6장

1   launch: 항구 내에서 연락선 또는 교통수단으로 이용되는 작은 배. 함정에

신는 대형 보트도 포함된다.

2 cabin cruiser: 거실, 주방, 응접실 등 주거공간을 갖춘 대형 모터보트.

3 Goodwin Sands: 잉글랜드 동남 해안, 도버 해협 북쪽 어귀에 있는 길이 16킬로미터의 사주로 항해가 어려워 많은 선박이 난파되었다.

4 bilge pump: 해양건축물의 하부에 설치하는 배수용 펌프. 선박에 고인 물 (빌지수)을 웰(well)에 모아 펌프를 통해 배수한다. 여기에서 빌지수를 배수하는 펌프를 빌지 펌프라 한다.

5 fjord: 빙식곡(氷蝕谷)이 침수하여 생긴 좁고 깊은 만 지형.

7장

1 템스강 수로의 준설 작업에 많이 사용되는 선박의 종류.

2 노를 저어 움직이는 보트.

8장

1 Battle of Dunes: 1658년 6월 14일 앙리 드 튀렌 원수가 이끄는 프랑스·영국 연합군이 덩케르크(당시 스페인령 네덜란드) 근처에서 스페인군을 공격하여 승리한 전투. '덩케르크 전투'라고도 한다.

2 Mons: 제1차세계대전 직후인 1914년 8월 23일 벨기에-프랑스 국경에서 벌어진 전투. 영국 대륙원정군이 참전한 첫번째 전투로 독일군의 진격을 48시간 동안 지연시켜 프랑스군이 마른강에 방어선을 구축하는데 큰 기여를 하였다.

3 Gallipoli: 제1차세계대전 중인 1915년 4월 25일 영국, 프랑스는 오스만 제국을 항복시키고 지중해의 제해권을 장악할 요량으로 다르다넬스 해협의 갈리폴리 반도에 상륙 작전을 실시하였다. 그러나 훗날 터키 대통령이 되는 케말 파샤의 완강한 방어전에 부딪쳐 연합군은 작은 교두보만 겨우 확보했을 뿐 내륙으로 진격할 수 없었다. 또한 쌍방은 각각 25만 명의 사상자를 내었다. 결국 막대한 손실만 입은 채 별다른 성과없이 연합군은 철수를 결정하였고 1916년 1월 모든 병력을 철수시켰다.

4 poilu: '수염이 많은 사람'이라는 의미로, 제1차세계대전 당시 프랑스 병사

를 일컫는 말이었다.

9장

1   배에 짐을 가득 실었을 때 수면에서 상갑판까지 수직으로 잰 거리.

2   Leigh-on-Sea: 에식스주의 해안 도시.

3   Greenhithe: 켄트주 타트포트시의 작은 마을.

4   cutter: 군함에 딸린 소형 보트.

11장

1   schuyts: 내륙과 연안을 항행하는 소형 평저 범선.

2   regatta: 조정, 보트, 요트 경주 등을 통틀어 일컫는 말.

3   1장 참고.

4   sponson: 뱃전 밖으로 내민 돌출판.

12장

1   배가 옆으로 흔들리는 것을 방지하기 위한 용골형 돌출재.

13장

1   15장 참고.

2   12장 참고.

14장

1   forepeak tank: 선박의 선수부에 설치된 탱크로 충돌 시 충격을 완화하고
     선체의 트림을 조절하는 데 사용된다.

15장

1   bilge: 선저와 선측을 연결하는 곡선 부분.

2   11장 참고.

16장

1   9장 참고.

17장

1   windlass: 배의 닻을 감아올리고 내리는 데 사용하는 특수한 윈치.

2   폭죽 제조업자 브록(C. T. Brock)이 해마다 런던 수정궁(Crystal Palace)에
서 자선행사의 일환으로 불꽃놀이를 선보인 데서 유래한 말이다.

19장

1   9일 동안 덩케르크 상공에서 벌어진 공중전에서 양측의 손실은 자료마다
차이가 있지만 존 맥도널드의『Great Battles of World War II』에 따르면 영국 공
군은 177대, 독일 공군은 240대의 손실을 입었다고 나와 있다. 프랑스 전역 내내
별다른 역할을 하지 못한 프랑스 공군과 달리 영국 공군은 불리한 여건과 숫적 열
세에도 불구하고 독일 공군과 대등 이상의 전투를 한 것은 틀림없다.

20장

1   gunwales: 보트의 측면 위쪽.

2   broaching-to: 파도로 선박의 진행 방향이 갑자기 90도 정도로 꺾일 때 횡
파를 받은 선박이 전복 위험에 처하는 현상.

3   White Star Line: 1845년에 창업한 영국의 해운회사.

21장

1   Church Army: 1882년 창설된 영국 국교회의 구세군과 같은 전도 및 봉사
단체.

22장

1   Wall of Death: 커다란 원통의 안쪽 벽을 오토바이로 빙빙 도는 곡예 주행
공연.

덩케르크

세계사 최대 규모의 철수 작전

1판 1쇄 2017년 8월 1일
1판 5쇄 2019년 9월 18일

지은이 에드워드 키블 채터턴 ┃ 옮긴이 정탄 ┃ 감수자 권성욱
펴낸이 신정민

편집 신정민 신소희 ┃ 디자인 고은이 이주영
마케팅 방미연 최향모 오혜림 ┃ 홍보 김희숙 김상만 이천희
저작권 한문숙 김지영 ┃ 모니터링 이희연
제작 강신은 김동욱 임현식 ┃ 제작처 영신사

펴낸곳 (주)교유당
출판등록 2019년 5월 24일 제406-2019-000052호

주소 10881 경기도 파주시 회동길 210
문의전화 031) 955-1935(마케팅), 031) 955-3583(편집)
팩스 031) 955-8855
전자우편 gyoyuseoga@naver.com

ISBN 978-89-546-4647-5 03920